方　静◎编著

传统村落

伏岭

安徽师范大学出版社
ANHUI NORMAL UNIVERSITY PRESS

·芜湖·

图书在版编目(CIP)数据

传统村落伏岭 / 方静编著 . — 芜湖：安徽师范大学出版社，2023.9
ISBN 978-7-5676-6112-7

Ⅰ.①传… Ⅱ.①方… Ⅲ.①村落—保护—研究—绩溪县 Ⅳ.①K925.45

中国国家版本馆CIP数据核字(2023)第130256号

传统村落伏岭　　　　　　　　　　　方静◎编著
CHUANTONG CUNLUO FULING

责任编辑：祝凤霞　　　　　　责任校对：陈贻云　李　娟
装帧设计：王晴晴　汤彬彬　　责任印制：桑国磊
出版发行：安徽师范大学出版社
　　　　　芜湖市北京中路2号安徽师范大学赭山校区

网　　址：http://www.ahnupress.com/
发 行 部：0553-3883578　5910327　5910310(传真)
印　　刷：安徽联众印刷有限公司
版　　次：2023年9月第1版
印　　次：2023年9月第1次印刷
规　　格：700 mm × 1000 mm　1/16
印　　张：20
字　　数：310千字
书　　号：ISBN 978-7-5676-6112-7
定　　价：68.00元

以舞狗为主要叙事方式的伏岭邵氏村落

徽州是一块古老而又神秘的土地。数百年来，东陵华阳邵氏一支在绩溪这片土地上用自己特殊的方式记录着生命传递的脚步，渊远而流长，坎坷而辉煌。宋末元初，绩溪伏岭邵氏造狗舞狗。狗是按照人的生存需要、心理需要和大众交往需要产生、发展并不断演进的，是徽州传统村落文化符号演绎和文化心理变化的一个缩影。他们用舞狗信仰、舞狗文化、舞狗审美的独特语言和叙事方式，造神借力，解忧释惑，谱写了华阳邵氏望族明清以来的悲欢离合，悲壮、震撼、向上而又辉煌。

舞狗信仰：以狗为图腾，镇灾驱邪，一族生灵得到精神抚慰

舞狗信仰源于伏岭人祈福的原始意念，渐渐地，又演化为一种图腾崇拜。南宋乾道三年（1167），绩溪华阳邵氏文亨公率子四七公来到佛岭下这片土地上安家，诛茅筑室，拓荒种粮。他们与险山恶水博弈，与周边他姓共存，面对山野荒凉、石山作妖、恶兽出没，孤独的内心极度恐惧和不安，更致命的是人丁不发，数代单传。绍熙元年（1190），四四公也来佛岭下定居。为克服困难，树立生存信心，保持内心宁静，他们需要一个战无不胜的神来稳住自己的不安心态和躁动情绪。于是，邵氏以文殊菩萨的坐骑青毛狮子为原型，创造了一种似虎似狮、威力强大的神兽"狗"，它的形象不仅凶狠而且野性十足。造"狗"借力，旨在镇灾驱邪，制伏恶魔，使它成为安定一族人心、抚慰族民精神的一股外在力量，由此展开了各种原始"舞狗"想象，借以释放心绪，祈求平安。狗成为邵氏的吉祥图腾。镇灾驱邪是舞狗最原始的初衷。最初，两名壮汉披着用彩布制成的狗兽"跳狗"或

"跳狮"，人们簇拥奔走，敲锣、燃炮、放铳，展示猢神能量的强大，给妖魔邪神施以震慑。这是舞猢最原始的状态和舞猢人的心态。后来，猢的身上又增加了许多威武的道具，不断强化和美化人们理想中的猢图腾形象。

舞猢，每一件道具，每一个动作，每一声嘶吼，都是认知符号，都表达着人的丰富的思想信息。通过舞猢这一呈现方式，"猢"不再是一件冷血的道具，而是有血有肉的灵魂，是保佑邵氏宗族平安的伟大英灵，与邵氏宗族息息相通，承载着邵氏血脉一代代人的挚爱与期许。"猢"起"猢"落，宗族亦兴亦衰。随着村落环境改善，宗族人气回暖，"猢"自然而然成为邵氏宗族复兴光大的功勋和保护神，成为族人内心顶礼膜拜的图腾。

舞猢文化：以舞猢为俗，安居降福，村落有了共同的文化归宿

文化由各种认知符号构成。舞猢的动机从单纯的镇灾驱邪演化到了安居降福。一年一度，舞猢进化中融入了收族、礼仪、美食、喜庆、热闹的元素与符号，约定俗成，走向大众化，走向成熟。舞猢带来的安居、吉祥、快乐，更加坚定了伏岭邵氏宗族的理想信念和生活信心，村落文明发展的脚步就是伏岭邵氏舞猢人艰难向前、勇于挑战的生活心迹，舞猢成为安居降福、构筑村落文化的重要力量。

明嘉靖至清末三百多年时间，舞猢成为伏岭邵氏村落不可或缺的隆重节庆活动。为了让这一习俗固定化，邵氏宗族定下了"三十岁值年"的规矩，由上、中、下三门三十岁青壮年值年"做三十岁"，共同主持事关宗族前途的舞猢大事。正是这个"三十岁值年"群体，把舞猢与个人、宗族、村落的命运维系在一起，一荣俱荣，一损俱损，形成了一套惯例程式，打拼伙、接茶、供饭、抽阄、游灯、请台、开场、跳狮，舞猢逐渐规范化、节庆化。舞猢概念内涵不断扩充，舞猢意义与时俱进，演变为一种宗族认可、周边村庄羡慕的风俗。

随着邵氏宗族三门九支祠的形成，舞猢引入了有序竞争机制。清嘉庆年间（1796—1820），舞猢改由邵氏上、中、下三门分别轮流主持一个晚上。咸丰元年（1851），增加了火把游行后在宗祠内搭台演戏环节，开始演哑戏，表演动作简单的小剧。各门的值年导演、演员及相关人员，都想把

本门的舞狗组织得比其他两门好，以致邵氏上、中、下三门都把舞狗看成自身责任的比拼。道光元年（1821），邵氏中门专为舞狗筹资设立永例会。"永远照例"，既是建立这一组织的初衷，也是邵氏族众为舞狗而共同发出的最强声音，还是宗族自治、宗族力量的大动员。

人气的暴涨，跳狮与游灯的热烈，让我们看到了伏岭村落文化的鼎兴。这是一股不可阻挡的自发的青春力量，是一种生命接力的文化呈现！正是这种竞争心理，促进了每年舞狗质量的不断提高。这是宗族凝心聚力的一种展示，也是人们竞争心理的一种满足。于是，有了一年比一年精彩的比拼，一年比一年怡情的欢乐。

润物无声，舞狗成为村落之魂，成为事关宗族兴衰的头等大事。在文化传播、能量传递过程中，村落有了生气，族众有了快乐，心灵有了寄托，人人有了前进的动力与方向，舞狗成为村落文化的归宿与重心。每年正月，这种表达喜怒哀乐的舞狗语言和人气壮美场面深入伏岭邵氏的骨髓，左右着村落文化心理的演进，使得大众舞狗成为"村落叙事与文化深描"的一种记录模式。

舞狗审美：以舞狗为底蕴，崇德作乐，构建起伏岭邵氏审美样态

审美是人的高层次追求。伏岭邵氏对舞狗两三百多年的坚守，盛衰相随，悲欢相从，出入世相连，沉淀的是更多更浓的情感快乐和精神寄托。从人类学角度看，舞狗由简而繁，由单而群，狗具由古入新，与时俱进，舞狗语言由跳狮、游灯、请台、放烟火，不断加入"戏"的元素，更多的是融入了邵氏子孙对生命真谛的理解，嵌入了伏岭人对人生理想的热切追求。这是村落文化的一次大整合大提升，由走街而登台，由俗致雅，由舞入戏，形成了伏岭邵氏特有的舞狗审美样态！

崇德作乐，寓教于乐，是伏岭人舞狗初衷的一次质变。真正将民间的、乡土的、随性的舞狗习俗以"崇德作乐"教化审美功能为核心，源于一个大胆的举措。清道光十年（1830），经过三门合议，决定在福昌寺前，为舞狗兴建万年台。戏台建成，标志着舞狗由走街跳狮游灯的地戏形式转为戏台上的艺术表演，舞狗的形式与内涵再一次发生质变。由此，人们把镇宅驱邪、安居降福的原始功用降为次要，而把最重要的看点和高潮放在了戏台表演舞美上，将徽剧、昆剧、京剧艺术融入舞狗表演，体现了更高级的审美追求。

由此，舞狗有了一系列大胆革新。光绪元年（1875），三门均成立童子班，延师教习徽剧，在乡土民间形成了一个体系庞大的舞狗骨干群体，导演、化妆、乐队、响器、布景、剧本、曲谱、戏衣、头饰逐步专业化，把舞狗活动提高到了"戏剧欣赏"的层次。最主要的是寓教于乐，融入了"崇德作乐"思想，把音乐、服饰、戏曲审美作为核心追求，这是伏岭人审美理念由俗向雅的巨变。

晚清民国间这一舞狗审美巨变的背后，有一股力量发挥了极其重要的作用，那就是商旅在上海、南京、杭州、苏州等大都市经营徽馆的中青年人。他们通过打拼，有了厚实的经济基础，也开阔了眼界，不仅带来了改革舞狗的许多建议，带来了"新文化"的知识和信息，还带来了生活乐趣与激情。旅外伏岭人心里装着父老乡亲，装着乡愁记忆，他们以舞狗为寄托，抄写、编写剧本，观摩戏曲，自发捐款，购置最好的戏衣、道具，以表达自己爱族爱家之情。到20世纪20年代中期，邵氏各门都拥有琳琅满目的戏衣、头饰，各种文武道具齐全，能满足各个徽剧剧目演出的需要，使舞狗得到了全方位发展，进而全县远近闻名！

从自发到自觉，从图腾崇拜到现代审美娱乐，舞狗始终是伏岭村落文化发展的重要组成部分，街头巷尾，年头节庆，大人小孩，人们徜徉在舞狗的热烈氛围之中，享受着与众不同的自豪与快乐。狗图腾成为伏岭邵氏村落凝聚力量的灵魂，舞狗成为华阳邵氏大族的文化标识和审美符号。这就是我要向大家推介的"以舞狗为主要叙事方式的伏岭邵氏村落"！

2022年8月6日

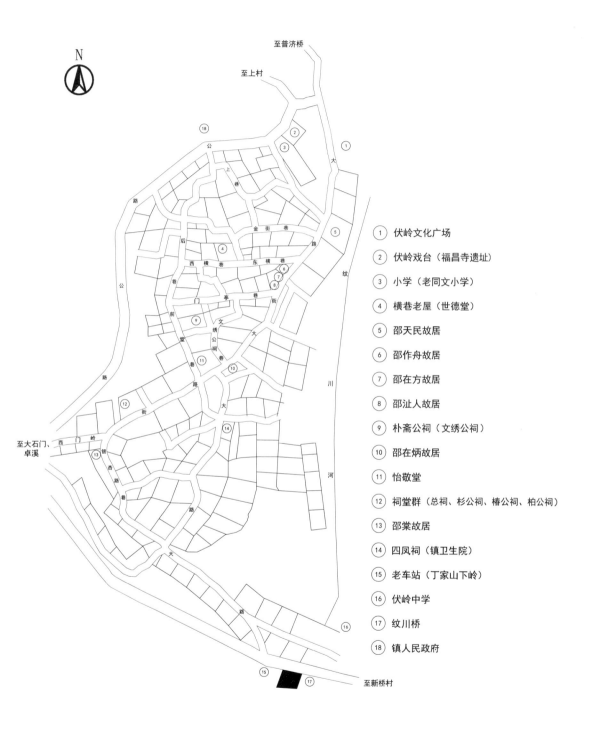

N

① 伏岭文化广场

② 伏岭戏台（福昌寺遗址）

③ 小学（老同文小学）

④ 横巷老屋（世德堂）

⑤ 邵天民故居

⑥ 邵作舟故居

⑦ 邵在方故居

⑧ 邵沚人故居

⑨ 朴斋公祠（文绣公祠）

⑩ 邵在炳故居

⑪ 怡敬堂

⑫ 祠堂群（总祠、杉公祠、椿公祠、柏公祠）

⑬ 邵棠故居

⑭ 四凤祠（镇卫生院）

⑮ 老车站（丁家山下岭）

⑯ 伏岭中学

⑰ 纹川桥

⑱ 镇人民政府

伏岭村街巷示意图

绩溪伏岭村狈图腾

目　录

第一章　山川形胜

伏岭自然村位于绩溪东中部伏岭镇境内，伏岭镇政府所在地，系伏岭行政村的一部分。伏岭镇地处登水上游，东临浙江临安，南接瀛洲镇和歙县杞梓里镇，西连扬溪镇，北靠家朋乡和荆州乡。四周群山环抱：东有鄣山巍峨，为新安诸山之宗；鸡鸣尖余脉逶迤蜿蜒，由东而南有七姑峰如笏排列；西南界有半月屏、荷花池、石镜等胜地，四季景异；西有白石尖，如屯枪旗威武；北靠成功山、攀桂尖，预兆后代"成功折桂"。群山围护竹山干盆地，有良田数千亩；登水灌流其中，宛如襟带，川流不息；石纹桥横跨纹川，关锁缜密。

村旁秀水淙淙，村内街巷纵横，古代文人墨客曾写下"鄣山毓秀、纹水钟灵"的千古佳句。这是一个以邵氏家族为主体的古村落，到处氤氲着绩俗徽韵。

一　伏岭渊源

南宋初年，这里地广人稀，邵氏始祖文亨公偕子四七公及侄四四公先后从登源下游的隐川来此拓荒，见此地四面环山，山清水秀，风景绮丽，土地平旷，西北向有一道低矮山岭，山峦起伏形如佛，人称"佛岭"，遂择佛岭之下而居，并以"佛岭下"名村。后来人丁兴旺，人口骤增，为缓解水源不足，村居逐渐向东南方向扩展，形成了目前伏岭下村的格局与规模。

《华阳邵氏宗谱》记载，伏岭古称"佛岭下"，后改称"纹川"。邵氏先祖迁居伏岭下时，"山多屈伏，村居岭下，烟云缥渺，所谓纹川邵氏是，伏岭下之得名亦即如此"。"佛岭下"改称"纹川"，与村西的石纹桥有关。石纹桥原名石痕桥，因桥下河床岩石经河水常年冲刷，石痕显露，清晰可见，故而得名。石痕桥是绩溪最大的石拱廊桥，六墩五孔，长58米，宽4.5米，高7米。元至正年间，由村人邵再琦倡建，后圮。明永乐年间邵文愈、邵文敬等筹资重建，并建亭24楹于桥上。清康熙年间石痕桥部分被水冲毁，村人邵飞鸿倡修，后邵文绣筹资再次修缮。雍正甲寅年（1734），石桥与廊亭同时被水冲毁。乾隆年间，邵邦瑞、邵邦巩等倡修，又复建桥亭15米架于桥中央。据说，重修竣工时，村中文人在桥亭雅会庆祝，有人提议改"痕"为"纹"，更名石纹桥，后来村名渐渐易为桥名。历经数百年风雨，1970年兴建绩胡公路时拆去桥上廊亭，2008年复建廊桥长亭。

石纹桥

乾隆二十八年（1763），邵振翔写下《纹川记》，坐实了"纹川"村名，自此"纹川"作为佛岭下的雅名在乡间与佛岭下并用。晚清绩溪名士汪子青在他所著《绩溪地理图说》中以"纹川"替代"佛岭下"。民国年间受新文化运动影响，弃雅从俗，舍"纹川"易"佛岭下"为"伏岭下"，一直沿用至今。20世纪90年代撤村并镇时，伏岭下和新桥、卓溪、中外半坑、里半坑、罗坑组建伏岭行政村，故称"伏岭下"为"伏岭"（为行文方便，除特殊情况外，后文均用"伏岭"）。

纹川记

华阳岭南为登源，地多名胜，内有纹川，处狮象龟鹤之上游。关锁缜密，两峰并峙，桥以跨之，名曰石纹桥。亭翼其上，桥下多石痕，参差怪状，如交剑，如象齿，如鳌头，痕之浅深不同，长短不一。会天高日晶，潦清水净，穿石梳流，水之漱石如漱齿然。值云蒸雨集，水盛奔腾，滩激汹涌，分合之势，龙行耶？蛇走耶？难以象状。此文人学士会心深远，不曰石痕，而曰石纹。其命名洵雅而不俚矣。

历桥西上数百步，外峻中夷，有田数千亩。水如襟带，山多屈伏，村居岭下，烟云缥缈，所谓纹川邵氏者是，而伏岭下之得名亦即以此。东有大鄣，峦巘错落，或降，或凹，或凸，断续秀丽，巉岩嶙嶒，近为都邑之胜，远为新安之宗。顾徽之黄山白岳，啧啧贯耳，似与此渺不相接。而鄣山实为新安诸山领袖。望气者，谓宝藏所兴，而黄山白岳未之前闻。昔晋郭景纯登临眺览，名为三天子都。又有舒頔、许弘光辈曾为之志，良有以也。

由东而南，鸡鸣尖下，逶迤蜒蜿，顿跌平铺，层叠环绕，当离，端然一凸，堪舆家以为罗星护口。此中多富人达士。春花秋月，游人足迹不绝。

南之正拱有七姑峰，高耸插天，如笏排列，云行雾卷，灵气腾空，实多秀色。说者谓巅有棋布，不识刘商[①]曾手谈否？西展半月屏，后簇荷花形。山谷浅近，清泉不竭。大旱时溪断井枯，此中汩汩而来，人多赖以取汲。脱非山泽通气，何以如斯！

隔岸，山有虎形，循巅西南界，灵胜有永福庵，池水清涟，较他水有异。先人于此为纹川雅会。虎形之西，两山断续，有伏岭焉。山下光映石镜，莹彻澄辉，往来者至此徘徊流连。岭西有白石尖，峻峭如顿枪旗，威武之征也。万历间，族有继康者，由进士历官，挂印总制，溪山虽间，而会局之应在斯！

---

① 刘商，唐朝诗人、画家，好山水，著有《琴曲歌辞·胡笳十八拍》等。

北有凤凰墩、真人石，二山之美，钟灵毓秀，将来祥瑞，正未有艾。去墩二三里，名成功山。宋时岳武穆自金陵达杭路，剿寇汪天石，登山望势，以捣其墟，不待旷日，功成，遂名成功山。自成功山转屈，突起攀桂尖，为屏为障，凤展龙飞，直至石纹。

村中平夷，左右高大局展，而群岫回护。生长于此，自必人文聿兴。纵未及州郡之轩厂，而地广人稠，田可耕，井可凿，山可樵，水可钓，礼乐诗书，陶镕于其中者，当亦代有伟人。邵氏之先卜筑于此，虽曰地灵，抑亦人杰也欤！

爰搦管而漫为之记。

时乾隆二十八年，岁在癸未桂月望日，百二公十八世孙振翔撰

自建村以来，随着历史变迁，伏岭经过多次区划调整。

行政沿革①

伏岭宋属新安乡，领里三，元属新安乡十三都，明属新安乡十三都一图，清属南乡十三都一图，民国初属第四区，后属大障乡。新中国成立初期为四区大岭乡，1950 年属第五区。1952—1955 年为胡家区卓溪乡、伏岭区新桥乡，部分属伏岭区伏岭下乡、胡家区上西乡。1958 年 10 月，属东风公社伏岭管理区。1959 年 1 月，东风公社改称伏岭公社，属之。1961 年成立伏上、伏下、半坑、卓溪、新桥、六亩坵、际下、鱼川、岱下、江南、岭前、合庄 12 个大队，属伏岭公社。1983 年改公社管委会为乡政府，所属不变。1992 年伏岭乡改为伏岭镇，属之。2003 年全县村级（社区）规模调整，伏上、伏下、合村、卓溪、新桥合并为伏岭行政村，现有居民 1271 户人口 3694 人。伏岭自然村（伏上、伏下）有 724 户 2216 人。

---

① (清)清恺编撰：(嘉庆)《绩溪县志》(点校本)，黄山书社 2007 年版。汪建斌主编：《绩溪县志》，方志出版社 2011 年版。

伏岭是练江古道的终点，也是逍遥岩古道的起点，旧时交通十分便利。向东，经普济桥，过逍遥岩古道便可直达余杭，或北去绩溪岭凹走通杭古道可往昌化；向西，过伏岭（山名，又称佛岭），走下金坑去湖村，或过际下去石门，或过卓溪到宁国胡乐古镇；向南，过石纹桥，经石川（登源河上游最后一个码头）、水村，可由水岭到竹溪、齐武的乾隆古道至淳安，或走练江古道至华阳镇。

明朝末年，邵氏宗族为纪念华阳邵氏发祥之地佛岭下，在伏岭凹山脚下三岔路口，建"伏岭亭"。亭占地20余平方米，内有佛龛和坐凳。向南一侧通过下金坑过下阳干桥（又名湖村八面来风桥），向西北过际下去大石门。由于古亭栉风沐雨，破败不堪，2011年伏岭邵氏将该亭易地重建，迁至伏岭至卓溪的公路边建为路亭。现亭宽4.5米，长5米，砖混结构，成为一处标志性建筑。

二 "佛"山钟灵

伏岭地处天目山余脉和黄山山脉结合带，地貌以山地为主，境内分布少量山间谷地及丘陵，地形起伏较大，沟壑发育，山顶呈尖顶状，山脊狭窄，山坡陡峭。境内露出的地质层主要有：寒武系中统杨柳岗组，下统大陈岭组、荷塘组；震旦系上统皮园村组及蓝田组，震旦系下统休宁组。区内岩浆岩发育，主要有燕山晚期粗粒花岗岩、燕山期花岗闪长岩等。山体主要呈北东走向，多逆断层。全村四面皆山，南面是七姑山，村北有白石尖，东北有成功山，西有伏岭、木岭降。

伏岭云雾

1. 七姑山

七姑山指伏岭南面的大小七座山峰，呈东西向分列，错落有致。邵振翔在《纹川记》中写道："南之正拱有七姑峰，高耸插天，如笏排列，云行雾卷，灵气腾空，实多秀色。说者谓巅有棋布，不识刘商曾手谈否？"传说远古时期，有两条神龙云游时见歙州（徽州）钟灵毓秀，争相盘踞宝地之来龙山，相持不下，便约定谁在限期之内先造36座山峰，谁就坐歙州来龙。西去黟水之龙，神通广大，造了36座高峰，并且把山峰装点得突兀峥嵘，秀丽无比，这就是后来的黄山。东去障水之龙，法力不足，竭尽神力造了七座山峰后，便不守信约，抢占了郭郡歙地。后来，有七位仙女，见此地形如她们姐妹，便飘然而至，遨游赏景，并庇佑当地百姓安居乐业，撮合有情男女成眷属。从此，人们称这大小七座山峰为"七姑山"。

康熙《徽州府志》载：七姑山为徽州来龙靠山，七峰如栉，石阁参差，常有云雾封护，俗传仙女群栖其上，上有棋盘石等。明进士绩溪梧村人汪溥有诗曰："一簇云峰号七姑，七姑曾此往来无？东风吹上峰头看，不见遗踪见绿芜。"七姑山东面小山尖原有一寺庙，现已不存，寺庙西面岩体上有圆形水眼，口约20厘米，水面较岩面低数厘米，水质清冽，称"仙人井"。

七姑山地处北纬30度。让人称奇的是：从湖村株树下看七姑山，七姑山如笔架；从歙县竹溪看七姑山，七姑山如同宰相帽；从浙西明教总坛搁船尖看七姑山，七姑山如卧佛；而从伏岭下看七姑山，七姑山如天子仰卧。

相传，南宋绍兴元年（1131），风水大师赖布衣在株树下为龙川胡云龙看风水点穴时，见案山（朝山）七姑山如笔架，龙气蕴藏，便去了七姑山。岂料刚一爬上山，山上便浓雾遮盖，未见山之真容。赖布衣连去了三次，都是如此。后来赖布衣在七姑山下，沐衣祷告，只看不语。于是天明山清，赖布衣看到了金龙穴，但下山后晚上禁不住主人家劝酒，酒后失言："头顶七姑山，脚踏牛栏间，左手中西湾，右手毛坞湾，葬得金龙穴，三代出皇帝。"赖布衣因不守誓言泄露天机而遭到天谴，自此消失人间，而金龙穴也因民间抢葬遭到人为破坏。

七姑山下

2.成功山

邵振翔在《纹川记》中提到，成功山得名来自"宋时岳武穆自金陵达杭路，剿寇汪天石"成功的历史记载。岳飞剿灭的"寇"汪天石就是绩溪竹山干人（一说是西坑头人）。

关于竹山干有多种传说，其中一种是：南宋，绩溪竹山牙堂一位汪姓人家出了一件怪事。这一年汪姓添丁，家中养的狗和猫居然日夜轮换蛰伏在屋脊上。孩子满月时，孩子舅舅认为这样不吉利，便宰杀了狗和猫。不料，天上紫薇星光大发，身居临安皇城的国师赖布衣发现后告诉皇帝，西部徽州绩溪将出天子，于是皇帝立即派岳飞镇压。临行时，宰相秦桧见了岳飞，再三要求去徽州"斩人不斩龙（龙脉），斩龙不斩人"。岳飞满口答应，于是从临安昌化翻越郭山杀向绩溪竹山干。此时，在竹山干数千亩竹林中孕育了数十万兵，可惜还未成形，而岳飞在赖布衣的指点下将数千亩竹林尽数砍断，不仅杀了汪姓一族，还斩断了徽州境内龙脉，一时间血流成河。有关这场战争，留下了"竹山间，摆战场，千刀万剐，一个竹节一个丁"的民谣。这场战争结束不久，邵氏宗祖百二公于南宋绍兴四年（1134）从淳安动迁，先居井潭和隐川，后有子孙迁居伏岭。乾隆版《华阳邵氏宗谱》载有《宋迁邵氏石纹川村山峦垣局全体图》。

<h2 style="text-align:center">乾隆版宗谱村图解读</h2>

绩溪县伏岭村，北玄武位靠唐降湾岭、成功山、桂琴尖、泽堂屏、田纹山岭、大来峰、泰山尖等群峰环抱；南有纹川河水绕襟带；七姑山、水岭尖、大屏山为村落朱雀位朝山，三峰形成笔架形态。村南岸为十甲路田纹，明堂开阔；村东上村桥为上水口，古桥为三孔石桥，上水口内有福昌寺。近上村口有戏台。村东北与上村及鱼龙川接壤。村西石纹桥处为下水口。石纹桥为五孔石桥，桥上有桥亭，桥南端有邵氏茶亭，桥南罗形护口如鼓形狮山和上水龟石，桥北有永福庵、凤形山、钟形山、茶亭山、象鼻山，形成狮象把门形态。

村落龙脉中轴标注有"唐降湾岭落脉亥宫天皇紫薇星所结入首直下平铺"，意思是村落以此龙脉之下展开风水布局规划，并特注有"宋地师赖文俊公所杆阳基"。同时标注有"邵氏宗祠""上门派""中门派""下门派""大园派"等在图中的位置。

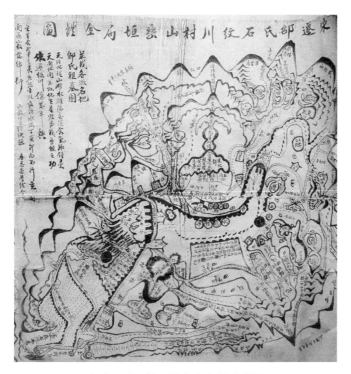

宋迁邵氏石纹川村山峦垣局全体图

伏岭村全图形态像一条"鳌鱼"，下水口石纹桥为鳌头，上村桥为鱼尾。因此，图中石纹桥下标注有"活石坑流""桥下石纹、石痕""左角如象鼻石，正面如旗鼓石，山门洪漫河中脊""耳刀""象齿""石纹下有潭，潭下有碓堨""碓堨水""碓基""碓堨之下右有田堨""过桥田水""坦石桥"等，坦石桥边有"五猖庙""新桥社庙""绕车碓基""新桥村"等。为此，批注此地貌风水形态为："惟石纹山门洪活石如象齿、如长剑、如耳刀、如鳌头，以门锁水口"，"溪水出石旮而去"。（安徽省徽派建筑工程技术研究中心研究员、哈佛大学中国艺术实验中心客座教授、徽州古建筑专家姚顺涞）

3.鸡鸣尖

伏岭村东便是鸡鸣尖。鸡鸣尖又称黎明尖，因下半夜鸡鸣时能看到山尖而得名。鸡鸣尖是大鄣山的余脉，主峰海拔1342.1米，是绩溪第三高峰。

鸡鸣尖上怪石林立，松多奇异。相传，鸡鸣尖上有恶魔半夜时分下山，专吃童男童女。为了制伏这群恶魔，伏岭人便请出了比恶魔更凶狠的"犼"，每年正月十五，在河滩中设祭坛，面对鸡鸣尖怪石群烧起火堆，两名壮汉披着用彩布制成的神兽"犼"，绕火领舞，村民手执火把，锣鼓手、硝铳手、鞭炮手、钢叉长矛手以及木棒手随"犼"起舞，动作狂放，并齐声呐喊，狂舞后，抬"犼"神绕村巡游，以驱邪镇灾。

山水有灵，人与自然相通，邵氏先贤有了悟性。伏岭人还建造寺庵，试图借此通神灵、保平安。

4.永福庵与福昌寺

在村落发展过程中，石纹桥的多灾多难让伏岭下人深感不安，为给邵氏宗族生灵祈福，乾隆年间，在主持建桥的邵邦瑞建议下，决定在石纹桥右边的出水湾虎形山上兴建永福庵，祈求神灵保佑。

从石纹桥头，沿石阶曲折上山，十几分钟后，便到了永福庵。永福庵

坐落在林静谷幽的出水湾处，山形地势如同荷花。庵堂简洁而雅致，庵有三进，一进、二进为敞堂，三进内为正殿。正殿不大，稍幽暗，供奉观音菩萨，两侧是十八罗汉及二十四位护法天神。进山门是弥勒佛，背面是韦驮，侧殿内有送子娘娘、麻姑娘娘等菩萨，还有不少不知尊号的小菩萨，的确是"庙小菩萨多"。永福庵另辟有数十间庙宇尼房，紫竹丛丛，疏影伴月。大门口有池塘半亩，池水清涟，鱼翔浅底，故有"紫竹林中慈悲士，白莲台上

永福庵素描图

救难仙"之佳句。永福庵建成后，邵邦瑞从九华山请来四位尼姑做佛事，为菩萨开光。这四位尼姑见此地林茂披青，景致清幽，离村颇近，化缘结缘颇为便利，便留住永福庵，供奉佛祖，故而永福庵也有了"四姑庵"之称。庵左侧是一大片菜园地，供尼姑们种菜自给。庵前有一大片平地，再往前就是一口池塘，塘边有一棵老树，枝干斜伸向塘中。这里小有名气的还是池塘沟槽渗出的一股清泉，凉爽甘甜。大凡人们来庵里烧香或游玩时，尼姑们都很客气，泡茶招待，但人们总是爱喝泉水，只有年纪大一些的香客才喝茶，更有一些文人自山下经过时，往往雅趣大发，专门来到山庵堂品茗赏景。伏岭下的文士也常在永福庵聚会，吟诗作赋，后人称之为"文人雅会"。《纹川记》写道："循巅西南界，灵胜有永福庵，池水清涟，较他水有异。先人于此为纹川雅会。"永福庵建于何年已无可考，但它确实是一处修身养性的好处所。可惜，庵内佛像后被毁。20世纪70年代末，永福庵被拆，其建筑材料被用于建造学校。

在邵氏迁徙前，伏岭土地上就有丁、成、周、程等姓人在此定居，可惜因自然灾害、瘟疫等导致人丁稀落或断绝。为祈祷邵氏宗族平安，人丁兴旺，明正统年间，在邵仁简倡议下，在伏岭的村头（今伏岭小学边）修建了福昌寺。福昌寺是廊院式寺庙，共三进，由门前大坦、门楼、廊庑、正厅、后进组成。大雄宝殿塑有坐像大佛一尊，连座高五米，是绩溪县内第一大佛。大佛两旁有文殊、普贤二菩萨，座前有弥勒佛，大殿两侧有十八罗汉，大佛背后有观音菩萨和善财童子及龙女。过去，路过伏岭走逍遥岩古道外出学做生意的人都会在福昌寺烧香拜佛，祈祷一路平安。民国年间，福昌寺边设立区公所，后寺被损毁。值得一提的是，福昌寺因为树茂室静景秀，一度是伏岭郭山文社读书人的主要活动场所。

福昌寺之上，有普济桥，又名上村桥，是清乾隆年间邵时玉倡建，由邵氏宗祠及福昌寺内僧人共同募资兴造。它是绩溪境内最大的石板平桥。桥身长34米，宽2米，高5米，五墩四孔（门），每孔上用两根条石作桥梁，共计8根，然后横铺石板，寓意"四平八稳"。1969年桥面条石被水冲毁，改为铺砼板。普济桥因福昌寺倡导普济众生理念而得名。

三 纹水氤氲

伏岭属北亚热带季风气候区，四季分明，温暖湿润，冬无严寒，夏无酷暑。气温多变，雨量充沛，梅雨明显，无霜期较长。多年平均气温16.5 ℃，降水量1582.6 mm，降水多集中于春夏，年均降水天数约150天。傍村而过的登水是绩溪第一大河，千百年来孕育了亮丽深沉的地域文化，积淀成百里历史文化长廊。

登水，民国年间改称登源河，发源于三天子都鄣山（主峰清凉峰）北坡长坪尖，又称鄣水，流于逍遥岩峡谷段名逍遥水，出岩口称"登水"。登水出逍遥岩后，水流曲折潺湲，自然村落棋布于谷地之上，就像一颗颗璀璨的宝石镶嵌在秀美的缎带上，河道与两岸山峦辉映成独特的水岸风光。罗昆以下绕过一大湾，至临溪汇扬之河水，流入歙境，称练江，后于浦口汇入新安江，经钱塘江入东海。

登源河

登源河在绩溪县境内流程55千米，透迤于绩溪县境东部，沿河地域现统称登源，古称东源。登源河水自古以清澈著名。沈括（1030—1095，北宋科学家）在《梦溪笔谈》中认为登源之水是新安江的源头[①]。北宋诗人杨万里留下了《新安江水自绩溪发源》一诗："金陵江水只咸腥，敢望新安江水清。皱底玻璃还解动，莹然鄱渌却消醒。泉从山骨无泥气，玉漱花汀作佩声。水记茶经都未识，谪仙句里万年名。"这里山明水美，神奇灵秀，吸引了众多中原望族来此定居，哺育了灿若繁星的文人名宦，演绎出许多传奇故事，如徽州第一伟人汪华，红顶商人胡雪岩，奕世尚书胡富、胡宗宪，民国年间更是文人辈出，如作家章衣萍、章铁民、程朱溪、程万孚等，造就了古逸多姿的绩溪历史画卷。

1.原居民考

千百年来，在伏岭土地上，潮起潮落，水涨水消，不知有多少先民在这里繁衍生息，张来李走，汪居周迁，沧海桑田，物换星移。

宋以前，伏岭这一带人烟稀少。据《华阳邵氏宗谱》"迁绩世系说"中介绍，邵文亨公迁徙伏岭下前，伏岭有"丁姓人家居岭旁，成姓人家居后山，周姓居溪畔，程姓居河东"之说。丁姓居岭旁，也就是现在的"丁家山下岭"；成姓居后山，位置在现伏岭镇政府驻地前，公路南边的"后山成"则为成姓居住地；周姓居溪畔，在现在的三眼塘一带；程姓居河东，也就是现在河对面的程家宅。据《伏岭舞狗》作者邵茂琛介绍：除上述丁、成、周、程姓人家外，还有唐、许、戴、祝姓等人家都曾在这里留有生活足迹。至今，伏岭仍有祝家塔、许家坦、周家碓、戴家碣等地名。这些先民杂姓户单人稀，未形成村落，因此，也就没有文字记载了。但他们毕竟在这块土地上生存过，开山辟土，为邵氏迁徙伏岭创造了条件。

[①] 1983—1985年，浙江科学协会组织钱塘江河源考察认为，北支新安江源头为安徽休宁县六股尖的冯村河。

鸡鸣尖和竹山干全貌

文亨公及子四七公把家安在了伏岭之下，在那里"诛茅筑室"，并置田地恒产。后来，四四公又迁入，紧挨着四七公家，筑建屋舍。四七公居南面，七代单传，七代之后，子孙人丁日增，发展成下门与中门。邵世四四公家儿子多，开始发展快，居北面，俗称"后来居上"，叫"上门"。《华阳邵氏宗谱》"百二公纪"载："发而滋衍，实藉迁地之良，抑有不然者，彼峨峨故宫尚发禾黍之叹，勃勃铜驼，奚来荆棘之悲，某乃家世纹川也。前代岂无居民？桑田卒致迭更，鹊巢鸠居，未易更仆数矣。何至我族独发其祥，盖惟有德则兴，不德则替，何者我召公……"足见在百二公来伏岭前，先民们在这里苦苦生息，更替艰难。

据一些老人讲，因过去的河道位于现在的沙坝下，登源河曾多次改道，经邵氏族人举全族之力修筑普济桥下的护村沙坝，才形成今日面貌。民间有传岳飞进剿汪天石，草莽英雄汪天石以三十万兵马殊死抵抗，因此在登源河至碢头一带应该有一场战争。战争免不了生灵涂炭，伏岭小盆地是战场的核心地带，必然经历过兵燹。据《绩溪方言俗语》作者邵名农先生考证：20世纪70年代推进农田基本建设，旱地改水田时，曾在祝家塔塘边挖出了许多砖头瓦片，祝家有可能毁于战乱。河东程家也是毁于这场战乱。战乱之后，伏岭小盆地一片荒凉，恰恰这个间隙，邵氏百二公携子迁徙伏岭下，开辟了伏岭人居的新纪元。

至于丁家、成家、周家，应该和邵姓共存了数代，迁徙离去的原因各不相同。地名周家碓就是现在的上碓。南宋时期生产力低下，周家不可能有能力独家建一座水碓（原始的水力粮食加工作坊）。这座水碓的建成或许是在明朝后，足见周家在伏岭和邵家共同生息了许多代。周家迁走的原因可能是洪灾。《绩溪县志》载：乾隆九年（1744）五月，洪水暴发两次，漂没人口数百，毁坏田庐无数，石坝被冲无存。放粮赈饥民。同治五年（1866）大水灾。登源洪水冲毁庙头村和汪公大庙大部。水村七姑山脚拦河石坝冲毁，平银河岸田贩沙淤厚达六七尺。城东绿杨桥被冲塌[①]。"周家居溪畔"，遭洪灾概率极高，很可能是洪灾使周姓家毁人亡，含悲离去。

明代伏岭《黄册》

从此，伏岭成了邵氏的一姓村，繁衍生息几百年，终成绩溪的第一大村。伏岭村的东南侧，有许多菜园地，尚能看出断垣残壁的古宅痕迹，可见当年人丁之兴旺、房屋之稠密。咸同兵燹给伏岭造成重大人员伤亡和财产损失，许多民房和祠堂老宅毁于战火。

2.竹山干田畈

竹山干田畈是伏岭下村最大的一片良田沃土，也是绩溪县最大的水田

---

① 绩溪县地方志编纂委员会：《绩溪县志》，合肥：黄山书社1998年版，第18、21页。

田畈。竹山干田畈是天然的粮仓。有民谚云："三千三百七，不算四边脊。"意即竹山干田畈不算四边山脊下的山田，光良田就有三千三百多亩。伏岭邵氏宗族先民们在这里拓荒耕种，周边少数良田分属祝山、横溪桥、鱼川、岱下、上村等自然村。农耕用水主要依靠逍遥岩口的岩脚竭（又名大竭、黄竭）的引水。

竹山干田园风光

宋元期间，田归各户私有，每遇旱年，农民为分水而发生纠纷，甚至械斗流血事件屡见不鲜。明中叶起，竹山干田畈就受到朝廷和各级衙门的高度重视。明嘉靖三十年（1551），为解决田畈的灌溉问题，巡按直隶监察御史刘、陈两位钦差大臣亲临此处，作出"遇得农种之时，叫集本竭有田之家，出备公力，趁时堆筑蓄水，以防旱魃，务使水利均平轮流浇灌。如有持顽以强霸截，□□田禾，许令指名呈来，从重究□"的谕示。府衙县衙据此下发帖文，促成竹山干田畈农户订立《竹山干六广灌溉放水公议合同》，实行"分广轮灌"制度，规定永不破此，永远存照。今村人邵昌后在旧残纸片中，找到了该合同抄件。

竹干山六广灌溉放水公议合同[①]

立合同十三都里邵杉、岩下塌汪文辉同末干农夫邵益孙等，今奉县府帖文，蒙巡按直隶监察御史刘、陈大老爷案验农业等前事，遇得农种之时，叫集本塌有田之家，出备公力，趁时堆筑蓄水，以防旱魃，务使水利均平轮流浇灌。如有恃顽以强霸截，□□田禾，许令指名呈来，从重究□等语。若照旧例，有水之时，

《竹干山六广灌溉放水公议合同》

各家通浇。遇水之竭之时，岱上盛字等号田禾，每黄昏堆塌作水灌至黎明；竹山干流字等号田禾，黎明放水灌至黄昏。自首至末，分为六日轮流浇灌。但末干水道遥远，沟洫易竭，水不及半。集众合议，将岱水扒一夜与末干灌，一昼夜六日轮灌。再，末干水遥远，水不及，半沟洫尽放，五广不得恃顽以强霸截，六日轮流，周而复始，庶上、下田不至旱潦。此为至均至平之公议，上、下、首、末各宜遵议。以体上人爱民之至意，立此堂谕，一样二纸，塌首汪文辉收一纸，里长邵杉收一纸，永不破此，永远存照。

嘉靖三十年九月十六日立公议

十三都里长　邵　杉　　岩下塌首　汪文辉

末干农夫　邵益孙　　代笔里人　汪恃两

① 本合同原件是邵昌后先生1977年到本村岳母家（岳母方国女、岳父邵培钧）求援讨柴炭时，从"涮火苫"上抢救下来的。此系清雍正四年（1726）抄件，非明嘉靖三十年（1551）堂谕原件。开头有"又将明季嘉靖年间放水公议合同刊录于后"，尾句为"县主范老爷金批水利结案批语'此案已经勘明，六日轮灌准照审结案'雍正四年八月农民末干邵姓具"。文中，邵杉父亲克明公是明成化时期的粮长。岩下塌后来又叫黄（皇）塌，嘉庆《绩溪县志》、清代汪子青《绩溪地理图说》均有记载。邵益孙是纹川上门人，属迁往昌化的一支，其曾祖仕斌授忠勇校尉。

"分广轮灌"规约是由伏岭、祝三等周边各村协商制定的，后来官府又对不明事项作了多次补充细化。在逍遥岩口逍遥河上构筑堤坝，沿山脚开水渠，引水入田畈。将竹山干受灌溉的农田按方位、地形、田亩数分为六个片区，称"六广"。从下至上为：塝头——上村桥至相公庙；沙林——相公庙至祝山村西；高山圳——祝山至岱下村路下；中圳——横溪桥至高山圳相接；程家域——横溪桥至岱下、鱼川桥；散广——靠近水圳可引到水的地带，分散多处称"散广"。

每到旱季实施轮灌，从末广塝头的上村桥头开始，由下而上依次浇灌。每广浇一日或一夜，其中散广不分配浇灌时间，可在交广时的空隙中准其浇灌片时。另有"一瓦水"的规定：山下碓经和尚岭凹一路，地形较高，田亩不多，允许一瓦水通过，日夜浇灌；但轮到末广塝头片浇时，一瓦水也停止。规约制定得细致周全，并能严格遵循。嗣后，官府又在登源河上修筑水利工程"官塌"一道，以缓解竹山干的争水纠纷，成为全县6344道塌坝中独占"官"衔的河塌。

清雍正四年（1726），宪台批查该畈水利纠纷，县长范龙威亲赴现场，审勘核实，秉公处理，维持嘉靖合同规定，再次强调"如若有人持强霸截，即时挖稻，随即指名禀究"，并向勘复灌田水道的伏岭农夫邵永高等颁"力农务本"匾一块，以示嘉奖。新近又发现咸丰《竹山干六广富塌水浇灌合同》[①]，这是对明朝分广轮灌制度的调整补充。附之如下：

竹山干六广富塌水浇灌合同

立合同竹山干六广众姓人等：缘有大塌水浇灌六广田亩，其大塌之下古来原有富塌一所，因于古圳地高，难以通水，今六广邀集人等公同商议，捐赏买到高永福公土名石坝潭大小买田，原租老壹大秤圳基，开通水路，引水同大塌水，浇灌六广田禾。

公同议定，付买圳基价七数大钱十四两正，其钱当日付楚，其田听六广公众人等，圳基随即兴工，开通水路。此处永福公本家佃种之

---

① 2022年9月，由黄永江发现并收藏。

田三亩零无有渗漏水浇灌，逐日将六广之水公同商议，准作水浇灌，不论何日，众人毋得异言。其富塌之水逐日跟广浇灌，逐日广议定。头塌水放，来到郎家碓放磨，再行改突交广。惟有塝头末广头夜接散广，浇灌之水一日一夜，其富塌之水，散广接着未浇者，浇

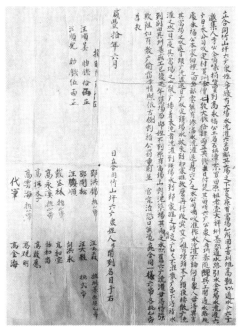

《竹山干六广富塌水浇灌合同》

灌到头塌水到郎家碓之时，交广不准散广，亦不得积水到别田，其圳基成工已后，逐年筑塌，而邵姓不到原有富塌山挖泥筑塌，其两塌之水照旧六广浇灌，毋得恃强欺阻。如有散广偷窃等情，照依古例罚稻公，重则呈官究治。恐口无凭，立此合同。一样六纸，各执一纸为据。

咸丰十年六月　日

立合同竹山干六广众姓人等，开列名目于右：

邵洪锦　执一纸　　　汪必森　执圳基原契一纸

邵开松　　　　　　　汪大雅　执二纸

汪镇顺　　　　　　　胡洪永

戴奎林　执一纸　　　高和宝

高永溪　执一纸　　　许和尚

高裕学　　　　　　　高启应

高云海　执一纸　　　高观明

代笔：高金海

捐助开列于右：

汪顺美助钱十两正，汪顺光助钱五两正

嘉庆《绩溪县志》载："岩脚埠，一名黄埠。在十三都遥遥岩口，灌竹山干田三千余亩，自明嘉靖间立议分作六广轮灌，遵行至今，遇旱不灾。"①伏岭与周边各村因此"分广轮灌"规约而得以有序轮流灌溉，从未发生械斗流血事件，并确保良田不因天旱而致损失。明朝六广灌溉制至今沿用，成为当地民众自觉遵守的公序良俗。20世纪90年代，绩溪县政府立永久性告示牌，将竹山干定为"基本农田保护区"。

3.周边村落

伏岭村，北边有上村、岱下、祝三、鱼龙川、安川、虹溪桥等小村庄，东边有罗坑村，南边有新桥、坦石等村，西边有卓溪、中半坑、里半坑、外半坑。伏岭村雄踞于中，宛如众星捧月。

罗坑，原名罗川，后因此处山坑间有座水碓，碓里磨麦用罗筛，出粉既细又白，慕名来磨麦者甚众，故名罗坑。元至正十二年（1352），龙川胡氏关富徙居于此，建有祠堂；明嘉靖年间，瀛洲章氏十五世寄良在此定居；明末，县城内唐氏迁此。村中现有耿、洪、胡、郎、邵、唐、王、周、许等姓氏居民。伏岭清典籍邵棠墓在罗坑村旁。

新桥，村头有石纹桥，始建元至正年间，明永乐和清乾隆年间两次修复后改称新桥，村依桥名。清中期，仁里程姓、水村许姓到此建村，现有陈、程、方、许、章、胡、邵、汪等姓氏居民。

坦石，原名麻坦石，因村庄地势平坦，地表多花岗岩，故名。清中期，浒里方姓、朱家坞朱姓先后迁此。现有程、方、朱、胡、邵、许、章等姓氏居民。

卓溪，原名卓川，因山溪穿村而过，后改名卓溪。明中期，汪村汪姓迁此建村；嘉庆年间，油坑口十六世章长智娶汪氏后投奔岳家居此地。现有章、汪、程、洪、胡、李等姓氏居民。

中半坑（中泮坑），因位于山坑西部，里外有三个村，此村居中，故名。明末卓溪汪姓迁此建村。现有蔡、汪、程、方、邵、朱等姓氏居民。

----

① 绩溪县地方志编纂委员会办公室：《绩溪县志·建置志》，黄山书社2010年版，第94页。

里半坑（里泮坑），位于中半坑村之里，故名。明嘉靖年间，油坑口章氏十六世章万杰迁此建村。现有章、周、邵、胡等姓氏居民。

外半坑（外泮坑），位于中半坑村之外，故名。明嘉靖年间，油坑口十六世章万俊、章万傅兄弟迁此建村。现有章、汪、程、胡、周等姓氏居民。

鱼龙川，南宋年间，华阳邵氏文四公次子世九自隐川迁此建村；元代和明末时，耿姓两次由仁里迁此。因村口有一块活石，形似鱼头，故而得名，别名鱼川。现有耿、高、丁、章、汪、程、方、洪、胡、邵、周等姓氏居民。

安川，原名安田山，古称安田，因村中有安田水而得名。《华阳邵氏宗谱》有记载，清初，邵姓居民到此建村。现有邵、程、胡等姓氏居民。村内建有三进邵氏支祠。人文发达，乾隆年间，邵兰在赤石坑河西创办水西会馆（又称安田山馆），方体、邵沚人等名人曾在此求学。

祝三，古称竹山，因村前有大片金竹林而得名。北宋年间，有汪姓居于牙塘（半月塘）；南宋初年，周氏居民由绩溪城迁到此处建村。现有章、汪、程、戴、高、邵、黄、许、胡、周等姓氏居民。乾隆癸卯年（1783）为叶宗华建"升平人瑞"百岁坊。村内高氏宗祠已于2016年修复。这里还流传着一个神话故事：几百年前，当朝皇帝昏庸无能，奸佞弄权，造成内忧外患，干戈四起，民不聊生。这片竹林孕育着一名天子和无数天兵天将，打算取而代之，可惜未曾破竹而出，便纷纷夭折在竹节中，百姓惋惜不已，便将村命名为竹山，因与祝三谐音，含"祈祝三多"（福禄寿）之意。别名祝川。

虹溪桥，村北有石拱桥，近处溪道呈弧形似彩虹，名虹溪桥，村依桥名。明朝中期，此地已是徽杭古道要冲，是县城去昌化、杭州必经之地，客栈众多。晚清民国时商贸一度十分发达，有药店、杂货店、旅店、轿店等，形成长300米左右的街市，号称"虹溪古镇"，原村头社庙内有民国耿介书"威镇虹溪"四字。现有陈、丁、高、耿、黄、张、郑、周、罗、郎、章、汪、程、洪、胡、李等姓氏居民。

岱下，因村东边有小山称岱，村位于其下，故名。明朝嘉靖年间，汪

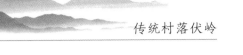

华八子后裔从登源汪村迁此建村。村内建有汪氏支祠。现有程、方、高、汪、耿、胡、刘、邵、许、章等姓氏居民。

四　周边景致

伏岭镇境内除安徽清凉峰国家级自然保护区外，还有鄣山大峡谷、太极湖村和徽杭古道三个AAAA级景区。湖村、伏岭村文化底蕴深厚，入选中国传统村落；伏岭镇先后被评为国家级生态镇、中国民间文化艺术之乡。

伏岭地名石

1.鄣山大峡谷

鄣山大峡谷位于伏岭的南面，与七姑山隔河相对。从公路沿石阶走入大鄣河谷底，有巨石酷似伟人毛泽东头像。沿河架有栈道，在弯弯曲曲延伸中，两岸美景相对而出，一路奇石、林海入眼，一路鸟鸣相伴，河水时而平如水镜，时而咆哮奔腾……躺在河中岩石上，看天上流云，如临仙境，更为奇妙的是，不时会有隐约可见的五彩缤纷的祥云飘去。

与"冠顶生花"相邻的是"天门中开"，一河之水从天门中挤出来，山鸣谷应，如天籁之声，而在天门之上是石棺和葫芦潭。相传葫芦潭是浮丘公留下来的，水在葫芦潭一番流连后，从葫芦塞冲出，与之相近的景点有"犀牛戏水""神马食草""神龟顶石"这一段是郭山大峡谷的精华所在。

百丈岩，高460米，宽180米，呈85度角耸入云霄，雄伟壮观，如硕大钟鼎，直擎天空，堪称"中国金字塔"。岩顶上常见佛光。

离百丈岩约200米处是白水塔，大郭河的水在这儿是白色的，白水塔因此得名。如今的白水塔是竹海一片，在白水塔对面有一条小路可以登上百丈岩顶，登顶可见黄山天都峰，正是"山在天之中，人在仙境里"。传说远古时，神农氏、伏羲氏、轩辕黄帝、容成子、浮丘公都曾在郭山采药炼丹。

郭山风光（洪长利摄）

2.徽杭古道

徽杭古道曾称逍遥岩古道，因其间有逍遥村而名，西起伏岭镇，东至浙江省临安区颊口镇。徽杭古道是著名古商道，始建于唐，拓建于宋宝祐丁巳年（1257）六月间，为大石门人胡旦捐金开辟。因此处山高路险，危岩耸立，石板铺就的路面屡被山洪所冲塌，故历代都有修茸。逍遥岩口的祝三村村民自清末开始，便成立了路会，每年组织村民义务修缮古道，数百年未曾间断。

古道在绩溪县境绵延约25公里。逍遥岩的岩口，建有江南第一桥（岩口桥），自岩口亭经曲折山道行进两公里许至关隘，计810级石阶，便是古道的精华所在。穿过关门，更觉险要，古道皆开凿于崎岖陡峭的石壁上，磴道笔竖，宛若天梯。

沿途的高点海拔均在400米至800米。高峰巨岩，南北夹峙。山道旁的石崖下为逍遥河，蜿蜒跌宕而下。其间的一河乱石，不时形成山涧飞瀑，蔚为壮观。再登数百级石阶，却是弯曲山道，一路向东。

徽杭古道（一）

徽杭古道是我国著名徒步旅游线路，2011年获评国家AAAA级景区。2013年被国务院批准为第七批全国重点文物保护单位。

3.抽水蓄能电站

绩溪抽水蓄能电站由国家电网投资建设，项目总投资近百亿。站址位于伏岭镇境内，上水库位于登源河的北支流赤石坑沟内，下水库位于赤石坑沟口的上岭前村、下岭前村所在的山间盆地。上水库总库容1059.89万立方米，下水库总库容1094.48万立方米，电站装机总容量180万千瓦，安装6台30万千瓦立轴单级混流可逆式机组，是我国第二高水头抽水蓄能电站。

绩溪抽水蓄能电站下水库

绩溪抽水蓄能电站伫立在青山绿水之间，上下水库如碧玉镶嵌在伏岭这块古老大地中，极具美感冲击力。从下水库到上水库，盘山公路与隧道的完美结合令人叹为观止，一弯又一弯，弯弯迷人，"峡谷出平湖"，四时美景不相同。

第二章　登源望族

东陵邵氏因躲战乱，几度辗转抵达登源伏岭下，经800多年繁衍已成煌煌大族。明清中兴，伏岭邵氏宗族枝繁叶茂，分上、中、下三门，又延五派。村中一姓九支祠，宗族自治井然有序，子孙耕读均有所成就，成为登源望族。

一　邵氏源流

1.溯源

北宋宣和二年（1120），方腊在睦州邦源起义；建炎四年（1130），钟相、杨么又在湖南起义，方腊余部在淳安一带呼应。为避战乱，绍兴四年（1134），华阳邵氏一世祖百二公从浙江淳安县永平乡安坑老家沿新安江逆流而上，到歙县岔口镇井潭落脚。然而，没过上几天平稳日子，"盗贼四起"，无法安宁，只好继续往新安江上游迁徙。

绍兴五年（1135），百二公迁到登源河（古时一直认为登源河为新安江正源）边的隐川村（即今绩溪县临溪镇隐川村）。百二公（1114—1187）又名小二，字文达，相公次子。娶童氏，继娶王氏，生五子，长文一，次文亨，三文祐，四文四，五文祖。因隐川地域狭小，容不下太多人口。长子文一回迁歙县井潭，后繁衍成井潭派；次子文亨迁居伏岭下；三子文祐留居隐川，后其子四四也迁居伏岭下；四子文四迁居鱼川；五子文祖居隐川，其子四三迁塘川。各支派皆尊邵百二为绩溪华阳邵氏开族先祖。

清道光二十四年（1844），举人邵辅撰有《迁绩世系说》，说明了伏岭邵氏的来龙去脉。

迁绩世系说

始祖百二公。三子伯子四四公、仲子四七公、叔子四三公，修谱者谓其名不雅驯，妄以世师、世杰、世三追改之，皆非也。四七公为余族二世祖，从百二公迁绩最早，又以隐川狭隘，乃营于佛岭之下居焉。爱其水石清泠、绮纹交错，名其里曰纹川。四四公、四三公在歙之井潭皆有子，后亦迁于绩溪。百二公卒，四四公徙与四七公同里，而四三公独留隐川。今绩溪十都邵氏，皆四三公之后也。二公留歙子孙亦蕃盛，与我绩溪之族时相问讯云。四七公既迁纹川，其时有丁姓者居岭旁，成姓者居后山，周姓者居溪畔，程姓者居溪东。公皆以为未善，乃于平原之上诛茅筑室，置恒产焉。既而四四公又至，益廓以大。四四公子数人，四七公惟一子，自是单传者七世，中更式微，不绝如缕。至八世文愈公始有二子，长者九世祖盛宗公，次者法眉公，皆英特有智略。二公自其身已为当时巨擘，子孙又蕃居纹川三之二，迁居四出者又十余支。四四公后亦分居浙之昌化，上姻藩封，明世宗朝为寿皇太后，四四公葬里北坟亭，明世宗遣官赐坛祭，封太后弟昌化伯，赐田宅，三死罪不行刑，书之铁券。

余至昌化得观焉，其铁券以精铁铸成，所刻字即勅书中语也。形如巨瓦，重十斤。字以黄金填之，间有剥落，存者犹十之七。史称明太祖欲赐功臣铁券，而不知其式。杭州钱氏者，武萧王后也，其家唐昭宗所赐铁券，诏取至京，遵制之，以赐功臣，仍以唐铁券归钱氏。一时文人学士形诸歌诗，传为盛事。今斯券亦三百年物矣。惜余不能诗，聊志颠末而已。

纹川后裔辅谨撰。

2.开族

公元1167年前后，百二公次子文亨携子四七迁登源河上游，居住在佛岭之下，故称佛岭下。当时，佛岭下已有丁姓居岭旁，成姓居后山，周姓居溪畔，程姓居溪东。邵四七"诛茅筑室"，"置办恒产"，在此开族建村。当四七公在佛岭下艰苦创业时，文祐公之子四四公在百二公死后也来到了佛岭下，居上半村。兄弟相携，历尽艰辛，共渡难关。四四公有五个孙子，而四七公以下数代单传，人丁繁衍岌岌可危，直到七世胡祖公始有三子：长文愈、次文敬、三文可。八世文愈公又得三子：崇简、礼简、仁简。"皆英特有智略"，"为当时巨擘"，经过许多代不断发展，人丁兴旺起来，子孙蕃居佛岭下村三分之二，迁居四出者又十余支。

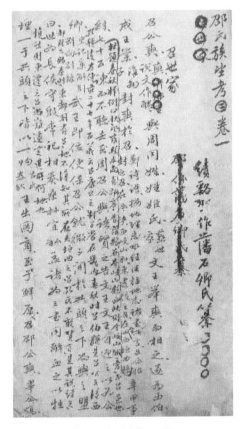

《邵氏族望考》手稿

经过三四百年的繁衍发展，到了明朝成化年间（1465—1487），佛岭下演变为邵氏宗族一姓村，人口达到了相当的规模，宗族呈现鼎兴之势，于是开始建筑祠堂，编修族谱，兴建佛殿庙宇。后随着人口不断增长，居住地逐步向东发展，尔后向南向北扩张，至清朝太平天国运动前（1851），伏岭下人口和村庄规模达到高峰，号称"千灶万丁"，成为绩溪县邵氏最大聚居地。

3.建祠

光绪版《华阳邵氏宗谱》（下文简称"光绪谱"）中有《纹川祠堂记》[①]，载：在建宗祠前，已析分三门，而且各门都建有老屋寝室祭祀先祖。邵氏总祠建于明朝万历年间（1573—1620）。清朝康熙年间（1662—1722），因总祠过于狭小，后寝加敞；雍正（1723—1735）初年，两庑加丽；乾隆丙寅年（1746），扩大到东西八楹，厅堂五间，后寝再次扩大，并建路门、正门，形成了现在的总祠规模和格局，主体建筑占地450多平方米。

纹川祠堂记

尝思君子将营宫室，必先建置祠堂。凡所为萃涣散，序昭穆，惠宗公而隆始祖。岁举行之者胥，于是乎，在我族世杰、世师二公派分两门，继则世杰公又析两支，俱各建寝奉先。而祠堂之置则鸠工于万历之时。然规为虽具旧制，犹狭。至康熙间，而后寝加宽焉，雍正初而两庑加丽焉，乾隆丙寅而祭田亦倍增焉，计其址则三百步之有奇，规其制则先之以路门，次之以正门，东西八楹，厅堂五间，后寝奥如也！巍如也！

阃阈既备，钟簴在旁，祗荐岁事。春行上巳，上答神祖，下迓群公。而冬至则祀其始迁祖。虽事若禘祫礼近于僭第先人之制，由来旧矣。今世俗之家皆举行之，揆诸报本反使实无乖仁之心。宋儒议礼亦

---

① 作者老歌,载光绪版《华阳邵氏宗谱》。

不厚非。祭则乐以四佾，礼行三献笾豆为楚品食。有常簿正之外不与焉，先人之所留贻者，秩比如也。继自今以往，为子若孙者，春秋有修，不使榱桷之。渐敝风雨攸除，毋令黝垩之就頹。未祭之先，娴习礼仪，使周折悉；中既祭之；后讲读家训、俾伦理，无亏将见燕寝之。老歌餍饫而睹风化之隆，扶杖归而夸，礼义之盛、则祠堂之建为不虚矣！于是乎记。

邵氏总祠后寝

二　分门立派

明成化年间，随着人口规模不断壮大，枝繁叶茂，宗族开始分门立派。

1.分门

纹川邵氏分上、中、下三门。

文亨公、文祐公派先析为两门，继则四七公后又脉分两支。四四公后裔主要居住在上半村横巷一带，称上门。文亨公的后裔人口较多，居住在村子的中段和下半村，称中门、下门。

（1）四四公，文祐公之子，是伏岭邵氏上门始祖。《迁绩世系说》中有"百二公卒，四四公徙与四七公同里。"百二公卒年为1187年，四四公迁徙纹川时间大约为1190年前后。

（2）礼简公，百二公九世孙文愈公第三子，是伏岭邵氏中门始祖。

（3）仁简公，百二公九世孙文愈公次子，是伏岭邵氏下门始祖。

2. 立派

纹川邵氏宗族立有五派。

上门：四四公后又分为上门横巷仲良公派和上门西门岭仲礼公派。

中门：礼简公后又分为克谦公大园派和克让公四分派。

下门：仁简公长子克明公塘塝上派。

《华阳邵氏宗谱》书影

3. 支祠

纹川邵氏有宗祠，即总祠"叙伦堂"。三门还有九座支祠：一是上门世德堂（横巷老屋）；二是中门大园派景槐堂（椿公祠）；三是中门大园派世美堂（槐公祠，又称碛上老屋）；四是中门四分派惇叙堂（四分祠）；五是中门四分派六顺堂（梅公祠）；六是中门四分派朴斋公祠（文绣公祠）；七是中门四分派怡敬堂；八是下门塘塝上派柏公支派惇睦堂（柏公祠）；九是下门塘塝上派杉公支派惇顺堂（杉公祠）。

世德堂俗称"横巷老屋"，位于伏岭上半村横巷，是上门的祖祠。上门始祖为四四公。因四四公官任南宋评事①，祠堂亦称"评事宅"。其造型布局颇费心思：主体建筑通进深99尺，宽44尺，隐含"久久悠长""世世阔绰"之意。祠堂坦铺以小鹅卵石，恰似龙鳞；坦南有六个旗杆墩一字排列，恰似龙齿；坦上有两口水井东西对称，恰似龙眼。门前屋檐下还有一对石鼓。前些年在重修横巷老屋时，发现了一块奠基石，上刻有"甲戌岁邵千七评事宅"字样。邵千七，即四四公。南宋甲戌涉及3个年号，即1154年、1214年、1274年。从四四公始迁伏岭的时间推算，横巷老屋的始建年份，应该是1214年，距今有800多年。

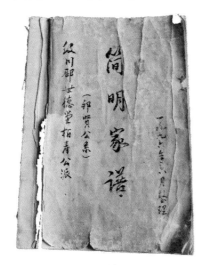

《简明家谱》书影

相传，明世宗嘉靖皇帝祖母寿安皇太后（里人称"世贞娘娘"）是四四公后裔。原祠堂内有抱柱楹联："金街存故址，铁券铸前勋"，"铁券丹书，伯封浙江昌化；子孙派衍，族繁徽郡华阳"，"东陵绵世泽，一叶甘棠昭祖德；南国振家声，千秋明水答宗功"。这说的是世贞娘娘祖辈从伏岭迁徙浙江昌化营生并定居，后逐渐向余杭、杭州发展。世贞娘娘被皇帝明宪宗朱见深纳为妃，生兴王朱祐杬。后来明武宗无子，选兴王朱祐杬之子朱厚熜继大统，是为明世宗，即嘉靖皇帝。嘉靖皇帝还遣官在伏岭村后的四四公坟前设祭坛。世贞娘娘回祖籍伏岭祭祖时，曾走过专为娘娘铺就的入祠必经的金街，后建"金街故址"门坊纪念。这些文化遗存承载着的历史信息，折射出伏岭明朝中叶之后的鼎盛。

世德堂是分三次建造完成的。始祖四四公官任南宋评事，世德堂最早只是由四四公的住宅（评事宅）改造成的寝室，后分两次完成了祠堂规制。光绪谱载：邵显胤（1638—1711），字扬正。康熙年间（1662—1722），倡

---

① 评事在南宋为正八品，与司直详断疑案。南宋隆兴二年（1164）后，大理寺评事定以八员为额，分别以"雷""霆""号""令""星""斗""文""章"为号，故有八评事之称。

建上门邵氏支祠世德堂。关于最后完成的时间，世德堂后寝房梁上写有"宣统辛亥年吉月谷旦，阖世师公派裔仝建造"的字样，宣统辛亥年即1911年。

景槐堂俗称"椿公祠"。景槐堂是中门大园派椿公支派的祖祠。椿公，生于明天顺辛巳年（1461），是中门大园派始祖克谦公的长子，是百二公十二世孙。至十七世万正公时才建祠。光绪谱载：万正，字端甫，生天启乙丑年（1625），殁康熙丙戌年（1706）。秉心公直，处事端方，建祠首事，功高宗庙。邑侯蒋公给匾，额其堂曰"德盛可嘉"。建祠应在1660年左右。该祠与总祠隔巷而建，位于总祠右，若把总祠比作一位母亲，它就像母亲用右手挽着的孩子。该祠于20世纪三四十年代失火焚毁，现仅存遗址。

世美堂位于总祠背后，因地势比总祠高许多，从总祠院门的小巷往世美堂，要上十几级花岗石砌成的石磴，故又俗称"磴上老屋"。磴上老屋是纹川邵氏中门大园派槐公支派的祖祠。光绪谱载：序，即德孙，字阙，槐公长子，为世美堂派祖，生成化癸卯年（1483）。又载：开祝，生道光，殁光绪。乐倡义举，同治八年（1869）重建世美堂，极力首倡，自始至终，未曾懈怠，可谓有功于世美堂也！世美堂初建不知何年，可能初建时非常简陋或是什么原因损毁。现存世美堂是同治八年（1869）建造的，为上下两进，中间有明堂和两庑连接，主体建筑面积200多平方米。祠前有50多平方米院子。新中国成立后，农村手工业改造，该祠堂成为伏岭手工业社的办公地址兼农具厂，但总体结构没有被破坏。近年，纹川邵氏中门大园派椿公、槐公后裔们共同对"磴上老屋"进行了修缮，世美堂匾额挂在上堂，景槐堂匾额挂在下堂，大园派椿、槐两支脉合用一个祠堂。

惇叙堂俗称"四分祠"，是中门四分派的祠堂。位于伏岭村东南，现在伏岭中心卫生院背后。主祠占地约680平方米，附属房占地400多平方米，院落560多平方米。

纹川邵氏中门派十世祖礼简公生三子，长子克谦，后衍成大园派；次子克敏，后止；三子克让，生于明成化丁亥年（1467），殁于嘉靖丙戌年（1526）。克让公是中门四分派的始祖，生四子：显彬、显梅、显桓、显杭。

兄弟四人或文或武，皆有建树，且各得数子。四分派人丁兴旺，人才济济，实力雄厚。光绪谱载：应镛（克让公的五代孙），生天启丁卯年（1627），殁康熙戊辰年（1688）。生平谨厚，历事精详，首事建祠，增光祀典。传说建祠用了八年时间，主事人在工地住了三年，建起了伏岭邵氏最大的祠堂——四分祠，村人俗称"四凤祠"，一是迎合四分派，二即彪炳彬、梅、桓、杭四公为"四凤"。四分祠奉克让公为开祠之祖。

祠堂正门朝南。门上彩绘了两尊身躯高大、威武雄壮的门神。进大门是十多米进深的下堂，过下堂是天井明堂和两庑。天井四周有十余根方形花岗岩石柱，明堂中间为石板路直通大厅，也可从两庑步入大厅。大厅是祠堂中心，亦称正厅。后面又有一个明堂，从两边上石阶梯就到了后堂寝室。寝室两层，一层后壁橱供奉祖宗牌位。正厅东边是隔巷而建的梅公祠，梅公祠后面是厨房，厨房与四分祠主祠后进（寝室）之间有条小巷，巷的尽头有一扇后门通往祠堂后的大路，出入方便。凡本族人举办婚丧喜庆大事，均可以到这里操办，室内可同时摆宴席一百多桌。

四分祠梁上挂满了大小匾额，柱子上有许多抱柱楹联，中堂大柱楹联是："东陵绵世泽，一叶甘棠昭祖德；南国振家声，千秋明水答宗功。"四分祠正厅西边是文昌阁和池塘，文昌阁前有两棵几百年树龄的大柏树。

祠有东西两个院门，东院门20世纪50年代被封，主院门是朝西开的，门楣上有"南国宗坊"四个字。

新中国成立不久，四分祠就被作为伏岭区委、区政府机关办公地点。1974年被拆。目前，从遗址上大致可辨昔日四分祠的宏大规模。

六顺堂俗称"梅公祠"，是中门四分派下一个分祠，始祖为显梅公。显梅，四分祠始祖克让公次子，是纹川邵氏十二世孙，生于明弘治乙卯年（1495）。梅公祠在四分祠主祠东侧隔巷六尺而建，占地100多平方米，有小院、厅、享堂。梅公祠小院中有口水井，井水清澈，冬暖夏凉。

伏岭卫生院搬入四凤祠后，梅公祠被简单装修，作为卫生院职工的宿舍。遗址上，梅公祠的结构布局还大致可辨。梅公祠的建造时间不详，应该稍迟于四分祠。

朴斋公祠又称"文绣公祠"，俗称"老屋下"。此祠是纹川邵氏中门四分派梅公分派下的一个支祠。

文绣，字朴斋，号月塘，纹川邵氏第十三世崇俊公的四子，生于明隆庆庚午年（1570），殁于清顺治丁酉年（1657）。文绣公博学多才，一生执教 40 多年，曾在休东设馆任教，学生中出了许多名士，其中一人高中状元①。

朴斋公祠

文绣公生三子。后人为了彰显文绣公功德和家族旺盛气象，建起了朴斋公祠。该祠原是祭祀文绣公老屋，后陆续改建而成。光绪谱载：谟，名仕谟，字宗望（1651—1726）。恭俭纯笃，步矩循规，居家孝友，处乡敦睦，首倡建祠，恤贫修路。这里"建祠"就是建朴斋公祠，建祠时间在 1700 年左右。

该祠占地 180 平方米，为上下两进，中间有两庑、天井明堂相连；左右两侧还建有附属房。祠的正堂照壁柱上有一对抱柱楹联："教育英才四十年

---

① 根据胡宁主编《中国第一状元县》(安徽人民出版社 2004 年版)，从时间上可推测，文绣公所教的状元学生为黄赓,字仲叙,生卒年不详,休宁龙湾人,明崇祯十六年(1643)武科状元,善使铁鞭,人称"铁鞭王"。清兵入关后,曾随抗清义士金声抗击清兵。后出家为僧。

主宾相得，图成吉壤二千里信义同符。"这是对文绣公一生功绩的褒扬。文绣公祠正厅的大梁上现仍悬挂有一块2米多长、80厘米宽的匾额，上书"齿德兼隆"四字，落款为"进士第知绩溪县事郭四维①为大宾邵文绣立""顺治五年岁次戊子孟冬月谷旦"。

文绣公祠一直作为中门舞狮和后来的伏下大队业余剧团的排练场所，祠堂东侧偏房用来存放业余剧团的戏衣行头。现辟为安徽省"省级非遗徽剧展示馆"。

怡敬堂俗称"前堂老屋"。中门四分派克让公三子显桓公一脉人丁不旺，克让公次子显梅公之长子文经公（士先公）一脉人丁也不是很旺。到了民国十八年（1929），在邵在雄的带头捐资和主持下，两脉后裔共同将原来祭祖的"前堂老屋"扩建成支祠"怡敬堂"。

怡敬堂主建筑占地面积约200平方米，分上下两进，两进之间有天井明堂和两庑相连。

惇睦堂又称"柏公祠"，是下门塘塝上派的一个支祠。百二公的十一世孙克明公为纹川邵氏下门塘塝上派的始祖，柏公是克明公的长子，生于明成化壬辰年（1472），其后裔衍成下门塘塝上派的一支，尊柏为始祖。柏公祠于明嘉靖年间兴建。光绪谱载："唐，讳旺孙，登仕郎，柏公次子。将如字号七十七号建造堂寝，子孙奉为支祠。"又载：邵廷焯（1682—1744），字含光。柏公祠前堂复造，被推为首事。柏公祠前堂复造时间应在1724年左右。

柏公祠是伏岭村现今保存完好的祠堂之一。祠堂规模较大，主体建筑面积500多平方米（通进深32米、宽16米），分前中后三进。前进为下堂，除了前厅，还有较大的天井、明堂；中进为正厅；后进为寝室。前进和正厅可以摆30多桌酒席。祠前有几百平方米的祠堂坦，是下门人的活动中心广场，下门老人逝世出殡时祭奠等仪式都在此广场举行。村中的大路街道

---

①（清）恺编撰：嘉庆《绩溪县志》（点校本）载：郭四维，号帝京，山西猗氏人，顺治丁亥进士。尝倡建书院以培植士子，至是邑人颜之日"峋公"，以志去思。参见绩溪县地方志办公室：(嘉庆)《绩溪县志》，黄山书社2007年版，第240页。

从祠堂坦前经过。祠堂坦前还有一口近千平方米的火烛塘，名为"塘塝上塘"，引村北、村西两条小溪的流水入塘中。

柏公祠现被辟为"绩溪氏族家风家训陈列馆"。

塘塝上柏公祠

惇顺堂又称"杉公祠"，是下门塘塝上派又一个支祠。百二公的十一世孙克明公是纹川邵氏下门塘塝上派的始祖，杉公是克明公的三子，生于明成化庚戌年（1490），其后裔衍成下门塘塝上派的又一支，尊杉公为始祖。光绪谱载："应诚公秉心公直，勷建祠宇。"2018年版新谱载：杉公祠"明崇祯年间（1628—1644），杉公玄孙应诚公等襄建"。

杉公祠规模稍小，为上下两进，中间有明堂和两庑连接，主体建筑面积160多平方米。

杉公祠现被辟为"绩溪徽菜历史文化陈列馆"。

三　祠堂管理

聚族而居是古徽州村落特征之一。"一村之中，不染杂姓。千丁之族，未尝散处。"旧时，邵氏为了萃涣散、序昭穆、习礼仪、传家训而建造祠堂，修订了祠规、礼仪、家训等一整套规矩章法。每年三月三和冬至日都要举行隆重的祭祀活动，宣讲族规祖训。宗族自治生命力源于家规宗法，得力于首事、族董、管事的公正与担当。邵氏宗族立祠立规，文字始见于清乾隆版《华阳邵氏宗谱》，完善于光绪版《华阳邵氏宗谱》。若去之糟粕，乃不失为一部优秀的治家法宝。如"易得者田地，难得者兄弟"，"业精于勤荒于嬉"，"彼贫即吾贫"等，都是至理名言。正是这些名言一直激励着邵氏族人奋发向上、勤俭创业，形成了团结互助、不畏艰难的优良家风。

1.长房长制

祠首和祠董、管事的确定。农耕时代，宗族自治是中国农村普遍的社会现象，伏岭村也不例外。但伏岭邵氏宗族无"族长"一说，而称"首事"。宗祠首事由宗族长房担任，世袭传承，也称"长房长"。另择选若干士绅贤达、宗族长者、德高望重且富有担当的人组成祠董、管事。各支祠也一样，设长房长、祠董、管事。宗族的一切事务由长房长负责召集，祠董们一起商议，统筹安排后，分派到上、中、下三门具体执行。

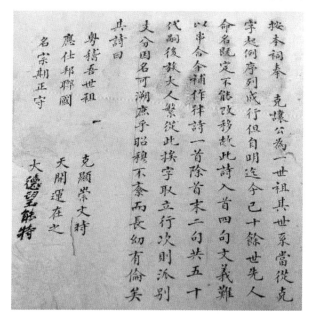

《克让公派辈份歌》

首"长房长"制沿袭日久，或因其弊端，渐为选举制所替代。光绪谱卷首的《新增祠规》中提出："本祠首事人等，宜仿国家新定选举法，由族众投票公举，以得票多寡为去取准绳。一经选定，不得推诿。一年一次，善则留任，不善则不举。"这一规定首先在宗祠实行，而后各门派支祠老屋相继仿效。从有关资料得知，文绣公祠的首事，1930年之前是邵运圃（字宾如，号鸿祥，清登仕郎，生于1860年，殁于1930年），1930年后是邵运谟（字式如，学名鹏云，生于1868年）。他俩都是有文化、办事认真公正的人，均不是出自文绣公裔的长房。《新增祠规》中对祠堂首事还有精神奖励措施："如肯任劳怨而公直者，谓之善；如毫无建白而诡谲者，谓之不善。其被选者，只论公正，不论有无功名；选人者，必平日省事正派方准列名投票，以防弊端。至被大众留任至五年之久者，其为正直勤劳，可知应列入《纪善籍》，以表劳勋。异日修谱，当立传以表彰之。"

宗族事务大到全村规划、基础设施建设及兴办公益，小到族内纠纷、民间纷争，邵氏宗祠都视为己任。修桥、补路、建亭，每年为之，数百年从未间歇。由于一代代首事、祠董和管事们的努力，宗族、村务治理得井井有条，村子道路建设得四通八达。村中挖建的几口火烛塘，为村子提供了消防安全保障；两条水圳从北至南穿村而过，方便村民洗涤。

2.祠务管理

宗祠祭祀和议事。邵氏宗祠每年要举行两次祭祀，春祭在三月三，秋祭在冬至日。祭祀前一天，管事把宗祠洒扫洁净，置办好贡品。祭祀之日，祠首带领族董们在鼓乐声中祭拜祖先，而后落座。《新增祠规》第4条："每岁春秋二祭，期前一日由首事者将祠宇拂拭洁净，祭馔必早预备，理宜丰洁，以致孝敬。此为报本要义，不可疏忽。"

春祭时，祠首要根据宗祠收入情况，安排开春以后宗族要办理的事务，包括村里设施修缮、基本建设等，分三门各自落实执行。

秋祭之日，要宰杀大肥猪一头，山羊一只。猪、羊身上披红插花摆上贡台，作为祭品。参加祭祀的人员有宗祠长者和村内斯文（读书人），大赞、陪赞都由宗祠内长者担任，敬献供品之礼生都是由斯文担任。祭祀时有四个鼓手吹奏。祭祀仪式由祠首主祭，最年轻礼生宣读祭文。每次祭祀

祠堂内部

约两个小时。祭祀后，管事将作祭品的大肥猪剔去骨头，是为胙肉。胙肉分为老人胙和斯文胙两种。老人胙标准：六十岁以上者每人一斤，七十岁以上者每人二斤，八十岁以上者每人四斤，每长十岁，胙肉倍增。斯文胙标准：清代，生员每人半斤，秀才一斤，举人二斤，依此类推。民国年间，小学毕业生半斤，初中毕业生一斤，高中毕业生二斤，依此类推。领胙肉必须要到祠堂去祭拜祖先，不祭拜者，不得领取。八十岁以上的老人例外，如未到礼堂祭祖，管事送胙肉上门。剔下的骨头肉，供祠堂的管理人员及三门的主要管事、祠董聚餐。在会餐时，三门汇报春祭安排的工作落实情况，讨论下一阶段祠务、村务。

财务管理。《新增祠规》第16条："本祠公款或得之祖遗，或集诸众力，理宜慎益加慎。嗣后，三门各派一人，以一人记账，两人司出。凡动用公款，必先集众议妥，方准开支。每岁正月定期换班，接手核实交代，不得亏空分文。违者，除追清外，仍议罚洋五元，以重公款而昭大信。"冬至祭祀后，宗祠要张榜公布一年来的收支账目，由全族人监督，以加强宗族团结，增强宗族凝聚力。

日常管理。《新增祠规》第2条："祠为通族公建以妥，先灵宜洁净严肃，毋许私家堆晒杂物，至祠内什器尤不得妄行借出，以免损失。违者便属慢亵祖先，应罚令赴祠焚香谢过，以示惩儆。"《新增祠规》第3条："宗祠锁钥应由首事者轮流执管。非本祠公事，不得私行启闭，以绝流弊，违者罚洋五元充公示戒。"《新增祠规》第7条："本祠匾额，惟诰封、科甲、节孝、盛德、文行远播，及宠异功名之有实迹者，准其悬挂并准其立传刊谱。此外，不得滥悬滥刊。"

三门的支祠除仿照宗祠的规定管理外，还制定有自己的补充规定。例如中门四分祠管理条例：

四分祠（惇叙堂）管理条例①

一、派下孙丁年当三十岁者，为本祠值年管事。头年十二月烧年接管□□，至第二年元旦并春秋两祭及交盘与下首日止。每遇公事，值年者先期集祠洒扫，务须洁净。所有祭器并灯当、通用什物逐一开单交管，毋得私借出祠，倘有损坏遗失等情，值年偿补，然后交与接管至（者）本门例戏抖众等事亦系值年之人承管，不得推诿。

二、每岁添进新丁原是指其添男丁与新娶者，定于烧年夜各出钱五分交值年者经手，以备本祠理屋之用。若添女丁以及义女、奴婢各交红烛一对，亦着值年总收奉事香灯，毋得懈怠。至有新捐新进斯文，各交双响三十个，于元旦日同放，以应高升之兆。

三、添丁以辈分为序，若是平辈则以月分（份）为序。须要秩然有纪，于烧年夜某某共列一帖，并书生年月日，至分岁夜令善书者一手誊清，庶免错杂之弊。

四、烧年分岁乃敬宗尊祖所关。派下孙丁俱于黄昏时各整衣冠，齐集祠内，循礼拜奠，不得借端躲避。值年者先放双响三声照会入祠，至后生小子不习规矩或拥挤喧哗，各家父兄须早教训，倘有故违，议罚不贷。

---

① 来源于邵名嘉收藏抄本。

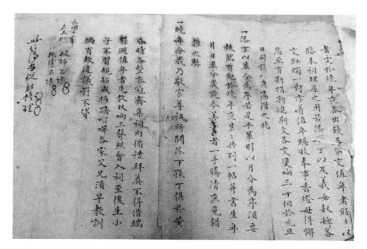

添丁谱条规

3.祠规家训

祠堂是先人魂魄安放之所，也是生者交流的地方。邵氏宗族支祠老屋体系庞大，管理均由族民依祠规自治。祠规，是整齐一族之律法，言行伦理之准绳。祠规涉及敬祖宗孝父母，也讲兄弟友爱，族邻和睦，品行端正，既包括宗族祭祀、公共秩序及祠产管理，也包括对违规者的处罚，对遵规守矩者的褒扬。宗族通过执行祠规，宣扬好的德行，鼓励行义善行，杜绝邪恶和不规者。

新增祠规[①]

一、祠为祖宗神灵所凭依，凡栋宇有坏急葺、罅漏急补，理宜严整，致敬为事死如事生之道，族人所当首讲者。

二、祠为通族公建以妥，先灵宜洁净严肃，毋许私家堆晒杂物，至祠内什器尤不得妄行借出，以免损失。违者便属慢衰祖先，应罚令赴祠焚香谢过，以示惩儆。

三、宗祠锁钥应由首事者轮流执管。非本祠公事，不得私行启闭，以绝流弊，违者罚洋五元充公示戒。

---

① 光绪三十三年(1907)修编的《华阳邵氏宗谱》卷首。

四、每岁春秋二祭，期前一日由首事者将祠宇拂拭洁净，祭馔必早预备，理宜丰洁，以致孝敬。此为报本要义，不可疏忽。

五、本宗神主入祠，仍照旧例，限亥、卯、未年于冬至日，俟公祭毕升祔；至平时进主，必由各家延请礼生特祭，方得升祔。

六、鳏寡孤独，王政所先。韩公《原道篇》亦切言之。况在一族闻见既确尤为可怜。本宗如遇此等穷人，贫无立锥，万难存活，而人品正派者，宜集众公议，设法抚恤或议筹公款生息备用，以仰体祖宗一脉而笃亲亲之意。

七、本祠匾额，惟诰封、科甲、节孝、盛德、文行远播，及宠异功名之有实迹者，准其悬挂并准其立传刊谱。此外，不得滥悬滥刊。

八、此次进主颇多幼殇冥配者，原因乱后死亡散失，几于接续为难，故为此权宜变通办法，下不为例。嗣后，凡幼殇冥配、僧道娼优、与夫出嫁、招夫之妇，均不得入祠，以严礼法而重宗祐。至婚姻嫁娶，须择阀阅相当者，不可下配匪伦，致辱祖先，违者即不得入祠。

九、族中以强欺弱，倚众暴寡，恃尊凌卑，以幼犯长，靠富欺贫，捍故占产，诬人名节，挑弄是非，唆讼滋事，盗窃损物，以及一切犯法违理不平之事，凡此恶习，最为大害，准被害者禀祠，亟应会众研究。实，则由祠示罚，令向祖前焚香谢罪，酌量情节轻重，轻则罚洋五元，重则二十元充公。如所禀属虚，即照此例反坐，以惩诬害。倘不受罚，由祠呈官究治，庶得稍挽弊风，免玷祖先。

十、君子为宫室不斩垝木，重先兆也。不能自立，稍不如意每归怨于祖，或发其塚而鬻其地，或妄信堪舆家言，谓某房吉、某房凶。遂至此房欲改葬，而彼房强阻。一切凶煞水蚁置诸不问，竟听其父祖骸骨损坏，忍心害理，莫此为甚。倘族中有此等不肖子，亟宜会同族众，力攻其罪，并罚洋二十元充公，以示惩儆。

十一、受人欺侮，情固难容。然必须投告亲族，由祠调处。若逞意兴讼，两造机诈百出，欲罢不能，破家荡产，悔恨无及。惟父母之仇、祖坟被害、奸淫大变应力申雪，其余皆可以情恕理，遣至禀祠时，应缴祠费洋三元为会众膳食之资，此外不必致谢。

十二、中人之性，得教则习于善，失教则流于恶。为父兄者，各宜督之，使归于仁厚，各习一业，切不可听其游手好闲、烟赌酗酒，以入不肖之途。

十三、三代以还，全人罕见。苟有一节一行之美，如忠臣义士、孝子顺孙、义夫节妇，或开义学以育材，或分己财以惠众，与夫倡行义举之事，皆属祖宗肖子，宜纪其实迹于籍。异日修谱，当由祠立传以表彰之。

十四、无后为不孝之大，立继以承嗣，礼也。照例立继，先择亲房昭穆相当者，谓之"应继"；亲房不得其人，则择远房贤能者，谓之"受继"，盖承继所以承祧非承产也。"应继"则无论继产有无，皆应承继；若受继则必视继产厚薄，酌贴本生父若干，一贴之后，本生父不得干预继产。其亲房应继，本生父贫苦者，亦视此为准的。至立继之后，或继子游荡破产，准其禀明宗族，退继另立。继子断不许擅令异姓入绍，及螟蛉他人子以乱宗祧。违者，亦不得入祠。查康节公派订谱凡例云：三、四房内止一子，亦得兼祧，无则书止。此条宜仿行之，以广禋祀。

十五、男子之主各有名行，所以辨尊卑、别长幼也。近有重犯祖讳者，有越次取行者，其乱宗无礼甚矣。以后宗祠应立谱系一总册，各房立分册，各择读书明理者司之，每岁冬至日录入总册一次。凡子生三日抱见司谱者，书名并年、月、日、时，殁亦如之。应送书谱者每名五十文，以为酬劳。其犯祖讳、重名行者，悉令改正。我宗人遵行不怠，将来修谱，既易集事，又无遗误。

十六、本祠公款或得之祖遗，或集诸众力，理宜慎益加慎。嗣后，三门各派一人，以一人记账，二人司出。凡动用公款，必先集众议妥，方准开支。每岁正月定期换班，接手核实交代，不得亏空分文。违者，除追清外，仍议罚洋五元，以重公款而昭大信。

十七、谱牒之设，所以明世次、联疏远也。宜效康节公，三十年重修一次，庶免遗佚之患。

十八、吾族贫瘠，当勤树艺。查闽省有地瓜，川省有石绵，山左有美绵，浙江有茶子，皆易种而多获。如此种而等类，宜访觅教种，俾通族之人皆得地利以裕生计。将见事蓄有资，稍知自爱者必不肯为非，且游闲无业之辈尽纳之于树艺之中，一切弊害不革自除，易浇漓而归仁厚，庶足以光一族，仰对祖先。

十九、本祠首事人等，宜仿国家新定选举法，由族众投票公举，以得票多寡为去取准绳。一经选定，不得推诿。一年一次，善则留任，不善则不举。如肯任劳怨而公直者，谓之善；如毫无建白而诡谲者，谓之不善。其被选者，只论公正，不论有无功名；选人者，必平日省事正派方准列名投票，以防弊端。至被大众留任至五年之久者，其为正直勤劳，可知应列入《纪善籍》，以表劳勚。异日修谱，当立传以表彰之。

二十、祠规者，所以整齐一族之法也。然徒法不能以自行，宜仿王孟箕宗约仪节，每季定期由斯文族长督率子弟赴祠，择读书少年善讲解者一人，将祠规宣讲一遍并讲解《训俗遗规》一二条，商榷族中大事体，各宜静听遵行，共成美俗，实为祖宗莫大之光。应置《纪善籍》一本，每岁终将本族之有大善者，由公核实纪籍，以示风励。其宗约仪注，另列一牌。

二十一、右列二十条，皆从旧牒祠规、前贤宗规与夫近事之宜整者，酌量参订，通族核定，以示劝诫。苟能遵行不怠，所以睦族敬宗者，胥在乎此，愿宗人共勉之。

明朝嘉靖年间（1522—1566），绩溪仁里村程箕（福安教谕）评价邵百二："恺恺君子，遁迹隐川。课农训读，家声以传。徽堪启后，严可承前。"这是程箕对百二公的评价，也是对伏岭邵氏家风家训的赞赏。邵氏宗祠对家族成员载入宗谱有严格规定和限制，立有《十不书》[1]，凡此十者，玷于

---

[1] 载光绪版《华阳邵氏宗谱》。

祖宗，有一于此点而削之。

十不书

一曰不忠。为臣不忠、蠹国殃民、以大奸而被诛僇者，削而不书。

二曰不孝。为子不孝、不思报本、忘恩灭理、如赵不义者，削而不书。

三曰弃祖。弃卖祖墓坟地于异姓，货鬻族谱于非族，谓之弃祖，削而不书。

四曰叛党。前人叛逆抄没，而余党苟全于世者，谓之叛党，削而不书。

五曰刑犯。积世恣恶，代遭刑狱者，谓之刑犯，削而不书。

六曰败伦。彝伦渎乱、男女无别、禽心兽行者，谓之败伦，削而不书。

七曰狗行。交结匪类入邪路、为盗作贼者，谓之狗行，削而不书。

八曰背义。不思祖宗义重、惟图狗行、全躯甘为人下者，谓之背义，削而不书。

九曰杂贱。不肖无耻、甘与下贱结婚，并出家为僧苟安度日者，削而不书。

十曰乱继。承祧无序、乖乱宗枝、聚讼未定者，削而不书。

过去，人们非常依赖宗族的管理，十分看重家族名声。族人若不能入籍宗谱，就等于被宗族除名抛弃，其后代就会失去基本生存环境，后果是极为严重的。《十不书》内容，在当时确实起到了规范族人行为的重要作用。数百年来，伏岭邵氏家训被族人一代代牢记并言传身教，熏陶教化出许许多多的出类拔萃者。

第三章　千灶村落

登高望远，伏岭古民居鳞次栉比，静卧在登水西岸，祥和而安宁；高低错落的马头墙在缕缕炊烟中，如群马奔腾，生机盎然；村内路巷行人不绝，井旁池边笑语串串，前街后巷自南至北贯穿，每一块磨光的石板上都铭刻着岁月的沧桑；涓涓穿流的圳水似乎也在讲述着遥远千年的故事……

伏岭是绩溪邵氏大村落。村南北长近2公里，东西宽约1公里，面积约2平方公里。太平天国前，全村有780余户，3200余人，村落规模达到了顶峰，可谓"七十二条巷藏龙卧虎才俊代出，三十六眼井物华天宝人丁兴旺"。2016年，伏岭村被列入第四批中国传统村落名录，古村落的保护从此走向正轨。

一　村居列列

建筑是立体语言，承载着厚重的历史信息。伏岭村居各有特点，若从建筑年代划分，有明、清及民国的民居。每个时期的民居都有着时代印记，如明朝民居，一楼高二楼低，名为两层，实为一层半，俗称"厅屋"；清朝民居，前厅后进，天井明堂，为使房屋更适合多人居住，加高了二楼层高，楼上、楼下都设有房间；民国时期民居，大多为一进式，三间两过厢，前天井，后厅堂。若从房屋主人职业分，有官宦府邸、富商豪宅、书香门第、普通人家等。它们都有徽派民居共同特征："青砖、黛瓦、马头墙，照壁天井和明堂"。伏岭人建房，就地取材，喜爱用当地花岗岩加工打磨成大门门框，俗称"门颜"，既大气美观又耐腐耐碰。只有少数经济困难人家才用木头做门枋。伏岭村人多地少，寸土寸金，大部分民居出了堂前大门，不是路坦就是巷子。全村千百幢民居几乎是房贴房、屋连屋，紧密拥挤的民居形成了邻里和睦共处、亲如一家的大宗族氛围。

伏岭村居

1.明代民居遗存

聚族而居，同宗共宿，是古徽州人忠孝伦理文化的产物，也是明清家族大院式民居的特点。往往是一个院门进屋，内分许多单元，房套房，屋连屋。一个院内，少则两三户，多则十几户，兄弟、堂兄弟共居一院，三代、四代济济一堂。典型的要算"作马坦"——邵在炳故居，现邵名艾、邵名英、邵志山等户的老屋了。一个院门进屋，内有正屋五幢，厨房、杂房六七间，门阙就有三十多个，是一幢典型的徽州家族大院。主楼前后三进，三间两厢，前后天井。全屋做工考究，雕刻精美，有很高的审美价值。而今，这幢老屋里无人居住，部分厨房、杂房已倒塌，一派凄凉景象。

上门承诚堂（现属邵华岭、邵自华等），20世纪中叶毁于一场大火，现存留院门和大门石门颜，当年也曾是深宅大院；中门三凤堂（现属邵名顶、邵宗胜、邵宗眉等），屋架结构已经不存，但那副残缺的石门颜和那条弯曲的深巷，似乎还在诉说着当年犬吠鸡鸣、烟火旺盛的热闹景象；还有下门嘉善堂邵盛海家（现为邵千鹏家），西门岭寄蜉堂（现为邵茂凯、邵华健等人家），许多明代古民居现已残缺不全，大部分都处于风雨飘摇之中。

上门横巷老屋西侧的春晖堂，是伏岭村最古老的民居了。其东至横巷老屋，西至老承诚堂，南至老屋下坦，北至土地庙，占地六七亩。春晖堂始建于明代，整个建筑群内有主房三幢，厨房和杂房四至五处，单天井、明堂就有八个。主屋三进三间二厢，为六部通转楼，楼下厅堂高，二层低，地桥楼板①，俗称"一层半"，又名"大堂前"。院门里侧叫"小堂前"，主房为一进三间，与主屋"大堂前"比，有一种小家碧玉的韵味。春晖堂从明代至20世纪90年代，一直人声鼎沸，热闹非常。鼎盛时，内住十多户，是横巷派最兴旺人家。可惜，偌大的民居，除"小堂前"改建后由邵中溪家居住外，其他房屋现已无人居住，满目疮痍，濒临倒塌。

2. "三眼塘"庄园

伏岭古民居中，值得一提的还有"三眼塘"古建筑群。"三眼塘"是地名，"眼"是伏岭方言，意为"口"，作量词用。因伏岭古村落不靠河，邵氏祖先为防火，特在村边开挖了三口水塘，平时方便居民洗涤，一旦失火，可取"三眼塘"之水救之。"三眼塘"建筑群占地约十亩，西临村中主街道，东面挨着三口水塘，加上南北两条小路，把庄园划成了四方形，一条自南向北的中巷又把四方形的庄园切开；中巷的中心点上伸出了一条由西向东的小巷，直至门亭，脚踏"三眼塘"。"三眼塘"庄园打破了一院多单元格局，由巷派生出各个单门独户的单元，又通过四个巷门楼把兄弟子侄各家串联成一体，即分则独立成单元，合则开门相通。从塘边路上三级石坎到主楼，站在门亭下或倚靠老屋天井的窗边眺望，屋前妇孺洗菜、捣衣场景，与远处片片畦田菜园，构成一幅农家田园画卷。

"三眼塘"庄园沿大路街多为店铺房。记忆中，北边老屋是邵名祥私塾，南边老屋是邵名安家居（现邵灶信家）。1960年，伏岭公社征其老屋建"浮肿病院"。

据该屋现主人之一的邵期静介绍，他的祖辈明末就出门到苏州做生意，

---

① 清朝伏岭有钱人家的房子楼板多用杉木拼成桥板,叫地桥。

其见识和经济实力自然不同凡响。民国初年，瀛洲士绅周家培①因故得罪了邑内有名的悍匪李老七，李老七越狱后放言报复，周家培势单力薄，躲到伏岭"三眼塘"亲戚家避难。李老七一群悍匪闻讯，进犯"三眼塘"，结果被"三眼塘"人打得头破血流，逃至丁家山下岭，险些被擒。由此可见"三眼塘"当年之盛。

现在"三眼塘"只剩一口，偌大的庄园已被分割成十几家住户居住，只有那幽深的巷子和几个半圆古巷门楼仍在诉说着昔日的辉煌。

"三眼塘"门圈巷

3. 官宦之居

伏岭上半村前街，原伏上大队址旁有紧挨着的三幢古民居，它们分别是邵沚人、邵在方和邵作舟故居。邵沚人、邵在方故居坐西朝东，临街靠巷，总占地面积约1000多平方米。屋以人而名，沚人家族自清代后，人才辈出：出过两名举人，以科举而入仕的，有知县、知府、儒林郎、奉直大

---

① 绩溪现代画家周斯松的祖父。

夫、三江主簿、巡检官、京城守备；有培养出状元科学家吴其濬[①]的教谕；有为李鸿章出谋划策的幕僚；有担任过教育总长蔡元培助手的教育次长；现传人中仍不乏为人民服务的领导干部和科技人才。此可谓世代簪缨，门楣光耀，是名副其实的官宦人家。

邵沚人故居，建于清道光年间，距今已有170余年，占地面积500余平方米，由其孙辈邵伯棠所建。

大门临街，上三级台阶进大门，门颜由六件精工雕琢的花岗岩构成，大气、厚重、美观。门套微凹，以细青砖砌筑；门额匾上饰以三幅砖雕图画，正中为花瓶，寓意平安兴旺，左为"丹凤朝阳"，右为"鲤鱼跳龙门"；门匾上方砖雕图案为倒挂汉纹勾和蝙蝠，寓意福气临门；再上方有四个精美砖雕福托，分别为桃、李、杏和石榴，寓意长寿、幸福、多子；门楼两边有砖雕挂耳，镂刻寓意多子多福的葡萄。整个门楼精细的砖雕镂花、浮雕图案精美绝伦，寓意深刻。门楼为两层挑檐翘角，飞檐上虎头瓦当、瓦顶竖脊，四只鳌鱼重叠垒砌，是典型的徽派豪宅门楼。

邵沚人故居

故居有上、中、下三进，为六部通转楼。进门有屏风墙，绕过屏风为

---

① 吴其濬(1789—1847)，宗谱中写作"吴其浚"，是河南省唯一的状元(1817)，也是中国状元科学家。吴其濬21岁即考中举人，7年后，即嘉庆二十二年(1817)，他更是高中状元，家族三代积淀再结硕果。先后出任礼部、兵部、户部侍郎等职，曾来到绩溪伏岭下看望曾经的老师邵天骥，但是邵老师因故未见状元郎，留下了"只有状元学生，没有状元老师"的传说。他所著《植物名实图考长编》以记载文献为主，共22卷，收录植物800余种；《植物名实图考》共38卷，记述植物12大类1714种，比《本草纲目》多600多种，是当时记载植物种类最多的著作。

下堂，拱弓式顶棚，望砖装饰，下堂两厢各有门房，两庑各有万字挂落，花板雕刻牧马图，栩栩如生，意境深远。下堂和中堂之间是天井明堂，有"四水归明堂，肥水不出阙"之意。经天井两厢走廊到中堂，高一级，中堂大厅宽敞高大，冬瓜梁，横梁栅；梁构栅托，倒爬狮，荷合二仙伴麒麟，撑栱雀替，玲珑剔透，件件精美。天井阁楼，花格槛窗，美人靠，古风徽韵。推开花格窗门，倚坐美人靠上，雨天可迎风听雨；晴空入夜，又可揽星赏月，吟诗作赋。推开中堂南侧廊门，即可进入后花园。想当年，应是百花盛开，榴桂飘香。后堂较小，但摆设一应俱全，小天井里射进的光和前堂、大堂相比，温馨而柔和。这种建筑结构源于徽州人的礼仪思想：中堂是主人迎客、待客之所，下人不可越次；下堂是随从侍人之地，可喝茶听调；后堂是女眷和小孩、丫鬟的活动场所，等级森严，不可乱了礼数。后堂南厢边门进入杂屋厨房，过去是佣人、主妇最忙碌的地方。为方便居家用水，邵沚人还在厨房前花园里掘了一口水井，全家用水不出大门。据说这是伏岭村最早的私井。在清代，伏岭极少人家有私井，邵沚人家属大户人家。

从住宅设计上可以看出，沚人公是一个饱读诗书、崇儒尚礼之人。他蓄德养福，侍奉老母，教子育孙，在这里度过了晚年幸福时光，享年87岁。据现居主人之一邵名琅介绍，当年建房时，有许多珍贵木材取自宁国，"柏、梓、桐、椿"四种树齐全，取"百子同春"谐音，寓意多子多孙，个个兴旺发达。

邵在方故居。在邵沚人故居的上首，建于清代道光末年，距今约170年。其门楼结构与邵沚人故居相近，装饰略简。主屋三间两进，上、下对堂，占地约300平方米。一进门为下堂、天井，过两厢到上堂。照壁后进厨房，两厢皆可上楼。该民居在徽派民居中俗称"四部通转楼"，意思是任一部楼梯上楼，楼上全可相通。新中国成立后，这里曾作为伏岭村伏上大队的队址和伏上大队的合作医疗室。

邵在方、邵作舟故居

邵作舟故居。建于光绪年间，距今100多年。该宅占地面积约260平方米，坐北朝南，前后两进。前进为正厅，两边厢房，左向厢房是邵作舟的会客厅，会客厅左侧窗用冰裂纹镂空雕装饰，右侧有一边门外出，整个会客厅装饰雅致；后进是附属房。正厅前面有一庭院，院子不大，左侧为厨房。

据邵氏后人回忆，该宅由邵作舟亲自设计，共投入约3000大洋。整栋建筑保存完整，有很高的文物价值。邵作舟故居及墓现为安徽省省级重点文物保护单位。

这三幢民居保存较完好，是伏岭清代民居建筑的代表作。

拜谒邵作舟故居

在以往的文化记忆中，绩溪县伏岭村是闻名遐迩的"徽厨之乡"。一个乡村有文化记忆，昭示这个乡村有良好的文化传承。但记忆常常是不完整的，在人们的印象中，伏岭除了出"徽厨"，似乎没有其他可资纪念的记忆。事实上却并非如此，上庄之于胡适，湖里之于胡雪岩，绩溪出名人，名人多辈出，伏岭还出了个邵作舟。

在晚清那个内忧外患、风雨飘摇的年代，邵作舟是站在时代前沿、最早倡导改革的著名启蒙思想家之一。甲午海战，马尾失，澎湖陷，基隆奔命，面对国破家亡的危急，一批有识之士纷纷上书或著述，表达维新变法主张，最著名的当推郑观应、汤震、邵作舟的三部同名著作《危言》，而《邵氏危言》是其中最早的一部。《邵氏危言》开篇就说："臣不胜区区之迂而愿陛下之察之也。"胡汉民作序指出此书之要义，是期望陛下解决用人的问题："邵氏病当代之逐末，而思有以反之。又病世有良法而无任法之人，故其书一以用人为要。"邵作舟报国之心，殷殷可鉴，可惜皇帝到死也没有采纳和重用。因此，有人把邵作舟比作汉代思想家贾谊，虽有经世之才，皇帝却愚于识贤任贤，"不问苍生问鬼神"。

之前由于面世资料不多，学术界对邵作舟缺少系统而深入的研究。其实，除了《邵氏危言》，邵作舟还有不少著述。近年，中国人民大学出版社编辑出版《中国近代思想家文库》，较为完整的《邵作舟卷》列入文库出版。

写出《邵氏危言》的启蒙思想家，何以出生在绩溪伏岭这样一个封闭的小山村呢？

2022年3月末的一个上午，我们应好友邵晓晖之约，来到伏岭探访他祖上邵作舟的足迹。村外的田野和山地上，油菜花漫山遍野地盛开，像一块块金黄色的地毯围拢在古老村庄的四周。一条蜿蜒前伸的石板小道，把我们引向了高墙相连的古巷深处，这是伏岭村百年前的正街，邵作舟故居就坐落在正街的西边。一个背篓老人从邵作舟故居前蹒跚而行，消失在街道的远方，苍凉而孤寂。

1851年10月28日，邵作舟出生于伏岭一个书香门第。他的父亲邵辅做过多年州官，与王茂荫交往时，曾为其"作行钞议陈利害十事凡万余言"。那时的伏岭村，以邵姓为主。据《邵氏宗谱》记载，徽州邵姓始祖是百二公，南宋绍兴年间从淳安迁入歙县井潭，次子文亨迁居绩溪纹川，纹川就是今天的伏岭。"山中清气喜随人，水石清冷错落纹"，邵氏先祖爱此地水石错落有纹，取名纹川。邵作舟后来游天津，忆起小时候故居周围的景致，提笔作诗："颇爱王坛畔，原平近傍汀。雨收一溪绿，山送四围青。野水宜穿沼，疏藤足蔓庭。为求数弓地，吾欲辟茅亭。"山清水秀，景物可人，甚有幽致，如果放在明代末年，真乃一个筑亭读书、栖隐不仕的好去处。邵作舟没有这么想，为了强国之梦，为了民族复兴，他毅然选择出游，穿过"江南第一关"的"徽杭锁钥"，跋山涉水，来到了杭州。

出伏岭，到杭州，邵作舟不是被"往外一丢"，而是为了求学，他在《论文八则》中自述道："作舟幼孤失学，姿识弇陋，弱而好文。穷乡僻壤之中，苦于无所师法，遍读唐宋诸大家而心摹手追之。年十八九学于杭州，与程君蒲苏、赵君撝叔游，聆其议论，读龚定盦诸集，而好为艰涩幽险之文。"程蒲苏（秉钊）比邵作舟大10多岁，是邵作舟之乡贤，是绩溪近代三奇士之一。程秉钊先世乃杭州盐商，以钱唐商籍列学官弟子，他钻研朴学，"为诸生时，业已名著海内"。赵撝叔即会稽名士赵之谦，是程秉钊之友，与绩溪名士多有来往，后入杭州缪梓幕府，有经世致用之才，嗜读龚自珍文章。邵作舟"读龚定盦诸集，而好为艰涩幽险之文"，就是他们两人治学对邵作舟产生影响的结果。

程秉钊在他的《备忘录》中称赞邵作舟："班卿美才气如虎，近颇自下偶发声，犹震山谷也。"其实，邵作舟之奇才早在伏岭时已经显山露水。邵作舟出生时，父亲邵辅在休宁敆溪精舍课馆。至三四岁，父亲邵辅被授予教谕之职。5岁时，父亲邵辅离开家乡，赴任陕西葭州知州。8岁时，邵作舟随母从绩溪到陕西陇州父亲任上。12岁时，父亲在平乱战役中壮烈殉国，邵作舟随母扶父亲灵柩返回绩溪。从幼年到少年的成长期间，父亲对他进行过正规的古文训练是可以肯定的，不然难以解释15岁年纪的邵作舟，在家乡伏岭独自整理父亲的遗著，包括《否庵读易》《春秋征》《葭州纪略》《秋草编》《候虫吟稿》等，有十几种之多，其中有关《易经》《春秋》等文字整理，不是一般少年所能胜任的。

在杭州求学的几年当中，邵作舟"于书无所不读，过目则成诵。善古文辞，识时势，精地理"，然而，"数试江南、顺天，均报罢"。这是1910年绩溪《华阳邵氏宗谱》上的记载。屡试不售之后，1882年，邵作舟游幕天津，协助周馥处理商务与涉外事务，并课周馥之子周学熙学业。不久，入天津海防支应局，协助李兴锐负责地方筹款工作。1887年，邵作舟写成《危言》28篇（出版时更名为《邵氏危言》），批评时弊，感愤激昂，令人动容。

邵作舟《论文八则》，也写于天津期间。针对桐城派的"义法"说，邵作舟针锋相对地提出"为文之道，学识为先"。邵作舟认为，有"学识"，才有胸怀，才能辨别"古今文体之贞淫正变，源流得失"。邵作舟推倒桐城派崇奉的归有光、唐宋诸家等，要求直接学习"六经诸子、周秦西汉之文"，对当时文坛的模仿陋习确有当头一击之功。《论文八则》的价值，在于扬弃了龚自珍和桐城派的文学理论，揭橥"学识"义旨，为古文研究与批评提供了新的理论成果。

1890年，邵作舟写成哲学著作《公理凡》，融各类学科于一炉，中西互证，被学界称为中国哲学史上的一部奇书。同年，力劝胡燏棻"不用洋工程师，专任詹天佑办理工程，至路成而其名大著，中国有铁路人盖自此始"。1894年甲午战争爆发前夕，邵作舟上书李鸿章，条陈图说防御日军之详尽方案，惜未采纳。1895年5月17日，广西按察使胡燏棻作《因时变法力图自强条陈善后事宜折》，翁同龢5月27日日记记载"系邵班卿作舟及王翰林修植代作"。据军机处《随手档》记载，该条陈是当日"留中"的首折，康有为《为安危大计乞及时变法而图自强呈》为第二折。1898年，邵作舟卒于天津任所。

邵作舟在天津期间，曾经回过家乡。1893年，母亲章氏在天津病逝，邵作舟哀奉先慈灵柩，归里安葬，历时一个多月的路途艰辛才到达老家，慈灵安放于伏岭四凤祠中堂。邵作舟与三弟陶卿、大侄子邵在方等庐于堂东。

邵作舟故居是一座两层楼的徽派建筑，据邵作舟《丙丁纪事》记载，此屋扩建于1896年。为了建房，邵作舟省吃俭用，从天津汇洋到老家，一段时间内，基本上每月220元，100元用于建造新屋，120元补贴家用。建屋事项主要由其弟邵陶卿主事，钱款不够，由弟代为赊账。得知新屋落成，邵作舟写诗寄弟，诗题曰《舍旁添数椽寄弟陶卿》："不觉成新筑，何嫌小似蜗。窗偏须得月，庭仄更宜花。功惜诛茅琐，钱从系杖赊。故园听雨夜，莫放短帘遮。"房子虽小，窗子一定要看得见月光；庭院再小，墙角也要种植花草。这是一种文人情怀，也是邵作舟对房子装潢设计的美好期望。

邵作舟长女邵振华，是在这个房子里出生、读书和长大的。1900年嫁浙江桐乡劳乃宣长子劳纲章为妻。1909年，商务印书馆印行她的章回小说《狭义佳人》初集20回，署名绩溪问渔女史；1911年出版中集20回。遗憾后集未见，或竟未出版。1929年，胡适在为《清闺秀艺文略》作序时，把邵振华列为近三百年的知名女作家之一。1933年，孙楷第《中国通俗小说书目》出版，此书在列。

古谚云：书山有路勤为径，学海无涯苦作舟。邵作舟虽为幕僚，却以畅游学海为乐。看他《丙丁纪事》中的记载，就在建造新屋急需用钱的时候，他还寄了四百元请人代购《五经揭要》《四书人物类典串珠》《事类统编》等书籍。苦哉？乐哉？只有他自己的内心清楚明白。两年之后，邵作舟病逝于天津任上。魂归故里，邵作舟墓庐留在不远的田间，静静地守卫着伏岭这一方家园。桐城派大家吴汝纶作挽联云："才气欲何为，空剩危言留在世；是非谁管得，却缘清议惜斯人。"诚哉斯言！（安徽省社会科学院文学研究所原所长、研究员张小平）

4.商贾宅院

清末民国初，伏岭村有大量"出门客"经商做生意。伏岭人做的生意，大多是开办面馆和酒楼。所以，伏岭又号称"徽厨之乡"。伏岭人出门"吃面饭"，遍布全国各地，但主要还是在上海、杭州、武汉、苏州等南方城市。据邵之惠在《徽菜发源绩溪考》①中介绍，民国时期，绩溪旅沪徽菜馆业有148家，其中不乏成功人士，他们挣了钱，就回报乡梓，行善积德，或修桥补路，或助学济贫，不甘人后。他们有一个共同点，就是回乡盖新房，以光耀门庭。可以说，这个时期，是伏岭村建房最多的时期，而且一幢比一幢好，一幢比一幢更具个性特色。

邵之林故居。邵之林14岁去沪学做生意，专心学习徽馆经营之道，19岁便接手鸿运楼菜馆，成为当时全国数百家徽菜馆中最年轻有为的老板，享誉上海滩。邵之林故居在碉上老屋旁，土名后头山。为了能和父母居住一处，放弃了大路上400多平方米的地皮，而选择这块小宅基地。该屋院门向西，建有半圆门阙、门亭，主楼门阙呈方形，以花岗岩砌筑，青砖门套，寓意外圆内方。正房坐北朝南，大门门楼和大多徽派门楼一样，叠层翘角。主房为一进式，三间两过厢，天井为三披水，接水下明堂。从大门石门颜到内部梁构柱墩，从井圈花格、槛窗到两厢滴水花槛，从梁柱枋头、倒爬狮到窗台花板，无不精雕细琢，精美绝伦。

徽商邵之林故居木雕

邵金生三层楼。邵金生14岁随父到苏州磨坊等处学做生意。清宣统二

①方静主编：《绩溪徽学通讯》，2005年第3期。

年（1910），邵金生邀集磨工拼股集资，到上海开办海华楼面馆，并开始学习厨艺。经数年努力，从副刀逐渐推为掌勺师傅，持股五成以上，被推为经理。因善于经营，海华楼在沪上名声渐显。后又投股于大中华、大全福、鸿运楼等徽馆。邵金生发财后，在老家大兴土木，在村北路下先建一座两层楼，后又在此屋后投巨资建三层楼。两幢楼格式相似，院门朝西，八字门亭。

先说两层楼。通过院门门亭进小院，主楼坐北朝南，一进式，三间两过厢。为便于用水，院内挖有一口水井。前辈人讲，该屋的一层边墙内都打有木桩，以防强盗打洞行窃。

邵金生三层楼当时在伏岭村是最高的建筑，可谓鹤立鸡群。三层楼八字门亭，门亭上设阁楼，阁楼内侧花格槛窗。三层楼为木质结构，四根落檐柱长约10米，两根通天脊柱约12米。三间两厢，不设天井，通风采光通过门楼之上的大窗，三层通顶井栏圈把光线引进堂前，厅堂凉爽亮堂。有20余平方米的天井式小院，院内设花岗岩精磨石台及四只石凳，也凿有一口水井。全屋12个房间，外加一个厨房。

如今，二层楼房由邵自力家居住；三层楼在土改时被分给十多户军属和贫农居住，有邵灶宣、邵观炳、邵华谦、邵金如、邵华玉、邵灶球、邵灶男、邵社庭等人家，现在只有邵光平一户居住。

邵亦民故居。现在伏岭戏台前，旧时称"天灯下"或"细桥头"，有一幢花园式民居，是民国时徽商邵亦民所建。在那时还相对闭塞的乡村，这幢具有浪漫情调的民居十分显眼。

邵亦民从小就去了上海做生意，发财后，回家乡大兴土木，在村北"天灯下"购地一亩余，垫土与村道齐平，辟十米小道进入小院。小院门朝西，正屋坐北朝南，两层三间两过厢，表面与其他民国时期的徽派建筑无二致，但主人从适用性考虑，废除了天井、明堂，增大了堂前的面积，为增加房间的采光，主人废弃过去徽派建筑中的壁刀槛窗①，改为玻璃大窗。

---

① 徽派民居房间里的窗户，为了防盗，又体现徽州人的内敛，里大外小，条状长方形，像刀刃，土名"壁刀槛"。

也许主人久驻上海大都市，现代意识较强，有几分浪漫情怀。小院精致典雅，院东小门是一个石砌的小花台，通过几米石板砌成的小道，进入厨房餐厅。后花园餐厅前是一条近八米的走廊，走廊柱凳上安有美人靠，冬可晒太阳，夏可乘凉，春秋则可倚坐，欣赏花园里的姹紫嫣红、蜂飞蝶舞。

邵光春洋楼。上门横巷邵光春在上海做生意，因懂外语，许多外国人找他联系或代理，因此生意做得风生水起。致富后，他在老屋下坦东建了一幢三层小洋楼。门楼仍沿承徽派样式，内部结构是三间两厢。外墙五个窗台引进了上海小洋楼的格式，半圆，外嵌，铁栅，有外滩洋楼风尚。现在小洋楼门前坦，过去是洋楼门前花园，花园北边花坛里种的是娇绿艳红的美人蕉，南边花坛里是国色天香的牡丹，两坛的花争香斗艳，羡煞村人。

徽商邵光春洋楼

这是新中国成立前伏岭村唯一的一幢小洋楼，也是至今保存最好的楼房。现为邵衍华、邵茂骏家居住。

5.墙头壁画

墙头壁画，也称墙头画，是徽派民居装饰的重要点缀。伏岭人建房，墙头檐下、门楼和窗檐下都会画上几幅壁画，以示喜庆和祝福。几乎正屋皆有画。明清墙头壁画内容，或为帝王将相，或为梅兰竹菊，或为山水花鸟，其表现形式或工笔，或写意，每一幅画都有其寓意，笔韵之中蕴含着徽州人修身养性的为人之道，体现的是仁、义、礼、智、信的儒家思想。

伏岭墙头画承于传统，源于生活，根植于乡土。大部分画作皆出自乡土工匠之手。过去有一种说法，砖匠不会画门楼，木匠不会雕梁眉，只能算个"半块头"。因此，砖工承接建房工程，墙头画、门楼画都需自己绘，若是不会或达不到东家要求，则要聘请艺高的匠人、画师帮忙。20世纪前叶起，伏岭墙头壁画享誉一方的当首推中门邵在夏。邵在夏从事砖工49年，画墙头壁画49年。他"为人厚道，勤劳务实，耕农务本，兼有一手精湛砖工手艺，桃李满园。酷爱徽派墙壁画，闻名乡里"。他擅长山水画，他画山则必画水，有水则灵。他画"江南第一关"，曲折古道上画上人物负重前行，言之"有人物画才生动"。还有下门邵增山，则擅长人物画。也许受伏岭舞狗和徽剧的熏陶，他对古装剧人物脸谱烂熟于心，笔下的帝王将相栩栩如生。同是下门的邵志根也是一位壁画好手，他则善于画花鸟虫草，寥寥数笔勾勒，画面简洁又生动。还有鱼川邵茂，他对门楼彩绘各种纹饰的运用有独到之处，大小粗细拿捏得恰到好处，万字纹、回字纹、汉纹、浪纹，信手拈来，堪与大师媲美。

柏公祠前火烛塘边壁画

新中国成立初期，墙头壁画多被赋予时代特色，或雄鸡高歌，或丹凤朝阳，或农业大丰收，甚至有些人家门楼的门额上直接写上"社会主义好""毛主席万岁"等口号，充分反映了人民群众对新社会、对共产党、对毛主席的热爱。近年来，邵在夏的第三代传人——伏岭中学的退休教师邵名新，继承祖上技艺，又推陈出新，成了一代砖匠画师。他画出许多励志成才画、美好山川画、风景名胜画等，广受好评。

窗楣下壁画

伏岭民居墙头壁画颜料取材也出自本土，红、黄、蓝、橙、黑几乎都采自本土的泥石。红色采于竹山丁的窑田，黄色采于小阜干的窑田，蓝色取自西坑头水塘的蓝泥，橙色取自卓溪、际下的观音粉，黑色则取自本地产的胡开文松烟墨。用这些土产的颜料画出的壁画，历尽风吹日晒雨淋，永不褪色。

徽州墙头壁画渗透着徽州人崇尚君臣有义、父子有亲、夫妻有别、长幼有序、朋友有信的思想观念，看着这些壁画，这样的理念也会潜移默化地影响徽州人，孕育出一代代徽州人宽厚兼容、厚德载物的品格和平和而友善的民风。

附：伏岭现存古民居一览表。

伏岭现存古民居一览表（明、清、民国初年）

序号	现户主	故居名称	地址	始建年代	建筑形态	面积	现状
1	邵昌后、邵华顶等户	春晖堂	横巷老屋西侧	明末	徽派，厅庭式，三进两厢，前后天井，一院多单元建筑群	约1200平方米	濒临倒塌
2	邵茂凯、邵华健等户	寄蜉堂	西门岭	明末	徽派，厅庭式，两进三间，中间天井	约120平方米	老屋毁于太平天国时期，现存20余平方米，邵棠孙、邵家瑞复建遗存，文物价值较高
3	邵名艾、邵名英等户		作马坦东侧，伏下村29号	明末	徽派，两进三间，前后天井，一院多单元建筑群	邵名艾家180平方米，整个建筑群1000余平方米	部分倒塌，艺术价值较高
4	邵期静等户	星聚堂	三眼塘	明末	徽派，两进三间，中间天井、两层	约150平方米	前堂倒塌，中堂大厅尚存
5	邵名琅、邵明等户	邵沚人故居	原伏上大队址侧104号	清乾隆年间	徽派，三进三间，中间和后进天井，两层	整个建筑群约500平方米，老屋220平方米	保存完整，艺术价值很高

序号	现户主	故居名称	地址	始建年代	建筑形态	面积	现状
6	邵名宁等户	邵在方故居	原伏上大队址	清道光年间	徽派,两进三间,通转楼中间天井,两层	约200平方米	保存完整
7	邵名顶等户	邵作舟故居	原伏上大队址北侧	清光绪年间	徽派,三间两厢,后进三间前天井,两层	约260平方米	保存完整,省级文物保护单位
8	邵光明等户	善则堂	伏上村121号	清	徽派,一进三开间两层,前天井	约150平方米	保存完整,有一定艺术价值
9	邵名门等户	—	伏上村5号	清	徽派,一进三开间,两层,前天井	约155平方米	保存基本完整,艺术价值较高
10	邵之欣等户	—	伏下村8号	清	徽派,一进二开间两层,前天井	约130平方米	保存完整,艺术价值较高
11	程凤娟老宅	—	伏下村中	清	徽派,一进三开间,前天井,前有庭院,大门上有砖,雕门罩,室内木雕非常精美	约153平方米	保存完整,艺术价值较高
12	邵观光	—	西门岭	清末	徽派,三间两厢,前天井	约130平方米	保存完整,艺术价值较高

序号	现户主	故居名称	地址	始建年代	建筑形态	面积	现状
13	邵千峰	—	西门岭	清末	徽派，两进三开间，前后天井，以太师壁为空间隔断	约400平方米，包括附房	保存完整，艺术价值较高
14	邵盛来等户	—	门亭下	清末	徽派，一进三开间，前天井	约130平方米	保存完整
15	邵亚红	—	门亭下	清末	徽派，一进三开间，前天井	约150平方米	保存完整
16	邵毕	—	塘塝上东水井前	明末	徽派，一进三开间，前天井	约90平方米	保存较完整
17	邵毕	—	塘塝上东水井前	清末	徽派，一进三开间，前天井	约150平方米	保存完整
18	邵之海	耕读堂	竹马坦西	民国初年	徽派，一进三开间，前天井	约130平方米	保存完整
19	邵之林	邵之林宅	礴上老屋东边	民国初年	徽派，一进三开间，前天井	约160平方米	保存完整
20	邵在仁	励志堂	礴上老屋东边	民国初年	徽派，一进三开间，前天井	约140平方米	保存完整
21	邵茂飞	—	横巷老屋后	民国初年	徽派，一进三开间，前后天井	约150平方米	保存完整
22	邵茂骏、邵衍华等户	—	横巷老屋东	民国初年	一进三开间，三层小洋楼，门前有花坛	约162平方米	保存完整
23	邵自力	原邵金生宅	后头山公路下	民国初年	徽派，一进三开间，门亭，小院加水井	约150平方米	保存完整

序号	现户主	故居名称	地址	始建年代	建筑形态	面积	现状
24	邵光平、邵灶球等户	原邵金生宅	后头山公路下	民国初年	徽派，一进三开间，三层楼，门亭，小院，石台	约300平方米	保存完整
25	邵之欣	邵亦民故居	戏台前道"天灯下"	民国	徽派，有近代西方建筑元素，有花园、餐厅等	约300平方米，包括副房	保存完整
26	邵千春	—	后巷	民国初年	徽派，一进三开间，前天井	约150平方米	保存完整
27	邵茂涵	—	后巷	民国初年	徽派，一前三开间，前天井	约140平方米	保存完整
28	胡来顺	—	西门岭	民国初年	徽派，一进三开间，前天井	约150平方米	保存完整
29	邵名锦		二凤堂边	民国	徽派，一进三开间，前天井	约140平方米	保存完整
30	邵光春	邵光春洋楼	横巷	民国三十年	三层	约300平方米	保存完整

二　街巷幽幽

伏岭村落乡土底色厚重，街巷纵横，规划有序。大街小巷错综，但又相通，少有死巷；水圳沟渠，公井私井，相得互补，故旧有"七十二条巷，三十六眼井"之叹。民间这一说法取的是一个吉数，与七十二地煞、三十六天罡相吻合，其实伏岭的街巷和水井远远不止这个数字。

1.七十二条巷

村有东西两条径线道路穿村而过，南从细桥头，北至福昌寺戏台下。东线叫大路，西线称后巷，这也是人们常说的"前街后巷"。村中还有三条纬线巷道：上门的横巷、中门的门亭巷和朴斋公祠巷。三条纬巷把大路街和后巷连成一体，由此又派生出许多小巷，把各家各户串联起来。村中大小路巷用花岗岩板铺成，两边垫以鹅卵石，既美观又干净。无论晴天或下雨，人行走在上面，鞋底绝不沾半星泥土。许多大户人家大门口正中位置，用石板铺成铜钱孔方图形，寓意财神到家。其实伏岭的石板路，乃至徽州的石板路都来自民间的善举铺就。石板路是古徽州文明的象征之一，它和茶亭、石桥一样，都是徽州的重要文化符号。

伏岭巷道

幽巷深深，故事多多。最早的路巷应该是细桥头至西门岭邵观光家的白果路巷。《迁绩世系说》载，邵氏吸取原居民丁、成、周、程等教训，"乃于平原之上诛茅筑室"。古人安家选址讲究：第一，要有足够的土地；第二，要有水源，用水方便；第三，要安全，尽量规避自然灾害。根据伏岭当时地理环境，西门岭一带最适于安居，有西门岭下和竹山干大片的沃土可开发，适合大家族的发展。从佛岭山脉汇集的小溪水，也足够家族使用，离登源河又有一段距离，可避洪涝之灾。可见现今的白果路巷是伏岭古村落最早的路巷。

后巷是村中最悠长的巷，南起下门竹马坦，北至上门后山成，全长约750米。这是全村唯一能把上、中、下邵氏三门串联成一体的主巷，也是村中除大路（街）外的另一条径线。伏岭后巷没有商铺，也没有节坦，南北直通，在现今邵千春家下横路口有一处古巷圆门楼坊，上书"善德门"。伴随后巷的是一条水圳，涓涓的流水呢喃着岁月的碎语琐事，流向火烛塘。

上门横巷，也是一条古巷。它东起大路，西连后巷。巷中间是伏岭村邵姓最老的祠堂——横巷老屋，祠前有一节坦，称老屋下坦。南宋时，这是上门始祖四四公"评事宅"门前的节坦。现今四四公的后裔为表示自己是横巷老屋的族人，死后出殡都会在老屋下坦停枢作祭，以示认祖归宗。从大路（街）上横巷过去有一级坎，连接后巷又上一级坎。直到20世纪60年代末，人们为了推车、骑自行车方便，才将这两级坎除去，夷为坦途。

门亭巷地处村落的中心，东至大路（街）的石子坦，西接后巷，因巷中间建有门亭，故而得名。巷不长，中间又生出几条小巷，七弯八拐，上可通横巷，下能连朴斋公祠巷，曲曲折折，四通八达。1949年解放前夕，国民政府到伏岭抓壮丁，纹川桥头茶亭的程本有被抓，因他经营茶亭，服务南来北往的客商，在伏岭口碑不错，大家都有营救之意。在邵茂定、邵之颜等人策划之下，当国民党兵押着壮丁到石子坦时，许多妇女围了上去，七嘴八舌地讲一些土话，外乡人一句都听不懂。她们用土话和程本有交流，叫他借故逃走。为预防国民兵追击开枪，要他往曲折的巷子跑，巷子里有人接应。程本有领会乡亲们的意图后，借着请邵之颜带口信回家的机会，撒腿冲进了门亭巷，拐进三凤堂小巷，瞬间没有了踪影。几个国民党兵追得晕头转向，一无所获，只得作罢。程本有非常感激乡亲们的救命之恩，一直念念不忘，一心思报。

朴斋公祠巷位于竹马坦上，巷内因有朴斋公祠（文绣公祠）而得名。该巷不同于横巷和门亭巷那样如纬线直连大路与后巷，它曲折交叉，从大路拐到朴斋公祠坦，分二支，一支通后巷，一支通门亭巷。

门亭巷

塘塝上祠堂群中有一条长不足百米、宽仅一米余的小巷，它南起塘塝上坦，北至碢上老屋古祠，人称"祠堂巷"。巷两边全是祠堂，总祠居中，总祠后是碢上老屋，东边为柏公祠，西边是杉公祠。新中国成立后，这条小巷更加热闹，柏公祠辟为伏岭供销社，总祠改成了伏岭粮站，杉公祠是农资供应店和伏岭食品站猪肉店，在20世纪80年代前，是全村乃至全乡镇（过去为公社）百姓生活必需品的供应地，从早到晚人来人往，熙熙攘攘。

水井巷，总祠西侧的一条小巷。建总祠时，人们在祠边门外开挖了一口水井。后来居民在总祠附近建了许多民房，形成了一条巷道，并以井名，称之为"水井巷"。

"三眼塘"庄园有四条小巷。其中的门圈巷和星聚门巷，始建于明代。门圈巷中有两个半圆的巷门楼，故称"门圈巷"。星聚门巷中间也有两个巷门楼，一圆一方，把中巷两边的屋子连成一体，称"星聚巷"，寓意聚星揽月，家道兴旺。圆巷门楼门额上过去题有魏书"星聚门"三字，后改为"跃进门"。古门楼经过风雨的洗刷，如今"跃进门"三字渐渐褪去，原苍劲有力的"星聚门"三字重现出来。古巷周边的古民居大部被毁，四条古巷侥幸还算保存完整，但已风雨飘摇。

邵名农、邵昌后对伏岭街巷进行了调查统计，结果如下表。

伏岭街巷一览表

序号	位置（或路名）	类型	住户	备注
1	戏台—竹马坦	主街	住户众多	主街俗称"大路"，此段为主街东北段。两侧有伏岭镇中心小学、镇综合文化站、戏台、文化广场，及邵天民、邵作舟、邵泬人、邵在方、邵在炳等人故居
2	竹马坦—西门岭	主街	住户众多	主街西南段。西门岭下是祠堂建筑群，宗祠居中，后是礅上老屋，东边为柏公祠，前为杉公祠。杉公祠前有火烛塘，用于蓄水、消防，亦可观赏。石栏板与和合柱雕刻精美，组成防护栏
3	竹马坦—细桥头	主街	住户众多、卫生院	主街南段，店铺较多
4	细桥头—县道	主街	电信、超市、银行	主街西段，店铺较多
5	丁家山下岭	主街	居民	主街西段，原古木参天，有关帝庙为伏岭水口
6	后头山—竹马坦	主巷	住户众多	昔沿巷建厕集行人粪便作肥料
7	后山成	主巷	10余户	20世纪70年代形成后巷北向延伸段
8	金街	主巷	住户众多	传明成化贵妃邵娘娘系伏岭邵氏后裔，曾回祖籍祭祖，经此入祠，此巷以金砖铺地，故名
9	横巷（连接1号主街和6号主巷）	主巷	住户众多	中点处是上门支祠世德堂，俗称"横巷老屋"
10	门亭巷（连接1号主街和6号主巷）	主巷	住户众多	连接大路、后巷，石板、卵石铺路，巷中点处有亭
11	朴斋公祠巷	主巷	住户众多	有支巷两条，一条通门亭巷，一条经朴斋公祠（现为徽剧陈列馆）通后巷

序号	位置（或路名）	类型	住户	备注
12	前堂巷	支巷	邵在迪、邵银女等户	朴斋公祠前通后巷至竹马坦
13	朴斋公祠东侧巷	支巷	邵桂体、邵名璋户	通门亭巷
14	枣树下	主路	住户众多	村边路,隔西坑坞长坑为伏岭小学
15	朱竹园支路	支路	邵光雨、邵光定户	连接后山成与上巷
16	上巷	支巷	邵川辉等户	连接朱竹园与金街
17	葡萄园	支巷	邵光容等户	连接上巷与枣树下路
18	许家坦巷	支巷	邵盛灶等户	连接金街与主街
19	金街南侧	支巷	邵千渭等户	连接金街与主街
20	照墙下	支巷	邵长仙等户	土地庙至金街
21	世德堂祠巷	支巷	春晖堂、邵海琪户	世德堂东、西、北三向
22	三凤堂巷	支巷	邵期有等户	连接横巷与门亭巷
23	横巷坎下南	支巷	邵秋花、邵光有户	连接横巷与门亭巷
24	大园坦	支巷	邵来芬等户	—
25	门亭巷北侧	支巷	邵盛来、邵宗敏户	连接横巷与门亭巷
26	门亭巷北侧	弄	邵秀玲、邵名厚户	单向封闭
27	门亭巷南侧	支巷	邵名新户后门	连接朴斋公祠与门亭巷
28	枣树坦	支路	邵名虎、邵金仙户	连接后巷与县道
29	后巷西侧	支巷	邵培军、邵小平户	连接后巷与县道
30	后巷西侧	支巷	邵培阳、邵淑娴户	连接后巷与县道
31	后巷西侧	弄	邵荷莲、邵光日户	单向封闭
32	后巷西侧	弄	邵光信、邵淡香户	单向封闭
33	后巷西侧	支巷	邵光斌等户	连接后巷与县道
34	红山横路	支路	邵茂唐、邵之山户	连接枣树坦支路与32号支巷
35	后巷西侧	弄	邵培正、邵培元户	单向封闭
36	后巷西侧	弄	邵秀媚户	单向封闭

续　表

序号	位置（或路名）	类型	住户	备注
37	后巷西侧	支巷	邵光正等户	连接后巷与县道，巷口有古井一口
38	县道下横路	支路	邵千春、邵盛田	连接36号支巷与县道
39	后巷西侧	弄	邵茂涵等户	单向封闭
40	后巷西侧	弄	邵天仙等户	单向封闭
41	后山坎巷	支巷	邵盛宣等户	连接祠堂巷
42	后巷西侧	支巷	邵名华等户	连接后山坎巷，有古井一口
43	杏树下巷	支巷	邵盛德、邵满娟等户	连接后巷与祠堂巷
44	祠群后	支路	邵名舟、邵文华	连接祠堂巷与县道
45	主街西南段	弄	邵若其等户	单向封闭
46	祠群东巷	支巷	多户	连接主街西南段和祠群后巷
47	祠群中巷	支巷	—	连接主街西南段和祠群后巷
48	祠群西巷	支巷	多户	即水井巷，有宋代古井一口
49	沙坝	支路	邵盛产、邵名回等户	—
50	上碓路	支路	邵盛平、邵名烈等户	—
51	沙坝西侧	弄	邵盛健、邵盛景户	原有古井一口，近年填没
52	主街东北段东侧	支巷	邵之福、邵名溪等户	尚存古井一口
53	主街东北段东侧	支巷	邵名孝、邵金桃等户	连接沙坝
54	主街东北段东侧	支巷	邵名中、邵名雄等户	连接沙坝
55	主街东北段东侧	支巷	邵解生等户	连接沙坝
56	支巷北侧	支弄	—	单向封闭
57	支巷南侧	支弄	—	单向封闭
58	三眼塘	支路	邵名琅、邵明等户	—
59	门圈巷	支巷	邵其武、邵灶本等户	巷内有门圈多个
60	星聚门巷	支巷	邵淑娟等户	淑娟户院内有太平军留下的笔墨遗迹

续　表

序号	位置（或路名）	类型	住户	备注
61	主街东北段东侧	支巷	—	连接三眼塘支路
62	主街南段东侧	支巷	邵义景、邵名艾	—
63	四分祠巷	支巷	住户多家	四分祠内梅公祠有古井一口
64	竹马坦南端（直）	支巷	邵名洪等户	连接竹马坦与主街南段，有古井一口
65	竹马坦南端（横）	支巷	邵增善等户	连接竹马坦与主街南段
66	祠群坦东南角	支巷	邵名贝、邵宗新户	火烛塘—四分祠巷
67	四分祠巷南侧	支巷	邵之欣、邵凤娟户	邵凤娟屋后有古井一口
68	四分祠巷南侧	支巷	—	—
69	通罗川路	支路	住户多家	多为新民居
70	西门岭	支巷	邵观光等户	—
71	鸭脚树路	支路	住户多家	西门岭至细桥头
72	跨塘巷	支巷	邵千山等户	—
73	塘西巷	支巷	邵华瑜等户	—
74	鸭脚树路东侧	支巷	—	通邵渭鹤、邵增义宅至主街南段
75	鸭脚树路东侧	支巷	邵盛海等户	通主街南段邵名江宅
76	鸭脚树路西侧	支巷	邵华健、邵茂凯等户	邵老四故居"桂花树下"
77	鸭脚树路西侧	支巷	邵千惠等户	—
78	鸭脚树路西侧	支巷	—	—
79	中学路	主路	—	中学、派出所、村委会
80	村北路	主路	—	戏台下到上村
81	洗菜塘路	—	—	到西坑坞
82	后头山到西坑坞	—	邵光平、邵俊青等户	—
83	细桥头	新巷	住户多家	—
合计			街5、巷52、弄11、路15	

大路街是伏岭村主街道，全长约1500米，南北向穿村而过。这里是徽杭古道的必经路段，南来北往的商贾旅人络绎不绝，街道两边酒肆、饭馆、商铺林立，鳞次栉比，故称大路。

早年，大路街是从伏岭脚下后山坎开始，经西门岭到塘塝上坦，再到竹马坦。塘塝上坦，因有一口火烛塘（如同现在的消防水塘）而得名。火烛塘既可蓄水、消防，亦可望水观鱼。坦前塘塝上有花岗岩板与和立柱组成的护栏，石板和石柱上镂有精美石雕，既美观又起着安全防护作用。自元至正十年（1350）石纹桥建成后，登源各村到伏岭有了捷径，在丁家山下岭另开辟了一条路，跨过细桥头到竹马坦，两路合一，成了伏岭如今的主街道——大路街。大路街每隔一段就有一个公共小坦：下门路段塘塝上坦，中门有竹马坦和门亭巷口的石子坦，上门金街路头为上坦。节坦的主要作用是大型活动时方便人流交汇，以及用于送葬出殡抬枢时作祭。

据一些老人回忆，伏岭大路街上在明末就有人经商做生意，在门亭巷口、石子坦上设摊开店。清代至民国年间，大路街上有各类店铺十多家，主要分布在两段，一段是上半村邵泚人故居之北，一段在下半村竹马坦周围。

从北往南，上半村村头许家坦是舒士令开的乌烟（鸦片）馆；稍南一点金街路口，现邵宗德家旁边，有邵炳实开的协泰祥商行，经营棉布和南北杂货。

在邵作舟故居北侧，现是邵选民家，有徽剧爱好者、"鸡鸣清音社"创始人之一的"承诚堂"后裔邵茂定开的"便宜商店"，经营南北杂货。邵茂定古道热肠，他上能结交文人雅士，下能交道村痞赌棍，村民有一些纠纷，往往会请他出面协调，他也能为乡亲们排忧解难。因此，他的便宜商店生意很好。他在店门口摆了一张桌子，专供一些人喝酒聊天。上门的邵家周，是个爆竹匠，无儿无女，一有空闲就到便宜商店，打上二两酒，买两块豆腐乳，坐在店门口的小桌上，呷一口酒，蘸一点豆腐乳，一喝就是两三个小时，很像鲁迅先生笔下的孔乙己。村中的三教九流成天三三两两聚集在店门口，新闻轶事，张长李短，素语荤话，无所不谈，这里无形中成了伏岭村的"新闻发布中心"。

便宜商店隔壁是邵云山开的糕饼店（现邵宗合家），还兼卖猪肉。中门邵在赏开的剃头店在云山糕饼店对面，他剃光头和刮胡子的手艺堪称一绝，既光亮又舒服，上了年纪的人都喜欢叫他剃头，享受他的服务。邵运圃在门亭下开过杂货店和豆腐店。邵开庭在石子坦开过杂货店。

总之，这段大路虽不繁华，但汇市井乡俗、家长里短，确也热闹。

在下半村竹马坦，有邵在炳（现在邵名艾家）开的益元号中药店、益元杂货店和益元糕饼店，店后是糕饼作坊，前店后坊。邵在炳在民国初年是伏岭村最大的老板，他的店也是伏岭村中最大的商号。

大路街

邵炳杰（邵增虎父）在邵盛仁家隔壁开设中药店。邵盛仁母亲三英娘，在自己家（现邵千化家）开"同兴杂货店"兼卖猪肉。三英娘虽是一介女流，力道却不输男子，抡起肉刀，干净利落。邵之六（邵宗惠祖父）在自家屋里开了小杂货店，亦家亦店。还有绰号叫"讨饭头"的（胡良枝父）

在邵之六店下开理发店，服务态度好，手艺也不错，虽是外乡人，却也获得尊重而立足。后来邵在炳大儿子邵之璋也在这里开过中药店，继承父亲的店号，叫益元中药店。邵之璋自己撮药，既是老板又兼伙计。后来他的兄弟邵之璜加入进来，之璜又能看病又能撮药，生意比以前大有改观，于是之璋逐步退出，交给之璜经营。该店一直到新中国成立后经过公私合营，转为集体药店。竹马坦边小巷里还有一家豆腐摊，是外号叫"乌烟助"（因她的丈夫吸乌烟）的女人所设。抗日战争时期，有一些旅外的生意人回到了家乡，上门邵献武在竹马坦上租邵景景家开了"献武杂货店"。中门的邵桂生在竹马坦邵之南家开了"德新春商店"，下门邵千坚在西门岭脚杉公祠边开了"广茂杂货店"。

每年春节，邻村人都到伏岭走亲戚，看舞狮，伏岭许多人家都开桌待客。大路街两旁商铺都张灯结彩，各商家为了不失商机，纷纷赶到伏岭，整条大路街几乎全是商店摊铺，人来人往，熙熙攘攘，光臭豆腐担、小吃摊就有近百个。舞狮前，伏岭村都要举行游灯活动。游灯一般是从上门世德堂开始，从后巷游到细桥头，然后顺大路向北到福昌寺戏台下。游灯的人手举各色各样的纸灯，兴高采烈地缓缓前行；"童子班"的小演员们身穿戏服，在游灯队伍里接受村民们的检阅和称赞。这个时候大路街上人头攒动，往往挤得水泄不通。

现今，大路街南向已延伸至纹川桥，北向已近普济桥。商铺也逐渐向南转移，过去偏僻冷清的丁家山岭下如今成了伏岭的旱码头，店铺林立，从饭店、邮局，到农资、建材，应有尽有。从丁家山下岭到竹马坦近500米的大路上，两边全是商铺，有移动、电信公司分部，有医院和农村商业银行，还有几十家经营服装、杂货、肉菜、早点、美容美发以及棋牌娱乐的店铺。总之，这一段路是现今伏岭村最繁华热闹的地方，现代建筑已逐步取代古村落的古色古香，呈现出新时代的特征。

伏岭村中街巷主道叫"大路街"，其余称巷，以方位或标志物命名，如横巷、上巷、后巷、门亭巷、水井巷等。唯有大路至上门支祠世德堂的一条巷称"金街"。金街东起大路，西至世德堂东侧门的太子庙，全长百余米。

金街巷

金街巷原名叫太子庙巷，因巷的西向尽头是太子庙，供奉的是汪公大帝（越国公汪华）第九子汪献神像，庙前是太子庙坦，所以称太子庙巷。那么，"金街"一名又由何而来呢？

相传，明世宗嘉靖皇帝的祖母邵太后系伏岭上门始祖四四公后裔，其返里省亲时，此路以金砖铺就，故而得名。明成化二十一年（1485），因宫帷斗争，宪宗帝准允世贞娘娘回娘家省亲散心，并特许她到祖籍地祭祖和体察民情。伏岭族人听闻世贞娘娘将要驾临，无不欢欣鼓舞，奏请以御砖铺筑太子庙巷，改名"金街"，以示隆重迎接。金街铺就之日，娘娘启程省亲，先到昌化邵家村，再经徽杭古道至伏岭。世贞娘娘走过金街，前往祖祠，极其虔诚地参拜了列祖列宗的神位，祭扫了四四公墓。明正德十六年（1521），武宗崩，无嗣。遵"兄终弟及"祖训，张太后与大学士杨廷和拟诏遣官至湖广安陆州迎世贞娘娘的孙子兴献王朱厚熜嗣帝位。朱厚熜登基第二年，改年号为嘉靖，尊祖母为寿安皇太后。喜讯传来，四四公的子孙们欣喜万分，为表庆贺，在世贞娘娘当年走过的金街路头，太子庙北侧，修筑门楼，上书"金街故址"。因世贞娘娘到伏岭省亲是成化二十一年（1485），嘉靖帝尊祖母为寿安皇太后是嘉靖元年（1522），时跨37年，故称

"故址"。昔时文官至此下轿，武官至此下马。如今金街中铺石板，为"龙脊"，两边垒以卵石，状似"龙鳞"，谓之龙形道，局部"龙鳞"仍以青砖竖排铺筑，有"日照龙鳞万点金"之意。

从那时起，"金街"之名沿用至今。新中国成立初，街边村户组称"金街生产队"，现改为"金街村民组"。金街是伏岭村最早形成的路巷之一。自朱竹园巷至太子庙巷，旧时有许多明代建筑，有邵茂益、邵茂平、周竹叶等人家庭院。现今，"新桃"换了"旧符"，老建筑大都已不复存在。

2.三十六眼井

伏岭村号称有"三十六眼井"。这井指的是百年以上的老井。旧时，水井是村民最重要的生活设施之一，挖井垒井要花费一大笔资金，大多数人家经济能力难以承受，故私家井很少，公用的水井就显得十分重要。每天清晨，挑着水桶到公用水井打水的村民有时会排起长队。

据调查，村内有古井31口，除个别废弃或被掩埋外，其余均在使用。

水井巷古井

就重要程度而言，首推横巷老屋坦的双井。祠堂周边居民密集，饮用和洗涤需水量大，建祠堂时，附近居民要求在祠堂坦上挖两口水井。其次是水井巷公用井。该水井在邵氏宗祠（伏岭邵氏的总祠堂）西侧的墙外，宗祠寝室后的附房有门通往水井。起初，此井主要是为祠堂活动供水。后来，祠堂周边陆陆续续建起了许多民居，祠堂与民居之间形成了一条几十米的巷道。因为有这一口古井，这条巷子就叫作"水井巷"。

此外，还有邵孟老、邵千年的两户一井，以井的中线挑空砌一堵院墙，两家都有一个井口，各自不需出院门就可以在自家院子里吊水，既节约挖井成本，又方便生活，富有创意。

邵名农对伏岭古井进行了调查统计，结果如下表。

伏岭古井一览表

序号	古井地址	建井时间	现状	序号	古井地址	建井时间	现状
1	伏岭小学后操场	明	20世纪70年代坍塌	12	邵光明屋旁井	清	完好，还在用
2	伏岭小学院内	明	21世纪初填埋	13	邵在界屋旁井	清	完好，还在用
3、4	横巷老屋门前坦	清	双井，东井塌陷，西井完好	14	原邵灶永屋旁井	清	完好，还在用
				15	邵名华屋旁井	清	完好，还在用
5	邵培修屋旁井	清	基本完好，还在用	16	邵在年屋旁井	清	完好，还在用
6	邵华安屋前井	清	基本完好，还在用	17	邵名康屋旁井	清	完好，还在用
7	邵小平院内井	清	基本完好，还在用	18	水井巷古井	明	完好，还在用
8	邵金生前屋院内井	民国初年	完好，还在用	19	邵金门屋前井	民国初年	完好，还在用
9	邵金生后屋院内井	民国初年	完好，还在用	20	"桂花树下"院外井	清	完好，还在用
10	汪社云屋后门井	清	完好，还在用	21	"桂花树下"院内井	清	被填埋
11	邵期寿屋后井	清	完好，还在用	22	邵增义屋旁井	清	完好，还可用

续　表

序号	古井地址	建井时间	现状	序号	古井地址	建井时间	现状
23	邵宗靖屋后井	清	近年填埋	28	四凤祠内井	清	废弃
24	邵汕人院内井	清乾隆年间	近年坍塌	29	邵在雄屋后门井	清	完好,还可用
25	邵梦生屋旁井	清	完好,还在用	30	邵观光屋前井	清	20世纪80年代被填埋
26	邵之锦屋旁井	清	完好,还在用	31	邵孟老、邵千年一墙两院共一井	清	完好,还在用
27	邵培罗屋旁井	民国初年	完好,还在用				

三　庭院深深

纹川是邵氏聚落,三门五派,千灶万丁,宗祠林立,庭院深深。一些人的家宅祖居也设堂号,旨在凝聚人心,促进和睦,激励后辈,发扬光大。家族祖宅庭院有代表性的堂号主要有春晖堂、爱日堂、寄蜉堂、桂馥堂、承敬堂、承诚堂、三凤堂、四仰堂、励志堂、耕读堂、星聚堂、嘉善堂、于友堂、履和堂、成德堂、善则堂、谷怡堂等等。

1.春晖堂[①]：耕读大家里

春晖堂位于世德堂西侧的古建筑群,有厅屋一幢,楼房两幢,还有作厨房放杂物的余屋多间；早年有近20户居住,近百人生活在同一院内,俗称"大家里"。主楼春晖堂为六部通转楼,明代建筑,有东西两座楼梯,楼板为地桥,窗栏、隔扇、木雕等具有明代建筑简洁明快的特色；主楼东西两侧与其他建筑物之间有集防火、通行、遇险疏散等功能于一体的巷道。

---

① 根据光绪版《华阳邵氏宗谱》第219、221、273、274、279页内容整理。

主楼和另一建于清末民初的楼房作生活用房。厅屋为前厅后厨，专供迎宾待客之用。

从堂名可知，这是一个亦儒亦商的孝道人家。男子外出求学、经商，女子驻家留守，母盼子归，子报母恩，寸草春晖，情深意长。相传明世宗嘉靖皇帝的祖母邵氏娘娘系四四公后裔，回祖籍省亲祭祖时曾下榻此处，故赐名"春晖堂"。春晖堂数百年不失窃、无火患，老辈人都说是"姑婆"（指邵氏娘娘）带锦衣卫"前门驱贼盗，后门防火烛"的缘故。

民居建筑群

春晖堂是上门横巷的大家族，数百年来，家族重义轻财，克己重教，涌现出许多乡贤才俊。据不完全统计，清代春晖堂传人中，有邑庠生8人，国学生15人，从九品至五品官员12人，受各级衙门旌表10人，并载县志，获赠匾额五块，获旌表建牌坊一座；赴休宁、歙县、宁国、昌化、武汉、苏州、上海、扬州、南通、景德镇、杭州、淳安等地经商有数十人（户）。民国至今，派裔更是人才辈出，有教授、博士、名医、国企高管、富商、公职干部及能工巧匠等。2014年，堂中传人获"安徽省首届书香之家"称号。

春晖堂代代有教书育人者，且涵盖学前、小学、中学、大学等各学段，为社会培养了大批人才。经商者牵带了众多乡亲外出谋生，起到了扶贫济困和促进社会发展的作用。出于"缅先祖、护遗产、会宗亲、振家声"的目的，春晖堂传人中的成功人士，目前正在积极倡修祖屋，合族重归"大家里"。

2.谷怡堂：书香门第

邵泚人一支，属伏岭中门克让公派"谷怡堂"，为文绣公一脉，文墨飘香，蜚声乡里。

邵文绣，字朴斋，号月塘，博学多闻，林泉自适。业私塾，教书育人40余载，曾在休宁东门设馆授教，学生中多名士官宦。他以馆资捐修石纹桥，助建福昌寺藏经楼。族谱载："忆自聚族于斯，肄业诗书，鲜克有继继绳绳者。有云，自文绣公始，后世子孙书香不绝，皆公一人启之，非所谓薪传有自哉。"基于他的声名和功绩，儿孙们为他立"文绣公祠"。正堂照壁柱上楹联"教育英才四十年主宾相得，图成吉壤二千里信义同符"，意为文绣公执教40年，育出了不少栋梁之材，自己声名远播。"图成吉壤"指的是学生为官治下都成了祥和安定之域。"信义同符"指的是他的学生不但有文才武略，还坚守先生之诚信、仁义的教诲，成为忠君爱民之官。

文绣公六世孙邵泚人就是出身于这样的文化世家、书香门第，故学识和见识均非同一般，品德修为也高人一层，堂号谷怡堂。从他这一代起，谷怡堂子孙日益发展壮大，其子孙出将入仕，不乏才俊。

1864年，其孙邵伯棠在历经洪杨之乱的劫后余烬中拣出祖父所著的《半痴子小影》[①]，以为似有神助，故写下拜文：

> 异哉，是子云：胡曰痴？清然者气，其体不痴；坦然者心，其性不痴；浑然者度，其量不痴；而且有隽逸之才则学不痴，具端方之品则德不痴。然夫夫也，逍遥物外，洒脱似痴；笑傲山中，疏名似痴；不中不履，形骸似痴；忽吟忽酌，意态似痴；则非全痴，斯名之曰半痴。

对于泚人公生平品质情操，他的亲翁湖北布政使方体在贺泚人公70岁寿的文序中给予了高度概括和评价。以方体的话说，"蓄之以道义，养之以

---

① 邵泚人编《半痴子小影》，后裔邵名琅收藏。

诗书"，"事亲孝而待物厚"，是一个"蓄德养福"的典范。他认为沚人公慧中而秀外，"制艺而外，旁及诗赋，骚雅亦惟沚人为最工"。

沚人公的道德品质深深影响着妻子，其妻侍奉婆婆"五十年，无一事违姑息"，与丈夫"至老犹彬彬然"。沚人享年85岁，妻子寿终87岁，皆无疾而终。后因孙子邵辅贵而追封沚人为奉直大夫（从五品），妻子为太宜人。

沚人公生五子，四子天驭、五子天驯皆幼殇。他70大寿时，三子皆立。长子天骥（1765—1821），字右岐，尝坐馆京师，因培养中国唯一的状元科学家吴其濬（1789—1847）而蜚声中外。二子天骏，三子天验（鲁田，湖北布政使方体之女婿）。三子皆枝繁叶茂，子孙多仕，各成一家。

天验生五子，长子开渡早逝，次子伯成，三子伯棠，四子辅，五子伯循。自公之卒，子幼家贫，方淑人常以忧及[①]。除五子伯循外，伯成、伯棠、辅三兄弟各有成就。

1862年，时逢方夫人80寿辰，四子十二孙及曾孙皆新衣着身，奉厄酒以次上寿。那年祝寿，可谓高朋满座，兵部尚书涂宗赢、户部右侍郎王茂荫、福建汀州知府丁漳龙、道台福建省军需司务胡肇智、按察使歙县人许球等达官显贵或亲临祝寿，或贺文寄意；徽州知府和绩溪知县也莅临祝寿。尽管贺寿场面煊赫一时，但也笼罩着战争的阴霾。族谱载："未几，粤寇乱绩，子孙奉淑人走避郫山，感风疾，卒。"

邵辅为官，"自持峻甚，秋毫无秘染"，一生著作颇多。

邵辅生四子，长子作辑，次子作舟，三子作模，四子作潘，各有建树。

沚人家族，从书香门第到官宦世家，从才俊到英杰，无一不折射出"聪明好诗""无书不读""勤恳善书"的家教理念，体现出"事亲至孝""和睦乡邻"的优良家风，展示出"敢于担当，勇于牺牲"的美好品格。

---

① 光绪版《华阳邵氏宗谱》第545页。

邵汕人夫妇寿辰贺联

3.寄蜉堂：乡绅一族

寄蜉堂是邵棠一支住宅的堂号，邵棠书稿刻本均有"寄蜉堂"字样。蜉蝣是一种昆虫，成虫寿命只有短短几小时，邵棠取"寄蜉"两字为堂号，应是借此感叹生命的短暂以及人的渺小。苏轼在《赤壁赋》中有"寄蜉蝣于天地，渺沧海之一粟"句。寄蜉堂宅院位于村西门岭一带，现名"桂花树下"，建筑群占地10多亩，主楼为寄蜉堂、桂馥堂等，相接有数十间通转院落，覆瓦挑檐的院门和深深的庭院式徽派老屋，体现出主人深藏不露的品性。

邵棠当年的寄蜉堂，已在太平天国时被焚。后来邵棠之孙家瑞公在原址上重建。由于邵棠孙辈后裔人丁兴旺，不断向外扩建楼宇，寄蜉堂至今已成为多代人共居的大宅院。最吸引人也最有特点的是邵棠亲栽的那棵枝条横长的老桂花树，历200多年，至今仍然枝繁叶茂，古枝上长满了寄生草，树荫遮蔽了大半个庭院。这片民宅因此古桂得名，树因人得传，"桂花树下"随同邵棠的名字一起被保留下来。目前只有邵茂凯、邵华健户在此居住。

寄蜉堂院里的古桂花树

4.励志堂：创业徽馆

励志堂位于伏岭下村后头山碥上老屋东侧，始建于民国初年，坐北朝南，一进三开间，前置一天井，老式徽派二层结构，占地约100平方米，系邵之林祖居，在仁公故居。今在仁公孙邵名华居住。

据邵之林长子邵名震编《励志堂谱》介绍，励志堂是伏岭邵氏中门四分克让公派二十四世在仁公的堂号。在仁公（1882—1960），字灶元，运祝公次子。在仁公生三子，长子之林（字一汾），次子之庭（字一心），三子之铎（字一德）。"励志堂"堂匾是民国二十二年（1933）十月，其长子邵之林在上海市复兴东路979号大全福酒楼开业庆典上，请时任上海市市长于右任亲笔所书，刻字描金，后一直悬挂在之林公故居正堂，成为一堂之号。

家业在长子邵之林一代得到了中兴。邵之林自小出门学做生意，先后在沪晋两地从事徽馆业长达半世纪之久。邵之林生三子，长子名震，定居山西太原，高级统计师，自编《励志堂谱》。2012年清明节，为《励志堂谱》写下寄语:"寻根问祖,根在伏岭下,祖是励志堂;水流千里归大海,树高百丈叶落归根。"

于右任题写的"励志堂"匾

励志堂家训

勿挟私仇;勿营小利;勿谋人之财产;勿妒人之技能;勿淫人之妇女;勿唆人之争讼;勿坏人之名利;勿破人之婚姻;勿倚仗权势而辱善良;勿恃富豪而欺贫穷。善人则亲近之,恶人则远避之。不可口是心非,须要隐恶扬善。此训以格人非,捐资以成人之美。作事须循真理,出言要顺人心。诸恶莫作,众善奉行。永无恶曜加临,常有吉神拥护。近报则自己,远报则儿孙。

励志堂家规

一不许纳妾,二不许嫖娼,三不许抽大烟,四不许赌博,五不许以势欺人,六不借外债,更不许借钱不还。

严训传家,鼎盛千秋。凡遵守家训、家规的邵氏子孙,家业必定得以兴盛。故"励志堂"的后代子孙要恪守家训、家规。严以律己,勤俭持家,继承发扬光大。

第四章 徽厨之乡

邵氏由耕读起家。明末清初人口骤增，加上遭受太平天国战乱破坏，房毁人亡严重，在土地出产难以为继的情况下，出现了纷纷外出寻路头谋生计的浪潮。伏岭邵氏一无本钱，二无资源，无奈之下从"吃"中悟出了商机，以手上厨艺为生计，从小吃摊、干巴面店一步步走上徽馆业，在上海、南京、杭州、武汉等地掀起了一股徽菜徽馆热。亲帮亲，族帮族，伏岭人家几乎每家每户都有人从事厨艺，于是便有了"徽厨之乡"之誉。

一 走徽杭 吃面饭

伏岭位于登源河畔，周遭崇山峻岭，溪水潺潺。然而，这里又是一个土地贫瘠的苦地方。山，多为风化光眼沙，草木不茂；田，为一丘丘黄沙田，禾稼不壮。大自然是如此吝啬，加之历代封建统治者带来的贫穷和愚昧，重叠阻隔的群山又给这里带来闭塞和落后，历代宗谱也毫不隐讳地记载着四个字——"地瘠民贫"。再加上明清后人多地少，山林开垦过度，水土流失严重，生存环境恶劣。

1."寻路头" 营厨事

清咸丰十年（1860），战争频仍，兵燹蔓延，搅得伏岭"民无宁日，山野荒芜"。为避战乱，老幼妇女躲进深山，青壮年纷纷逃离故里，走出大山，辗转浙北、江苏、上海一带经商开面馆"寻路头""找活路"。

清末民初外出经商进入高峰。《华阳邵氏宗谱》及乡民口口相传，留下了许多珍贵的历史信息和经商记忆：

邵应份（1611—?），明崇祯年间，在杭州"邵日生商号"经理盐务，为已知最早开设商号的伏岭人。崇祯十四年（1641），家乡遭蝗灾闹饥荒，邵应份设粥厂赈济灾民，因此得以存活下来的人很多。为此，杭州知府褒奖他，赐匾"西江洒润"。

邵开孚（1834—1897），幼年丧父，长大后到休宁屯溪做生意，之后接来母亲一起生活，被人们赞为"大孝子"。

邵家昌（1854—1903），外出经商，定居汉口。

邵培坚（1843—1899），清咸丰末年，成家后到休宁黄口开店做生意，一生"仗义疏财，乐昌善举"。

邵家昌，清末赴汉口经商。

邵在炳（1870—1948），清末民初在沪开设邵益元号杂货店、药店。

邵开庭，在歙县文公舍村开南北杂货店，赚钱后回家盖屋。

邵开汉，在休宁经营商贸，财源广进后"乐施好善"。

邵光琪（1877—1943），在杭州震泰南货栈任职协理（副经理）。

邵国茂，经营茶、盐业，从休宁起步后发展至江西、浙江等地，富甲一方。

邵家棠，经商于苏州、无锡、常州一带，娶妻立业。

邵家芳，从休宁至南通经营钱庄、当铺，后形成世家。

邵天民（1904—1969），民国二十三年（1934）在南京开设天民商店，后主要经营餐饮业，是大西南徽菜馆业的开拓者。

而伏岭人经商最引以为傲的是凭借自己"吃面饭"手艺，创造了"徽馆"业的辉煌。据统计[1]，从清同治十一年（1872）创办第一家徽面馆起，至1949年，伏岭人在全国十一个省市经营徽馆140多家，平均每四户人家就拥有一家徽馆，几乎家家都出过厨师，其中不乏名厨大家和著名菜馆，故伏岭被外界誉为"徽厨之乡"，书写了绩溪之最，流传着许多徽厨徽商脍

---

[1] 邵之惠：《徽厨之乡伏岭古镇》，方静主编：《绩溪徽学通讯》，2005年第3期。

炙人口的传奇故事。

2.置祠山　设谷仓

明朝中叶，伏岭人繁衍生息，已发展成为远近闻名的邵氏大村。由于土地贫瘠，伏岭地区素有"光眼沙里抢食"之说，"务农再精，亩产难达四百斤"。因此，村人大部分生活处在贫困线上，田少人多的农户，饥一餐、饱一顿，若遇歉收年，一到青黄不接的四五月份，往往会断炊熄火。如何让族人脱离贫困，成为宗祠议事日程中的主要问题。

古时，从岩口亭到与浙江昌化毗邻的山场，是杳无人烟的荒蛮山区，是村人砍柴和狩猎的传统场所。少数勤劳的村人为弥补粮食缺口，披荆斩棘，翻山越岭，穿涧跨沟，在山上烧垦开荒，种玉米，经年累月，用双手和双脚在茫茫丛山中开辟出一条崎岖窄险的山道，村人俗称"逍遥岩山道"。邵氏族人认为这片无主山场可作为救贫济困资源，经长房长召集族董、管事开会讨论，邵氏宗祠出面向官府申请，愿意承领这片山场，每年由宗祠统一完粮纳税，山场作为救贫济困派裔之用。明万历年间，官府批准这片山场由邵氏宗祠管业，并登记在册，每年宗祠向官府纳税。

上述各字号所登记的山场按旧时山场的计量方法，面积是二百九十八亩三分三厘。根据各字号所开列的山场四至，不仅是逍遥岩山道两侧的山场，连同东到栈岭，高至野猪垱，包括伏岭村对面的近山及赤石坑直坞、横坞等处，远处的郭山峡谷一部分，都归邵氏宗祠拥有，可谓"山上买一毛，满山满降跑"。

由此，徽杭古道一带划入伏岭邵氏宗祠的管辖山场之中，作为祠产，山权确定后，安排族中贫困户进山垦殖定居。邵氏宗祠这一举措深得广大族裔的拥护和响应，大家纷纷入山垦荒，从黄毛培起一直到岭脚下（现在的永来村），两侧山场都有邵氏族裔垦种，沿线逐渐形成许多邵姓居民点。为了鼓励垦荒者的积极性，宗祠作出管理山场的数项规定[1]，明确宗祠和垦荒族人各自应该承担的责任和义务。

---

[1] 邵茂深：《伏岭下村与徽杭古道》，方静主编：《绩溪徽学通讯》，2010年第14期。

第一，由邵氏宗祠承担在原有山道基础上修建一条主要干道和架设桥梁的任务，从垦荒山场到主干道的支路则由垦荒者自己修建。山间原有一条崎岖小道径通浙江，每遇山洪暴发，就无法通行。当时垦荒者很多，大部分人都是从伏岭到山场逐日往返，只有少数人在山上搭棚居住。垦荒族裔家境贫困，修路力不能及，邵氏宗祠根据具体情况，采取多种方式逐年在通往山场的道路上实施拓宽路面、修砌河坝、架设桥梁、陡坡设阶等工程，渐渐形成了古道雏形。

第二，凡是本族族裔都可以入山垦种，所获的粮食作物以及养竹种茶砍柴烧炭等劳动所得均属垦荒者所有。山场赋税统归宗祠缴纳。垦荒人通过辛勤劳动，粮食都能达到自给，脱离了贫困，在此基础上，有些族裔不仅种茶、种竹，还栽种杉树，作长远打算。宗祠还规定垦种山场，以锄种为界，不得私租私顶占为己有。垦荒人荒废三年的山场，则听本派裔继续垦种，原垦荒人不得干涉。垦荒人栽养的杉木，出拼之日，以拼价三成交宗祠，弥补纳税。

第三，邵氏宗祠承领逍遥岩内的山场，属扶贫慈善性质，是谓"济穷山"。为此，邵氏宗祠在村内设了一座可储谷物两万斤的"积谷仓"，又称"万斤仓"，由其他族田的田租和族内士绅的赞助作为采购谷物的经济来源。每年春夏之交，将积谷借给贫困族裔，每户限借一担，以救断粮之急，秋后归还。为了鼓励逍遥岩山场垦荒派裔人家，每户可借两担，以提高垦荒者的积极性。

古道上居住垦荒的邵氏派裔村民，有些勤劳而且善于计划的，就在山上种苞芦、竹、茶、杉，还栽种山核桃、油桐、油茶等经济果林，除了口粮能自给，还可获得可观的收入。例如，村民邵家顺一家因子女多，靠祖传的两亩薄田和租种地主家几亩田地难以果腹，每年一到青黄不接的时节就有断粮之虞，于是向祠堂借粮，借了还，还了借，年年如此。民国初年，宗族号召田少人多户到逍遥岩峡谷开山种苞芦，家顺一家积极响应，由二子裕通家培德、四子裕浩家培福到逍遥岩茶培湾开山垦荒，首要解决饥饿之苦。数代后，他们家庭很是兴旺，成为黄毛培村的大户人家。

垦山种植的老一辈邵姓族人，有了稳定的经济收入之后，就在山上择地定居，子孙繁衍，逐渐形成村落。如今徽杭古道两旁的黄毛培、施寺、水杨坑、雪堂、横湾、班肩坞、恩齐、蛇墓坑、大鄣岭脚、里西山、永来村、阴山、阳山等自然村落，居民多是邵姓，人数超千人。

在依靠山场讨生活的岁月里，邵氏族人自觉担当起古道的维护修建使命，既方便自己，也方便了往来古道的行旅。

清咸同年间，宗祠支祠田租簿被毁。邵裕甲掌管宗祠账目30余年，查复大半。至民国初年，由于人口增长迅速，山居村落有了较大规模，族人为争山场，纠纷时有发生。另外，也有少数外姓人侵占邵氏山场。为了重建邵氏宗祠祠产清册，民国六年（1917）五月，族人邵大魁、邵彦彬、邵天性、邵在宽、邵洪昌等25名士绅贤达持证据联名上书，绩溪县知县方以南依情告示如下：

　　有关邵姓公有所属山场，系救穷的慈善资源，均有空界。凡毗邻各业户不得侵越界址。在该山分外之人，不得藉端霸占。该姓派裔，应遵旧例，不得私租私顶，尤不得私相变卖，据为己有；开垦山场，以锄为界，互不侵犯；所垦山场荒废三年及四周未垦荒地，均听他人继续耕种，不得异言；栽养杉木出拼之日，以树价三成归宗祠，以弥补纳税。自示之日，务各遵照无违。

随后，按照税册列出邵氏宗祠的各字号山业亩数及土名界址。伏岭村人将告示勒碑留祠[1]，以作山场永禁，保祖业而永留长。

"修桥补路，乐善好施"，是徽州人的一种信仰，一种善举。随着族裔山场的发展，在邵氏宗祠的主持下，族人不吝人力、财力，及时对古道路桥进行修整，代代相传，始终保持着古道的畅通。

---

[1] 见伏岭村邵氏总祠内《告示碑》。

3.走岩道　下苏杭

蜿蜒于皖浙两省崇山峻岭中的逍遥岩山道，山岭高耸，沟壑险峻，风光秀美，自古就是绩溪人尤其是伏岭人闯荡苏杭继而进发京沪的捷径要道。

伏岭人懂得，只有翻越门前大山走向山外，赴沪杭等地讨生活，才有生机和希望，而脚下的逍遥岩山道自登源，经伏岭、竹山、"江南第一关"、马头岭、雪堂岭，达浙江临安马啸乡浙川村（旧称"浙基田"），是走向山外的唯一途径。

徽杭古道（二）

逍遥岩山道，栈道绝险，绝大部分为山岭磴道，大都是在峭壁悬崖的花岗岩上开凿出来的。途中建有茶亭六间、石拱路亭两座，修建之艰难以想象，它们的筑成，凝聚了数百年邵氏族人的辛劳和心血。

徽杭古道是一条记载绩溪人经商历史的交通驿道。明末清初，绩溪外出谋生者增多，徽岭南北行旅之人都由此道进入江浙，无形中成为徽杭间的重要交通驿道。经由古道而走向山外，或经商谋生，或求学为官，备尝艰辛，历尽苦难。这一带流传着一首民谣，道出了绩溪县人尤其是伏岭人的辛酸：

> 前世不修，生在徽州。十三四岁，往外一丢。雨伞挑冷饭，背着甩溜鳅。过山又过岭，一脚到杭州。有生意，就停留；没生意，去苏州。转来转去到上海，求亲求友寻路头。同乡多顾爱，答应肯收留。两个月一过，办得新被头。半来年一过，身命都不愁。逢年过时节，寄钱回徽州。爹娘高兴煞，笑得眼泪流。

逍遥岩山道未开通前，绩溪往浙江必须绕道歙县，或攀行高山险道走赤石坑峡谷，越施寺岭，下入施寺谷地（谷地中旧有古寺而得名，毁于太平天国战乱），至黄毛培，经转桥湾上马头岭，翻越浙岭入浙境。伏岭村人为了方便往来行旅，决定修筑岩口亭到施寺脚这段道路。由于地段险峻，工程浩大，因此须耗费大量人力和财力。伏岭人拼力采取种种措施募集资金，向社会上一些热心士绅募捐筹款。在捐建古道过程中，旅外徽商出了大力，而伏岭村人则以捐路板的方式来助力修路，有几人合捐一块的，有一人捐一块的，也有一人捐几块的，集腋成裘；伏岭村人还出工出力，在悬崖峭壁上凿石为阶，化险为夷。经过长年的不懈奋斗，终于修建了一条蜿蜒曲折、雄伟壮观的山道，成为绩溪境内人文与自然相结合的一道亮丽风景。

伏岭风光

徽杭古道是一条保障山里山外物流和信息流的生命线。古道上常年奔走着为"出门客"与留守家人间传递信函、钱物的信客。信客，习惯上称"脚班"，亦即往来穿梭专门为商民捎带书信、传递信物、运送钱票包裹、代购货物的人，是为出门客做生意服务的衍生行业。信客，一般三五个村庄合选一个，或由会馆、同乡会认可指派，或由客户自行委托。信客，除了要有体力、脚力外，还要特别讲究诚信可靠，是非同乡和熟人而不能做的生意。信誉好，同乡会或乡邻们认可；嘴巴紧，能为客户保守秘密；身体好，能吃苦耐劳胜远足。这些信客除传递家书、钱币外，还传输小宗的货物、护送女眷孩童等，生意好时两个月一趟；生意再不好，一年不少于三趟，即端午节、中秋节、春节，三个节前必须把钱、信、物带回老家。

清末、民国期间，伏岭村及周边村庄的人在浙江、江苏等地经商吃面饭、做手艺的较多，逐渐形成淳安、沪杭、武汉、大西南等路线。民国初期，如果货量小，自沪杭走徽杭古道；如果东西多，则坐船走新安江水路，溯流而上到临溪，挑运回村。民国后期杭（州）至屯（溪）公路开通，到沪杭一般走水竹岭到歙县齐武，而后乘车到杭州，再乘车或船到上海。也有走芜屯公路，从扬溪到芜湖，再乘船到上海。跑武汉线的也是走芜屯公路，到芜湖乘船溯江而上到武汉。大西南线是走衡阳，进云南，再到贵州都匀一带。

徽杭古道是一条彰显伏岭人道德风范的文化古道。这条山道，由伏岭人世世代代守护，留下了许多可歌可泣的故事。根据县志及邵氏宗谱上的有关记录，邑人在古道上所做的重要事迹如下：

南宋宝祐五年（1257），大石门人胡旦（讳润），捐金佣工在逍遥岩上开辟一条长约2.5公里的新路，使行程大为缩短。时杭州为南宋京城，胡旦在京为官，常往返于杭州与家乡石门，须绕道赤石坑，山道坎坷，路途遥远。于是胡旦力主开辟逍遥岩道，首倡捐金修建。因此，胡旦是最早开辟逍遥岩道的人。

"元大德间，北乡程氏伐石为栏"。北乡指绩溪徽岭以北的岭北乡。元明年代，北乡小谷程氏上祖商贾于浙，曾修过逍遥岩道。

明成化年间，邑人汪以茂等予以重修。因绩溪汪姓村庄甚多，已无法查考。

　　明嘉靖年间，龙川人胡宗宪在杭州为官，对古道进行扩建，在绝险处"小心坡"石壁上凿上一排石孔，将花岗岩条石插入孔内，铺上石板成栈桥，建成逍遥岩栈道；又开辟中途凸出的山梁为凹口（俗称"张凤凹"），形成关隘，赞为"江南第一关"，奠定了今日逍遥岩栈道的规模及景观魅力。这也是逍遥岩道修建史上的神来之笔。

二程庙小心坡

　　清朝初年，二十公里的逍遥岩道上，关隘、栈道、山路已具雏形。垦荒者尚未定居形成村落，岩道却已成为县人出外谋生的重要通道，而没有一座雨可遮蔽、热可纳凉、歇息解乏的茶亭，来往商贾行人非常不便。清朝雍正年间，族人邵飞凰独资建黄毛培"一得亭"，并嘱子置田三亩作为亭产，由住亭者耕种，作为施茶费用，过者甚颂德之。后来，邑人又在雪堂、半岭修立茶亭，每五里一茶亭，大大方便了往来行人，增加了逍遥岩道的活力。茶亭都是常年施茶，无偿提供服务。来往行人步入古道，如同到家一样，进入茶亭饮茶解渴、休息解乏，还可以焙粿充饥、互通信息。茶亭的厨房地面上设有一个火塘，四周砖砌，常年生火不断；火塘上悬一铁链，挂上水壶烧水，可以给行人焙粿，冬天又可以取暖。茶亭的这些设施，使垦荒在古道一带的群众及外出经商的人们感受到了家乡的温暖。羊有跪乳之恩，鸦有反哺之义，从古道上走出的许多人在他们事业有成后，对古道的修建和维护都贡献了力量。

清乾隆年间，邵承方曾捐资建棕荐岭石洞、登源洞岭茶亭及岩内施茶亭，并借捐资修建险峻路段，如水扬坑的河堤桥梁、马头岭的陡坡，凿石设阶，方便行人。

邵祝三为遥遥岩路二次赴沪募捐合影

清道光年间，邵洪位倡捐资金重建大崖头石磴，伏岭的邵姓子孙，纷纷响应捐助路板，一户一块到几块不等。

晚清至民国间，逍遥岩道"年久失修，参差突陷，崖悬石兀，奇险万状，每届冬春雨雪，土松泥滑，踣跌堪虞"。伏岭人邵在炳、邵之华、程华邦和荆州人胡商岩发起募资维修，胡商岩负责工程策划和施工。"自民国十四年至十九年冬，凡六阅寒暑……卒使羊肠蚁穴一变而为康庄坦途，并建石拱亭以供憩息。"①

清咸同年间，太平天国战乱波及，伏岭、竹三一带村民躲入逍遥山谷避难，组织民团据守天险以自保，太平军久攻不得入。后关隘被攻破，石关和栈道遭到严重破坏。同治二年（1863），太平军过境后，为防其重来，地方士绅发动维修古道，重建关隘。张凤凹口两边石壁上垒上块石，上架六根花岗岩石梁拼成关门，门阔2.5米，进深2.2米，门高西向3米、东向

① 见所立《重修遥遥岩古道碑记》。

2.5米，西向门额上刻"江南第一关"五字，东向刻"徽杭锁钥"四字和"同治二年里人建造""邵道棠题"的落款，楷书字体，至今清晰可辨。关外千级石阶如天梯悬于绝壁，关内不远处是栈道绝险"小心坡"，地扼咽喉要冲，不愧为江南绝险，遂以原来邑中名臣胡宗宪的题赞，命名"江南第一关"。

江南第一关关隘

1942年，大水冲毁了磨盘石里上岭处的一段河堤坝，以及水杨坑口的河堤桥梁，伏岭村人邵献斌当时是邵氏宗祠管事，他只身前往上海募捐，邵在雄、胡元堂、程克藩、邵一份等徽厨徽商老板，捐资两万两千多元。邵献斌返乡后组织劳力，及时整修两处路段，使得古道畅通无阻。

徽杭古道至今保存完好，其中少不了类似于"祝三路会"等公益性组织经常性主事养护之功劳。"祝三路会"始于清末。早先每年农历十月十五日（称"十月半"，又谓"鬼节"），由村中做佛事"放门闩"①人家牵头，邀集村民上逍遥岩祭拜山神野鬼，同时自带工具维修破损道路。年复一年，

---

① "放门闩"一般称"放蒙山"或"放门山"，是一种佛事活动的称谓。请一村人吃席即吃蒙山酒，只是这一佛事活动的一部分，主要还是请和尚主持一场规模较大的佛事祈祷活动，以还愿、赎罪。至深夜结束佛事活动，派人将供佛的米饭、豆腐加水盛于小水桶，到村外四处路口，沿途点施，直到三里之外，将"度孤饭"施舍给各地孤魂野鬼，以保主人一家安宁，称之"度孤"。

遂约定俗成，而为"路会"。"祝三路会"每年推选会首两人值年管事，负责筹措资金，发动会员和村民于"十月半"上逍遥岩栈道义务养护维修。此举措沿袭至今，已历百年，成了富有生命力的群众性、公益性民间义务修路习俗，蔚然成风，熏陶和激励着世世代代的邵氏族人。

古道石林

伏岭及周边乡亲们历经艰辛，坚持不懈，终于在茫茫群山、悬崖峭壁间修筑成一条通往沪杭的坦途。走进山外面的精彩世界，无限生机扑面而来，生活变得多姿多彩，自此，徽厨徽商们创造出一个又一个神话般的辉煌成就。

古道茶亭

古时在徽州行旅，无论你走到哪个茶亭喝茶，都不需付茶资。因为徽州的茶亭是施茶的，从不收钱。建茶亭者是积德，开茶亭者以公益为业。建亭者大部分是绅士富商，开茶亭者为当地无田无地的农民。在这里，富人和穷人极和谐地形成了一幅恩泽世人的画卷。建亭者从不考虑"收回成本"，经营茶亭者依靠亭产或夏秋两季附近村民的施舍而维持生活，其乐融融。

伏岭境内的逍遥岩古道精华路段，有人们征服天险开凿的"江南第一关"，有绩溪最长最美的"纹川古廊桥"，还有那一座座大小各异的茶亭，就像明珠般镶嵌于这条曲折古道之上，虽已被历史湮没，淡出了世人的记忆，但捐建这些茶亭的富商仁人，他们的形象仍栩栩如生；他们积德行善的义举，仍激励着一代代的后人。

古道伏岭段从新桥始至永来（岭脚下）止，全长约二十公里，沿线有茶亭八座，路亭三座。起始是新桥村纹川桥东的"新桥茶亭"，始建于元至正年（1350），是纹川桥建好后，利用剩余资金而建的茶亭。《华阳邵氏宗谱》载：茶亭是纹川桥主要倡建人、伏岭中门邵邦巩领头兴建。资用未尽，又于桥东立一亭施茶。给腴田数亩，为久远计。桥东茶亭俗名"新桥茶亭"。茶亭有三个拱门，徽杭古道南北穿亭而过，西拱门外上几级石磴是纹川桥，直达伏岭村。亭分两部分：南部为茶亭，后为住房、厨房等设施；北为关帝庙。亭处三岔路口，南来北往的客商很多，关帝庙终年香烟缭绕，香火不断。新桥村程本有是最后的居亭施茶人。

穿过罗坑村，走完下塌顶，眼前就是木勺岭凹茶亭。木勺岭凹茶亭因亭前亭后有三口水塘，又叫"三眼塘茶亭"。茶亭三大间，庭亭式建筑，厨房、猪栏、厕所一应俱全。据茶亭的捐资善行者竹山村高永福第七代孙高跃海介绍，他祖上高永福年轻时穷困潦倒，全村无人看得起，过着食不果腹、衣不蔽体的生活。一天他实在饿得难受，想到卓溪外婆家讨点饭吃，结果被舅舅、舅妈的一顿数落抢白，受了一肚子气。他悻悻地往回走。走到半虹溪桥，实在走不动了，就倒在半虹溪桥山神庙里的神座下睡着了。他做了一个梦，梦见有一个神仙同他说："永福，你是个有福之人，不能再这样下去了，你应该走出去，才能发迹。"永福说："我这样子，能到哪里去呢？"神仙说："去扬州。"永福说："去扬州，我哪有盘缠？"神仙说："我神龛下有一只元宝，你可以当盘缠。"听得有元宝，永福突然有了精神，到神龛一摸，果有元宝一只。他兴奋地一口气跑回了家，把经过同老婆一说，老婆也觉得神奇，但她死活都不同意永福离开。这时永福出门的决心已定，坚持要走，最后老婆讲："你要走，我拦不住，请你借一斗米放到家中，不至于把我饿死。"永福借遍全村，只借得一升米，他灵机一动，把一升米放进倒扣的斗中，表面上是满满的一斗，骗过老婆，他踏上去扬州的路。历尽千辛万苦到了扬州，却找不到落脚之处，他只得在一家豆腐店的屋檐下栖身。最后，豆腐店的老板收留了他。因年轻，舍得力气，深得豆腐店夫妇的喜爱和信任。几年后，豆腐店老板夫妇回家省亲，把店托付于永福打理。谁知豆腐店老板夫妇这一去成了不归路，因家乡发生瘟疫，夫妇双双亡殁。留在扬州的豆腐店归永福继承。高永福继承豆腐店后，生意特别好，不到两年，原来的店房已不适合发展，永福决定把老店房推倒重盖。拆屋过程中，又在店房的屋基下挖出一缸黄金和银圆。从此，高永福成了腰缠万贯的富商。若干年后，永福已富得流油，这时他想回乡回报乡梓。他把店盘给他人，把财产换成了金银，因当时路途上时有盗贼出没，他把金银装进棺材里，假借扶柩回乡，把财产运回家。回乡后的第一件事就是重建半虹溪桥的山神庙，以感恩梦中的神仙指点。在虹溪村捐资建虹溪桥中，他捐资一半，因此，在卓溪到伏岭的半道上，在他重修的山神庙下，独资捐建的石拱桥，取名为"半虹溪桥"。然后到罗坑至竹山的半道"木勺岭凹"的地方建茶亭，并买田十亩，购山十亩作亭产，以永远施茶感恩上天的眷顾。该茶亭开始是竹山村高广山家居亭，后安前山村邵道荣家居住施茶。

过了虹溪桥，前面就是逍遥岩峡谷。峡谷口有一座单孔石拱桥，名为"江南第一桥"，因徽杭古道天险"江南第一关"而得名。江南第一桥北头有一座三个拱门的路亭，内置石凳供人歇息。路亭东、西、南三个拱门上方书有横额"从逍遥岩来"，东向门额书"路达徽宁"四字，指明穿亭过桥，踏上登源大道，可往徽州、宁国；西边拱门外有路，远通绩溪东南各乡，写的是"东南险要"，点出前方道路险要；南过桥进亭，折往东，径通江浙各地，额书"径通江浙"。题字端庄俊秀，内容紧贴实际，既起到了指示路途作用，又为路亭增加了文化底蕴。紧靠路亭后是一茶亭，因在逍遥岩口，故称"岩口亭"。

岩口亭始建于清光绪年间，修建岩口桥同时建了三间房屋和厨房，购置了几亩田地作亭产，给驻亭施茶者一家赖以营生。茶亭的厨房中间挖有土坑，四边用砖头和石头围成火塘，火塘里一年四季燃有炭火，一根铁链上挂着水壶，既可烧水，又能让旅人烤冷饭馃和干粮加热。火塘四周有四只矮凳，旅人围着火塘，边烤馃用餐，边天南海北、徽货海价地相互交流。靠墙的矮桌上放了一只大茶罐，木盖上有几只用竹子做成的小竹筒，竹筒上装有竹柄，便于旅人盛茶饮用。最后的居亭人家是鱼川村汪社元。

　　过了江南第一关，越过了天险"小心坡"，登过千余石级，古道的中段上是施茶亭。施茶亭，后倚高崖，前临峡谷，建有正屋三间为茶亭，西边建有厨房、厕所等。正屋前跨路建有路亭，东西拱门相通。亭内安有石凳，前亭柱上置固定的木凳。茶亭内设有茶桶、茶杯、桌凳，厨房设有火塘，以方便旅人歇息。山民淳朴，但不失智慧，在厨房后墙上打一个小洞，一根用毛竹对半破开的竹笕穿墙而过，利用山势的落差把山后甘甜的泉水通过竹笕一节一节地引进厨房的水缸和屋外的水坑，全亭用水不用挑，非常有特色。这种土法自来水虽土但实用。后期居亭人家是淳安人高田根。

　　离了施茶亭，过了"漏米隆"，在黄毛培有一座名垂青史的"一得亭"。乾隆《绩溪县志·乡善》记载："邵飞凰，字海清，汶川人，府学生，疏财乐善。雍正甲寅发蛟，石纹桥圮，首捐勷建。又逍遥岭路通浙江，四十里无烟火，建'一得亭'并房舍于中途，且嘱其子云彩置亭畔田三亩，永为施茶费。过者德之。""智者千虑，必有一失；愚者千虑，必有一得"。邵飞凰大智大德，却以愚人自谦，在徽杭古道上以一己之力，建了第一座生活设施和生产设施齐全的茶亭，自称是愚人做了一件小事，是"一得之愚"。飞凰公的"一得"建了一茶亭，使行人免口渴露宿之苦，惠及众人，是一座无字的功德碑，永得世人称颂。居亭的邵氏人家繁衍生息，在荒野的深山里，发展成今天欣欣向荣的黄毛培自然村，如璀璨的明珠，镶嵌在徽杭古道上。伏岭中门邵之富家族数代居亭，一直施茶到20世纪70年代。

从黄毛培去峡谷数里，越马头岭，到下雪堂，有邵飞凰等人集资建的"下雪堂茶亭"，世代由伏岭人经营。邵在贤一家在这里种山垦荒，与茶亭共生息，至今仍居住在这里。茶亭原有职能已淡化，而代之以"农家乐""旅游客栈"出现在这一古道上。

上雪堂茶亭是绩溪县海拔最高的茶亭，位于清凉峰蓝天凹下半里许，附近还有一座石拱路亭。茶亭系民国二十年（1931）徽商胡卓林等捐建。胡卓林，绩溪上庄人，文化名人胡适的近亲。他在上海经商期间，与胡适交往甚密，曾得到乡亲名人的支持援助，后开店办厂赚了钱，成了上庄村的商界巨擘。他常经徽杭古道往返上海，攀越荒无人烟的雪堂岭，无歇息饮茶之所，深感其苦，乃捐资设亭，以施茶恩泽旅人。红军在蓝天凹设防时，该茶亭又成了前方哨所。亭墙上还留有当年红军书写的"解除工农痛苦""打倒土豪劣绅"等宣传标语。该亭先是逍遥村叶家荣家居住，后由其舅舅家居住施茶。

徽杭古道岭脚下出村有一小桥，桥东为浙江，名为阳山，桥西为安徽，名为阴山，以桥为界。从岭脚下至马哨大石门镇的浙溪峡谷十五里无村落，栈岭位于中途称"里七外八"处，古时有栈岭关。栈岭西麓小溪旁皖境内有一茶亭，名"栈岭茶亭"，系古代绩溪旅外徽商所建。茶亭和附近山场均由绩溪人驻亭掌管。亭内有副楹联"一亭划分皖浙界，千年永系徽州情"，表述了茶亭地处皖浙分界的地理位置和旅外徽商的浓郁乡情。（邵光端）

二 做厨师 开徽馆

伏岭境内山重水复，大自然赐给百姓丰富的"美味"：石鸡、石耳、石斑鱼、竹笋、蕨菜、香椿、马蹄鳖、葛根等山珍野味。民众"以食为重"，乡风淳朴，"祭汪公"举办"赛琼碗"，乡宴盛行"九碗六"，"食味"由乡村进入城镇，由乡野进入大码头，乡厨变成徽厨大师，相继创造出许多著名徽菜：臭鳜鱼、毛豆腐、火腿焐冬笋、石耳炖鸡、竹笋炖老鸭、清蒸石鸡、红烧石斑鱼、豆腐肉圆等，享誉四方。

1.徽厨源流

由于当地"人众丁稠"，山多地少，"耕不足食"，乡民纷纷外出经商，父带子，娘舅带外甥，亲帮亲，邻帮邻。起初，因缺少本钱，只得拾起家中炒菜的手艺，以厨艺开设干巴面摊铺，兜售家乡面食小吃。积累资金后，办起了徽菜馆，俗称"吃面饭"，成为绩溪经商人群中的一支劲旅。

村民外出经商成功，激励了无数人走出大山"学本事赚钱，开饭店发财"。据调查，伏岭村人从事徽厨业，盛起于清末民国初，人员最集中的地方是上海，其次是苏杭，再次是抗战后的西南各地。清同治十一年（1872），邵培余在苏州阊门内泰伯庙桥头与人合股开设添和馆，成为伏岭人最早开设的一家旅外徽面馆。据不完全统计，从1872年邵培余开设添和馆算起，至1949年，伏岭村人在全国十一个省市经营徽馆140多家，平均每四户人家便开过一家徽馆，几乎家家都出过厨师。其中，在上海开办徽面馆、酒菜馆90多家；杭州、嘉兴、湖州、苏州等地开设徽馆20余家；汉口、南京、芜湖开设徽馆10多家；七七事变后，沦陷区的部分餐饮业向大西南转移，南迁沿途开设徽馆20多家。伏岭邵之惠先生曾撰文[①]："我县旅外徽菜馆经营者，以徽岭以南的大坑口村至胡家村一带居多，伏岭下村为最。新中国成立初期，伏岭下村才500来户人家，而先后在全国各地开办的徽馆就达120家，故被外界誉为'徽厨之乡'。"

1956年，上海为支援新兴城市发展饮食事业，徽馆除保留大富贵、一家春、大中国、大中华等四家外，新兴楼、大中华、鸿运楼、海华楼等分别北迁河南郑州、信阳，山西太原和甘肃兰州等地。此八家老徽馆，其中伏岭徽厨牵头出资并担任经理的就占五家（大富贵、一家春、大中华、鸿运楼、海华楼）。1989年，上海大富贵酒楼有限公司成立，管理层曾以伏岭人为主体的昔日老徽馆以崭新的面貌矗立在繁华的黄浦江畔。至2021年，

---

① 邵之惠:《徽厨之乡伏岭古镇》,方静主编:《绩溪徽学通讯》,2005年第3期。

大富贵再创辉煌，发展近50家连锁店，已成为沪上唯一的中华老字号徽帮菜馆。

纹川邵氏旅汉同仁新年联欢摄影留念（1949年）

新中国成立以来，伏岭徽厨以其一流的厨艺活跃在国务院机关事务管理局、驻外使领馆、首都各大宾馆饭店及大江南北，传承精美绝伦的徽菜文化。改革开放后，村人率先在南京开办徽馆二处，给年轻一代做出榜样，一花引来百花开。新一代地方文化学者开始徽菜理论研究，著书立说，为徽菜徽厨的发展提供理论支撑。2021年徽菜烹饪技艺被列入第五批国家级非物质文化遗产代表性项目名录。

2.重要徽馆名录①

上海徽馆名录

海华楼：经理邵金生，创办于清同治十二年（1873），地点浙江北路。此店当时为沪上之冠。

丹凤楼：经理邵运家，创办于清光绪七年（1881），地点老西门（今中华路）。

---

① 根据程本海、邵石友《绩溪面馆业的历史》（《微音》1924年第17、18合期）、《绩溪县志》（黄山书社1998年版）、《绩溪徽商》整理。

鼎新楼：经理郎士元，创办于清光绪十八年（1892），地点盆汤弄口。

聚元楼：经理邵华海，资本3100元，员工20人左右，创办于清光绪二十年（1894），地点福州路。

聚和园：经理邵华瑞，资本3200元，员工23～24人，创办于清光绪二十一年（1895），地点福州路。

聚贤楼：经理邵修三，创办于清光绪二十三年（1897），地点法大马路。

新天福园、九华园：清光绪二十七年（1901），邵家烈、邵之望等分别开设于大东门外和城隍庙口。

鼎丰园：清光绪二十八年（1902），张仲芳与邵之望开设于盆汤弄口。

复兴园：邵粤庭开设于民国元年（1912）。

聚乐园：邵在渊开设于民国元年（1912）。

民乐园酒楼：邵在雄开设于民国元年（1912）。

新民园：经理邵之园，资本6000元，员工27人，创办于民国元年（1912），地点小东门。

民乐园徽馆：经理邵在雄，资本4400元，员工30人左右，创办于民国四年（1915），地点英租界海宁路。

重华楼：经理邵增明，资本3000元，员工20人左右，创办于民国五年（1916），地点英租界海宁路。

同义园：经理邵长寿，资本1300元，员工17～18人，创办于民国六年（1917），地点闸北。

同春园：经理邵华瑞，资本2600元，员工20人左右，创办于民国七年（1918），地点北四川路。

同乐春：经理邵华瑞，资本6000元，员工20人左右，创办于民国十一年（1922），地点虹口。

民华楼：经理邵在雄，资本10000元，员工30余人，创办于民国十二年（1923），地点美界西华德路。

聚丰园：经理邵光远，资本1550元，员工20人左右，创办于民国八年

（1919），地点老闸桥。

三星楼：经理邵锦卿，资本2000元，员工20人左右，创办于民国九年（1920），地点南头三角场。

第一春：罗坑唐闵苟于民国九年（1920）开设于四马路（今福州路），16间门面，百余张桌，夜市宴席常有十几把胡琴唱堂会，每夜清理店堂时，电车票扫起一畚箕，为当时的上海徽馆之冠。

杏花春：经理邵凤岐，资本2400元，员工20人左右，创办于民国十年（1921），地点英界偷鸡桥。

万家春：经理邵华瑞，资本1600元，员工23～24人，创办于民国十二年（1923），地点新垃圾桥。

鸿运楼：经理邵运赏，资本6000元，员工20人左右，创办于民国十三年（1924），地点虹口。

民和楼：经理邵叔伟，资本5200元，员工20人左右，创办于民国十三年（1924），地点山西路唐家弄。

海国香：经理邵之云，资本6000元，员工30人左右，创办于民国十三年（1924），地点提篮桥。

虹江春：经理邵卅富，资本2800元，员工20人左右，创办于民国十三年（1924），地点虹口虹江路。

大中华：经理许灶云，伏岭上村人；创办于民国十九年（1930），地点凯德路，4层楼，1～3层经营，员工30多人。

万利酒楼：经理邵在渡，创办于民国二十六年（1937），地点麦琪路。3层楼，每层百余平方米，可开酒席6～10桌，员工30～40人。

大嘉福：经理邵仁卿，创办于民国二十七年（1938），地点提篮桥。

大富贵酒楼：民国二十九年（1940），邵之林、邵增仁等合资开设。原名徽州丹凤楼酒菜馆，位于老西门，扩大店面改名大富贵酒楼，三层楼房五间门面，员工近百人。

大富贵酒楼

大中楼：邵亦群，又名邵逸群，行名华骐，字华琪，集股创设大中楼酒店，地点爱多亚路。

一家春：邵华骊开设，地点万航渡路，2层楼10多张桌，最小的徽馆。

其萃楼、大中国菜馆：邵之桂、邵之友等独资或合股经营。

华平第一楼：老板邵华瑞。

福园酒楼：经理邵献武，地点小东门。

上海邵亦群门珍楼一瞥

国内其余各地徽馆名录

添和馆：经理邵培余，清同治十一年（1872），在苏州阊门内泰伯庙桥头，与人合股开设。为伏岭人开设最早的一家旅外徽面馆。

振兴馆：同治十三年（1874），邵和佬开设于杭州新宫桥。

武昌酒楼：原名大中华酒菜馆，民国二年（1913），章本桃邀股，创办于武昌彭刘杨路，2层楼房。

新兴楼、大中华：民国初年，邵盛木、邵在寿等开设于武汉。

添和馆：民国九年（1920），邵运家开设于浙江孝丰递铺镇，时有职工10人。

一家春：民国十五年（1926），伏岭人开设于杭州武林门。

都匀徽菜馆：民国十八年（1929），邵之庭开设于贵州都匀，为西南徽馆创办之始。

新苏大酒店：经理邵天民，创办于民国二十四年（1935），开设于南京。

上海新苏饭店：民国二十八年（1939），邵天民抗战时期率先开办于湖南衡阳。

大鸿楼：民国三十年（1941），邵炳凤开设于广西南丹六寨。

上海新苏饭店：民国三十年（1941），邵天民开设于广西柳州小南路。

友记徽菜馆：民国三十二年（1943），邵天民开设于广西柳州。

大中国：民国三十二年（1943），邵培道开办于云南沾益。

菜根香：民国三十三年（1944），邵天民开设于广西桂林火药街。

大中华酒楼

别有天地菜馆：邵福德开设于南京。

新上海、大上海、中央大酒楼：邵华泽、邵之琪、邵培柱先后在汉口、武昌创办。

国外徽馆名录

20世纪20年代，邵运茂领班携眷开设徽面馆于印度尼西亚的苏门答腊。

民国早期上海徽馆之经营管理调查（节选）[①]

考沪地徽馆，其先，不过小本营生，如卖面及简单之饭菜等。近数年来，竟能烹调京苏大菜及宴席等，未始非徽馆之一大进步。器具及陈设等，类多趋时，内中著名者，竟能与鼎鼎大名之京苏菜馆，并驾齐驱焉。但大多数亦不开通，专好守旧，座位狭窄，招待不周，以致营业无大进步，近年多有失败者。期望及早觉悟，设法改良，以免将来有淘汰之虞。

查沪地徽馆现有70余家，人数约2000余人。发达之迅速，实属可惊。惟经济方面，因资本短少，不免仍时现恐慌；除几家老店已积有富厚的基金外，其余均属近年新开，徽馆惯例，开张期内，必须放盘，所以糜费极巨，甚有因此而耗去资本之半数者！近年生意清淡，利息微薄，大伤元气。每有略受打击而即朝不保夕者，长此以往，前途隐忧，何堪设想？窃思徽馆与徽人有密切之关系，盖为2000余同乡生计所关，是兴是败，不特馆业本身与有休戚，而与乡里大体生活问题，亦有莫大之影响焉。际此商业竞争之际，无论为店东，为店伙，格外宜同心协力，互相合作；非然者，竹篱破，狗来挣，徽馆之失败，将亦因此而加甚焉。

徽馆之组织，亦颇能有条不紊，兹将内部大体情形，分条叙述于左：

（一）经理一人：司一切重要事宜，及伙友之用舍，责任极重。

---

① 选自程本海、邵石友：《绩溪面馆业的历史》，原载《徽音》1924年第17、18合期，《绩溪徽学通讯》第30期转载。

（二）司账一人：专司进出账目，责任亦非轻，一店之胜败，身实系之。

（三）堂簿一人：司送出酒菜之账目，由其负责。

（四）炒小吃二人：（炒菜者，谓之小吃司夫）一正一副，店小者，每多不用副炒。

（五）副刀一人：职□司菜，凡一切小菜，均由其配出。任是职者，须年轻体强，耳聪心静，且须具有迅速之手段，及极强之记忆力，不然，不免时有错误。

（六）冲锅一人：（煮面者，谓之冲锅司夫）司煮面及切盖面之肉片火腿等。

（七）三刀一人：职司各种零星切物，如切笋、切肉丝、切火腿等。

（八）交头一人：职司一切面上之交头菜。

（九）二炉一人：司烧面及治汤水。

（十）学生若干人：司送出及零星杂事，如烧煤炉、杀鸡、杀鸭、杀鱼等。各司一职，人数视店内之大小而定，柜上之学生，尚不在内。——我们写到这段，想起他们的生活状况确是一个重大问题！可怜他们都在十三四岁离开家乡到上海来学习生意了，在家既未受充分教育，进店又无机会补受教育，过那黑暗生活，所以我们觉得有速办义务学校之必要！这层将于下文详论之。

（十一）堂倌若干人：额数视店之大小而定。其职务，为招待楼上之吃客。

（十二）进货一人：凡日用鱼虾等物，每晨由所谓进货者购之。其责任亦甚重要，故每多由店内之要人兼之；尚有打面者，烧饭者，普通人都能知之，无细述之必要。

店内定章每月有四回荤期，每期每人洋五分。每日每人小菜二十文。又有所谓小伙，此种小伙五日分一回，由虾脑，鱼肚肠，卖面头，鸭毛，鸡骨，鸭肠，鸡肠，并卖血汤得来者。除堂倌及新进店未及一月之学生外，均有一股。进货者，亦有一股，谁兼之，谁得之。小伙之多少，亦随店之大小而差异，最优者，每股每月能得五元余。

堂倌之薪资，亦五日一分，谓之分堂彩。我们以为此举宜速改革，盖为堂倌者，多属血气未定之少年，对于积蓄一道，从未梦及，故每有早上拿钱，日中用尽者。馆业中有俗语云："五日工钱，一次输塌，信客一到，就要急煞。"堂倌之态度，于此可见一斑。深愿负有徽馆重要之责者，思有以补救之。

三 徽厨谱 群英聚①

1.清末民国时期伏岭一带从事徽厨业人员名录

当手（经理，53人）：邵培余、邵培道、邵培柱、邵培成、邵金生、邵华骐、邵华骝、邵华海、邵华瑞、邵华泽、邵光远、邵长寿、邵家烈、邵裕义、邵裕梓、邵修三、邵献武、邵福德、邵仁卿、邵之林、邵之庭、邵之镇、邵开富、邵之望、邵之园、邵之云、邵之桂、邵之友、邵之曜、邵之琪、邵之铎、邵在雄、邵在渊、邵在渡、邵在湖、邵在寿、邵在柏、邵在茂、邵炳凤、邵运赏、邵运茂、邵运家、邵运谦、邵开岩、邵寿根、邵增明、邵增仁、邵凤岐、邵和佬、邵天民、邵盛木、邵锦卿、许灶云。

账房（22人）：邵得书、邵华羽、邵华门、邵华比、邵华林、邵培琦、邵在熙、邵林海、邵观华、邵宗俊、邵林贤、邵石友、邵盛申、邵盛根、邵盛禄、邵盛戍、邵之雨、邵云利、许家华、程普谦、胡德祥、汪仲明。

厨师（125人）：邵裕生、邵裕富、邵裕松、邵海琪、邵佛元、邵尚友、邵仲书、邵仲义、邵培美、邵培通、邵培林、邵培堃、邵社锦、邵渭南、邵光彦、邵茂元、邵辉权、邵华桃、邵华林、邵华成、邵华德、邵华成、邵华山、邵金宝、邵观来、邵观文、邵观模、邵观烈、邵观友、邵观光、邵观根、邵观善、邵观茂、邵观光、邵观道、邵灶年、邵灶全、邵灶成、

---

① 根据《绩溪面馆业的历史》《绩溪县志》《绩溪徽商》及调查资料整理。

邵灶苟、邵灶家、邵灶雄、邵名富、邵名旺、邵运谦、邵在维、邵在永、
邵在云、邵在荣、邵在文、邵在杭、邵在柏、邵在宪、邵在礼、邵在湖、
邵在实、邵在亮、邵在腊、邵在文、邵在良、邵在孝、邵宗伟、邵名洪、
邵名旺、邵名雄、邵之璧、邵之谦、邵之俊、邵之雄、邵之坝、邵之立、
邵之吉、邵之舟、邵之霍、邵之锦、邵之佳、邵之科、邵之七、邵之旦、
邵之景、邵之宝、邵之利、邵树昃、邵炳凤、邵盛其、邵盛大、邵盛申、
邵盛棠、邵法炳、邵云华、邵增庆、邵凤岐、邵元海、邵元康、邵炳国、
邵林贤、邵萍友、邵忠善、邵聚寿、邵顺德、邵家玉、邵宪泰、邵有德、
邵德祥、邵道尊、邵炳法、邵吉年、邵耀炯、邵祥生、邵增亮、邵增善、
邵社庭、许佛如、许家福、许家荣、许佛来、许家如、许家鼎、许大根、
成海棠、程本法、程德法、程敬安、程敬德、程观贤、章恒年。

2.徽厨业抗战志士名录

抗战爆发，国难当头，徽厨中的一些热血青年，"投匕从戎"，站出来
英勇奔赴抗日前线。徽厨中涌现出一批抗日志士：

邵华林，西南徽馆学厨时坚持学习文化知识，后考入黄埔军校十六期，
成为抗日志士。

邵华山，少年时在衡阳学厨，目睹日机炸死店东店伙计11人，毅然参
军，在美国志愿援华航空队"飞虎队"驻地巫家坝机场警卫营当兵。日寇
投降，偕兄往南京重操厨业。1950年又参加人民解放军，1953年1月入朝
参战。

邵海琪，少年时赴西南学厨谋生，抗战爆发，参加陈立人将军领导的
远征军入缅作战，因身怀厨艺，在战地医院值厨，在与美、英盟军伤员的
交往中学会英语。改革开放初期，被黄山景区一宾馆聘为主厨兼翻译。

邵之林，抗日战争与解放战争期间，在上海开设多家徽馆，冒着生命
危险，与其他徽商一起，捐资购买大量西药品和卫生用品运往绩溪，支持
家乡新四军皖南游击队开展革命斗争。

3.新中国成立后的伏岭名厨

在首都各大宾馆、饭店担任厨师的有：北京友谊宾馆邵之毕、京西宾馆邵顺堂、民族饭店邵名宏、北京饭店许福来、解放军原总后勤部邵盛禄。

邵在维、邵观茂等人在武昌中华酒楼（伏岭人开办80多年的徽馆老店，素以烹饪鱼肴而闻名遐迩）担任厨师。1956年为到武汉视察的毛主席烹制"武昌鱼"等鱼中珍馐。1958年中国共产党在武昌召开八届六中全会期间，邵之雄曾参加值厨服务。

邵华成，特一级厨师，在上海百年徽馆老店大富贵工作，担任后厨总管，烹饪技艺高超，连续多年获奖，其特色菜葡萄鱼见载海外刊物。1980年，日本一位餐饮业人士手持菜单，找到上海黄浦区政府请求品尝曾吃过的徽菜。当时上海徽菜馆寥寥无几，会做正宗徽菜的厨师更是寥若晨星。区政府打听到大富贵酒楼的邵华成厨艺一流，就请他按照菜单制作，日本人吃后连声叫好，激动不已，并请邵师傅重做了"银芽山鸡""掌上明珠""杨梅圆子""沙地鲫鱼""凤还巢""火腿炖边笋"等徽菜，摄影制成画册在日本发行，广为传播。邵华成儿子茂高、茂社、茂德秉承父业，成为徽厨世家。

邵之俊，小学文化，14岁随伯父邵在荣到上海大富贵酒楼当学徒，1972年在上海梅珑镇酒家任主厨，被外交部选送驻英国大使馆工作6年；1979年又赴阿尔巴尼亚、苏联、罗马尼亚、南斯拉夫等国大使馆工作，曾为出国访问的国家领导人值厨。儿子邵名放，在原南京军区空军司令部某宾馆任主厨；儿子邵名勇，梅珑镇酒家主厨，夺得过上海烹调比赛金牌和全国烹饪比赛金牌。

程本法，1978年被派往驻阿富汗使馆任厨师，1979年30周年国庆招待宴会上，各国使节品尝了其烹制考究、色泽金黄、香气诱人的绩溪小吃"香椿挞粿"，纷纷赞不绝口。之后，他还在驻朝鲜使馆担任过厨师。

邵盛泽先后任驻德国、驻朝鲜使馆厨师。

许庭兵任驻阿尔巴尼亚使馆厨师。

许建田任安徽省委招待所九狮苑特级厨师，并任总经理。

邵培美任山西省太原市委招待所特级厨师。

邵名洪、邵灶苟被长沙386医院招工，分别担任厨师长、主厨。

邵盛根、邵之坝被黟县县委、县政府聘为食堂主厨。

邵佛元、徐裕天、邵观根、邵之立、邵茂德、邵观来、邵之吉、邵灶年、邵尚友等分别被屯溪京剧团、祁门驻军司令部、太平县宾馆、上海后方基地光辉厂、孔林蚕场等单位聘请或招工担任厨师。20世纪60—70年代，黄山风景区的宾馆、餐馆伏岭厨师、主厨较多；屯溪机关食堂的炊事员，大部分是伏岭人。

邵之琪，既通晓厨艺，又擅长"当手""账房"行当。新中国成立前夕从上海转武汉，新中国成立后任硚口区副食品公司会计。20世纪60年代，时任商业部部长姚依林到武汉调研，深入基层，亲自到菜市场买菜，与邵之琪同吃、同住、同劳动达半年之久，二人结下深厚友谊，留下一段佳话。

4.改革开放后的伏岭名厨

十一届三中全会后，国家实行改革开放，旅外徽馆业重展雄姿：

邵名琅率先在南京开徽馆两处（长江路徽菜馆，4张桌；邓府巷的徽州人家，两层楼，10多张桌）；1985年后，唐金发、邵在宪、邵川辉等陆续在北京、南京、镇江一带开设徽菜馆、黄山酒家、徽天酒店及酸菜鱼馆等；一些在餐饮行业工作的老职工，退休后让子女"顶职"，年轻一代纷纷进入餐饮行业，继承和弘扬前辈传下的非物质文化遗产。

四 爱厨业 做真人

1.徽馆世家邵培余

邵培余，国学生，清同治十一年（1872），在苏州阊门内泰伯庙桥头，与人合股开设添和馆。这是伏岭人开设最早的一家旅外徽面馆。他在苏州站稳脚跟，迅速在家乡产生了极大反响，沾亲带故者纷纷入伙。继邵培余之后，邵之曜、邵寿根、邵之望、邵灶家等为"舵手"（即经理，亦称"当手"）的丹凤楼、六宜楼、怡和园、畅乐园、添新楼等徽馆相继在苏州开业，苏州成为伏岭邵氏外出谋生的第一块根据地。

邵培余子邵光权（字修三，法政学堂优等生毕业），继承父业，于清光绪二十三年（1897），在上海法大马路创办聚贤楼，为伏岭人在沪开设的第五家徽馆。孙邵华骐（字亦群，光权长子）职业是中医师，主治内外科，尤精于伤寒、喘咳调理等症。他投股大中楼酒菜馆，并通过《新闻报》记者宣传，京剧泰斗梅兰芳前往捧场，使该店"砂锅馄饨鸭""徽州挞粿"一时成为沪上美味佳肴。邵华骐乐善好施，经常为穷人义诊。徽宁旅沪同乡会成立后，他担任理事。同乡会筹建徽宁医院，设临时诊所，邵华骐常去义诊。邵培余孙邵华骝（邵光权次子）在上海万航渡路开设"一家春"徽菜馆，一家祖孙三代人共同投身徽馆业。

2.徽菜"和菜"销售模式创立者邵在雄

民国年间，伏岭邵在雄是上海滩徽馆业中的风云人物，也是伏岭徽馆业中的领军之人，他创立了徽菜"和菜"销售模式，被誉为"徽厨巨子"。

邵在雄父邵运祝，在家务农，生三子，长子在寿，次子在仁，三子在雄。在雄，字叔伟，生于光绪十三年（1887），卒于民国三十五年（1946），他聪明过人，胆略超群，民国时期在上海经商很有名气，成为当时上海滩赫赫有名、富甲一方的人物。

邵在雄十几岁出门学生意，到湖村大姐夫（邵宝兰之夫）在湖州开的面馆店当学徒。学徒期间被该店厨房的小席师傅用炒菜铁勺把后背打破，后发炎糜烂，他二哥邵在仁（字灶元）闻讯后赶往湖州和其姐夫理论。其姐夫出言不逊，说吃不起苦就不要出门学艺。在仁大在雄六岁，刚20出头，身高一米八，身高力大，脾气耿直暴躁，当下就脱去长衫，要打姐夫，并说天下又不是他一人开店，就带上在雄回伏岭养伤。结果坏事变好事，这件事促成了在雄少年立下宏愿，一定要奋发图强、出人头地，要发财当老板，要超过姐夫。

后邵在雄经人介绍到上海一饭馆学厨，他决心要混出个样子来。该店老板夫妇膝下无儿无女，见他勤劳刻苦，埋头苦干，努力钻研厨艺，很讨人喜欢，几年后老板去世，老板娘就把饭店全权托付于他。邵在雄从此踏上了经商之路。由于技术精湛，经营有方，他先后在上海开办了多家徽菜馆。最先开办的是位于四马路（今福州路）的老民乐园酒楼。福州路是当时著名的文化街，是文人墨客、达官贵人聚餐之处。该店为四层建筑，一至三楼是营业场所，四楼是邵在雄一家的住房。因地处跑马厅（今人民广场，上海市政府所在地），毗邻南京东路，十分热闹，是黄金地段，生意十分兴隆，邵在雄因此发了财，挣了第一桶金。

民国四年（1915），邵在雄在上海英租界海宁路创办民乐园徽馆；民国十二年（1923），在上海福州路上（原四马路）创办民华楼；民国十三年（1924），创办民和楼。他先后创办、参股沪上徽菜馆40多家，伏岭近一半在沪的徽菜馆都有他的股份。邵在雄业精于勤，在徽馆营销中又创新了一套"和菜"销售模式。"和菜"按现代人的说法即"套餐"，将菜肴按不同需求和档次分几个等级，有素，有荤，有冷盆，有汤，有主食。它适合几个朋友或一家儿口人聚餐，价格比宴席和点菜便宜，量也适宜，既实惠又方便，不浪费。一经推出，深受普通市民的欢迎。

邵在雄和其他徽商一样，经商致富不忘家乡，为修筑伏岭通往浙江的徽杭古道捐银洋九百元；投资同文小学，担任过名誉校长。民国十八年（1929），带头捐资并主持兴建了伏岭村竹马坦最后一个祠堂——怡敬堂，他一人出资一半，为后世族人所赞誉。1946年，邵在雄曾与同为邵氏的增仁、在聪、光照、盛泉、洪国、在彭等人筹备续修邵氏宗谱，亲为理事长。他生前已修好草谱，由上海商务印书馆印刷，准备装订时，恰逢战事纷乱，事未成，谱稿也不慎遗失（现上海图书馆还保存部分原草稿件），终成憾事。

徽商邵在雄故居门楼

他在家乡四分祠的东院门外买田，修建了伏岭村数一数二的豪华大宅：大三间铁钉大门，大门墙上的砖雕不亚于天下第一门楼巷（湖村），迄今尚存。该宅东向铺就了50米的石板路，如今是伏岭村最原始、最完整、最整洁的石板路。20世纪50年代末，绩溪县在伏岭成立了徽剧团，驻点就在邵在雄的豪宅内，吃、住、学艺、练功、排练都能容纳得下。

邵在雄生十一子二女：原配高花（夏）菊，本乡竹山村人，育有四子一女，之成、之隆、之吉、福体（女）、之俊。先妻去世后，续娶上海梨里人陈翠贞，育有七子一女，之沪、之申、之江、之英、之嘉、秋凤（女）、之民（早殇）、之迴。

3. 创下绩溪人三个第一的邵之林

邵之林（1910—2001），伏岭中门四分克让公派二十五世孙。他为人笃实厚道，胆识过人，谨悫存诚，多行义举，疏散出尘。8岁入私塾，读四书五经。14岁时，其父托信客将他及小他一岁的弟弟之庭带到上海，在其叔父邵在雄开设于四马路的老民乐园酒楼当"小先生"账房做学徒。三年学徒期满，升为写堂簿。后，叔父见其能干，业务精进，调其到东新桥东南楼菜馆任账房，担任会计结算。

邵之林不满足于现状，一心一意想创造自己的一番事业。19岁接手鸿运楼菜馆，担任经理，成为当时沪上最年轻也是出道最早的徽馆老板。该店有五间门面，三层楼房。一、二楼为营业厅，二楼设2间包间，1间新娘化妆房。二楼包间内挂置着木刻的胡适先生手书白话楹联：上联"种瓜得瓜，种豆得豆"，下联"跟好学好，跟衰学衰"。三楼设有点心间、卫生间，及店员宿舍、晒台等。一、二楼同时可开宴席80桌。逾16年后，邵之林又买断鸿运楼所有股权，独立经营。时任北京大学文学院院长、上海公学校校长的胡适先生，又为鸿运楼酒楼题了一副楹联，上联"来来去去，吃吃喝喝"，下联"说说笑笑，讲讲谈谈"，置挂于二楼西厢客厅。楹联虽是白话，但真实地反映了亲朋挚友在酒楼就餐的情景，大道至简，通俗易懂，成为酒楼楹联的经典。胡适先生的楹联为鸿运楼添色不少，吸引了许多文人墨客争相前来欣赏用餐。

1931年，经邵之林发起，邀许树滋、许彭山、胡元堂、程定安、王纪福等人在卡德路245号（今石门二路）开设沪西大中华菜馆，邵之林任副经理。1933年，当时老西门城内复兴中路一带尚有一些宅基地未曾开发，邵之林即与徽馆同仁商议，拟在城内再开一爿徽馆，得到了胡元堂、邵仁卿等人的赞同。由于所选地基面积较大，投资太大，他又联系宁波商人许麟兴商量合作，亦获得支持。于是徽甬两帮商人强强联手，以20年租期，租赁复兴东路979号宅基地，兴建了绩溪人旅沪130余家菜馆业中唯一一家自己建筑的大酒店。该店总投资3.6万银元，徽甬两帮各半，共设董事会，12位董事各出资3000元。该店1932年夏动工兴建，次年10月竣工开业。这幢钢筋混凝土结构的酒菜馆共有六间门面，四层楼，六进立深，店外设一大块广场，可停小卧车和黄包车。外观徽派风格，雕梁画栋，长廊望街，宫灯高悬，古朴典雅。这在当时洋建筑遍地的上海滩，特别是在旧上海老城区，可谓徽风国韵，鹤立鸡群。该店一、二层有大宴席厅4个，二、三层共有包厢24间，全店可同时开席160桌。另有休息厅、会客厅4间，化妆室2间。包厢和宴席厅内的桌椅皆红木材料制作，用太湖石嵌台面，庄重美观；楼梯为铁制扶手，台阶铺有铜条，金光闪亮。"大全福酒菜馆"石刻店面招牌，为时任上海市市长于右任所题。该店由甬帮许麟兴任总经理，徽帮邵之林任经理，授权负责全店经营。甬帮许彭山任副经理，徽帮邵仁卿任主厨。店内设总柜1间，柜设2名账房先生，两帮各开菜单，财务分开核算。全店拥有员工160余人，两帮各约80人，并设门警2人。该店一开业，便在上海引起了轰动，当地各大报刊争相报道，称"大全福为沪上新崛起的徽甬联邦大菜馆"，"徽甬联姻，沪上饮食市场再唱重头戏"，等等。上海市的达官显贵、社会名流接踵光顾，将大全福推到了至高的位置。当时同样一菜，该店要比老西门徽馆价格高一倍多，其他徽馆宴席12～14元（大洋）一桌，大全福每桌高达32元（大洋）。大全福一时成了徽帮菜馆的龙头店。1950年1月，大全福总股数55股，每股60万元（旧币），邵之林34股，占比超过61%。

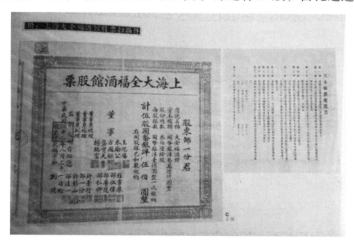

上海大全福酒馆股票

　　1936年，邵之林与邵仁卿、汪金奎、邵之庭、胡元堂、许树滋、刘子余等人以一万元租赁虹口东熙华德路869号鸿兴房产公司街面房，合资开设大嘉福酒菜馆，邵之林任董事长，邵仁卿任经理。该店三层，八间门面，四进立深，共有宴席大厅2个，包厢12个，可同时开席60桌。1940年，邵之林又牵头与朱励公（上海青浦朱家角人）、邵增仁、邵在雄、胡元堂、许树滋、朱德山、刘子余等，于南市区老西门中华路1459号丹凤楼老店址改设大富贵酒楼，邵之林任董事长，邵增仁任经理。该店成为上海市政府授予"百年老字号"的金牌老徽菜馆。

邵之林自小出门学生意，先后在沪晋两地从事徽馆业长达半世纪之久，他为人忠实厚道，办事恪守信誉，穷其一生悉心研究徽馆业的经营之道，为绩溪人在上海烹饪界争得一席之地作出了一定的贡献。邵之林在沪徽馆业叱咤风云30余年，创下了绩溪人的三个第一：第一个最年轻的老板，年仅19岁就接办了鸿运楼菜馆；第一个与外帮合资经营的绩溪人，与甬邦合资建造、经营大全福酒菜馆；创办了徽帮菜馆中第一家被上海市政府授予"百年老字号"金字招牌的大富贵酒楼。1929—1949年，他先后任多家徽菜馆的董首，上海市130余家徽菜馆同业公会会长。新中国成立后，他担任上海市酒菜同业工会理事和委员，上海市南市区饮食业同业工会主任委员等职。1956年，他积极响应国家号召，带头把自己创办的鸿运楼菜馆举店迁往山西太原，改名"上海饭店"，担任业务经理。

邵之林为人处世奉行"厚道通天地，诚意达三江，严于律己，宽以待人，做事要稳重，待人要忠厚，要取信于人，要立上等愿，结中等缘，享下等福"，享有"布衣老板"的雅称。他胸襟坦荡，宽宏大度，在经营鸿运楼菜馆时，每天都要常备一两桌免费饭菜，供上海的绩溪老乡就餐（俗称"吃皮饭"）；他孝悌仁爱，兄友弟恭。他不仅承担大家庭中一切开支，还让两个弟弟投资入股自己开的菜馆，让他们在老家拿薪金，年终分红；让二弟邵之庭挂鸿运楼经理之职，为了让三弟邵之铎在老家能安心侍奉父母，特在老家虹溪桥盘下"德新春"商店，让其经营。

新中国成立后，邵之林退休在家颐养天年，2001年去世，享年91岁。

4.邵仁卿承继祖业创办"大嘉福"[①]

邵仁卿（1903—1993），字志安，行名在应，出生于徽商世家。少时读

---

① 节选自阿丰撰：《邵仁卿》，邵之惠主编：《绩溪徽商》第1辑，内部资料，2002年。

完3年私塾，12岁随父去浙江安吉递铺义和馆徽馆当学徒。苦学了3年厨师后回村。民国八年（1919）十月，随信客到上海老西门第一春菜馆做下手，不久做三刀（切菜）；之后到丹凤楼做二炉（下面、烧汤水）。这两家馆店皆为绩溪人所开设，都是当时上海老西门一带规模较大的徽馆，生意竞争异常激烈。邵仁卿晚年回忆当年丹凤楼工作的紧张场面时说："开馆店都是想招揽生意，丹凤楼生意做得火，绝招无非是数量足、味道好，吃客满意。丹凤楼的徽面品种比第一春多，计有牛肉面、大排面、小排面、大肉面、爆鱼面、鳝丝面、杂酱面、虾仁面、火鸡面、三鲜面等20余种，用料十分讲究。每天食客盈门，楼上楼下三四十张桌常常爆满。每日打面及做菜用的面粉要十五六袋、猪三四头、火腿七八只、鱼百把斤，每天要忙到夜里九点钟，接着还要为次日生意做准备工作，有时要忙到东方发白，一晚只能睡两三个钟头。"激烈的市场竞争，紧张的烹饪工作，磨炼了邵仁卿。他说："这几年的烹调技艺，完全靠工作环境逼上去的。"第二年，根据工作需要，他改做冷墩，第三年擢为副刀，成为丹凤楼的烹饪骨干。

民国十八年（1929）夏，应邵之林之约，邵仁卿投入6股，出资540元，与邵之庭、邵之镇、程敬安、程敬德等人合股接办了老西门鸿运楼菜馆。该店下资本金9000元。邵仁卿担任副炒。开张后，店业持续兴旺，利润却很微薄。邵仁卿向经理邵之林提出四条建议：一、厨房要采取见条发货的办法；二、要在降低本钱上立章程；三、把住"出行"（即采购）关；四、逐日核对账目，随时分析经营情况。由于鸿运楼采纳了他的建议，改变了"白口叫菜""白口报账"的模式，建立核算制度，加强财务管理，堵塞了漏洞，降低了成本，增加了盈利，股东分红也大幅增加。为此，股东一致赞成年终给邵仁卿增加一股分红。

民国二十一年（1932），由邵之林与宁波商人许麟兴发起，于上海老西门城内关帝庙创办徽宁两帮的联手店——大全福酒菜馆。仁卿积极响应，从择地立约，到基建开办，参与大全福的筹备工作全过程。董事会决定，除了邵仁卿自己投入的1000元外，另赠他干股（技术股）2000元，安排其为大全福12位董事之一，并全权负责大全福的徽帮馆业务。这样，他从鸿运楼调出，出任大全福的徽帮馆主厨。这爿徽、浙两帮合办的菜馆开张后，盛名传扬于当时的上海饮食市场。邵仁卿回忆道："馆店生意的好坏，一靠自家做，二靠吃客推。菜肴质量好，客人自然多；回头客一多，逼着菜馆要出新菜，出新招。生意不好，有心事；生意好了，也有心事。主厨大全福时，白日劳累了一天，夜晚也睡不好觉，要考虑如何翻新菜（即菜肴创新），如何与宁波帮拼生意。'三天无新菜，客人减一半'。"当时，大全福的烹饪工作在邵仁卿的主持下，大搞传统徽菜的创新。他拟定了几条菜肴"翻新"的路子：一是改良家乡土菜；二是借鉴外帮名菜进行改制，为我所用；三是从西点中吸取营养。于是，金银蹄鸡、掌上明珠、金凤卧雪、八戒踢球、三娘教子、鸿福无边、金钩玉牌、五色绣球等数十款新颖的徽菜一个个被推上餐桌；从北方涮羊肉中得到启示的各式菊花火锅应运而生；从日本三明治、德国汉堡包这些菜点结合的洋食品中研制而成的秋叶吐司、虾仁吐司、鸡茸吐司进入徽帮的宴席。菜以店贵，店以菜兴。大全福在以邵仁卿为首的一班徽厨的努力下，生意长盛不衰，股东也都获得了丰厚的回报。

民国二十五年（1936），邵仁卿与邵之林等人合力投入资金一万元，租赁上海虹口东熙华德路869号鸿兴房产公司的街面房，经修缮装潢后，开办大嘉福酒菜馆。邵仁卿又从大全福调出，出任该店经理。由于他出身徽厨，深谙徽馆经营的规律，勤于管理，既吸取鸿运楼的财务管理经验，又总结大全福徽菜不断"翻新"的成功经验，既营汤面、"和菜"，又承办宴席，使馆店业务顺利开展。在大嘉福期间，他陆续推出了诸如腐乳炸肉、三丝鸡卷、虾茸菇盒、蜜汁火方、剥皮大烤、卷菜秃肺、鸡粥鱼翅等热炒大菜，深受食客欢迎。

民国二十六年（1937）夏，抗日战争全面爆发，上海形势吃紧，店业无法维持。邵仁卿便带着妻室儿女返回故里。是年冬，由于国民党九师、十二师、十三师从前方退居伏岭，镇上士兵众多。邵仁卿以9元钱下本，开了一家"雪耻馆"（饭店）。民国二十七年（1938）秋，为躲避拉夫抓丁，邵仁卿复返上海。他从深渡上船，绕道至杭州、金华、兰溪，后转宁波，藏于运棉花的船舱中抵达上海，途中花去了31天。到上海后，见华界大嘉福酒菜馆的房子还在日本人手里，原来的八间门面，已经炸毁了三间，剩下五间成了日本海军陆战队的养鸡场，场面惨不忍睹。邵仁卿一面在邵凤岐经理的同华春菜馆做副刀，一面开始与日本人交涉。他每次去日本人那里，日本军官唐乙二都以"这是东洋人的地方，东洋人做生意大大的有，中国人做生意不可以的"等语相威胁，有时将马刀搁在他的脖子上，枪口顶在他的脑门上，都未使他惧怯。后又找到唐乙二常光顾的外虹桥玉香阁的姚老板出面斡旋，并拿出全部"派士"（房屋租赁手续），经十余次交涉，才使日本人撤出养鸡场，交出店屋。股东们又集资两三千元修复店舍，直至民国二十九年（1940）一月一日，大嘉福酒菜馆才正式复业。

邵仁卿在新中国成立前的20余年中，总计投股馆店达18家之多。

5.邵天民闯荡大西南[①]

邵天民（1904—1969），行名盛天。少时读私塾2年，12岁去上海同春园菜馆学厨艺，22岁担任菜馆店的账房先生。民国十八年（1929），受同乡之邀投股开办民乐园菜馆。民国二十四年（1935），赴南京与人合资开设首都新苏大酒店，任经理，不断推出徽菜的名菜名点，生意兴隆，为当地30多家徽馆的佼佼者。民国二十六年（1937），日军攻占南京，于是举店迁往武汉，冠新苏大酒店。

抗日战争全面爆发，上海、南京相继沦陷，邵天民和十几个同伴撤迁南下，从武汉三镇到衡阳、柳州，经过数年的艰苦奋斗，徽菜馆业开遍桂、黔、川、滇各省的20多个城市。在他的影响下，伏岭一带的老乡有数百人闯荡于大西南各地开办徽馆。那时沦陷区、国统区犬牙交错，战乱不断，交通不畅，他在各地相继开辟了生活就业通道，解决了许多人的生存问题。邵天民成了徽菜馆业中的一位传奇英雄人物，人们冠以美名"满天飞"。

1937年，京沪沦陷后，邵天民不愿在日寇的铁蹄下当"顺民"，就西迁

---

① 参考邵茂深：《伏岭邵天民闯荡大西南开徽馆的故事》，方静主编：《绩溪徽学通讯》，2009年第11期。

武汉，当时武汉三镇有徽菜馆十多家，生意惨淡。他前往衡阳探看情况，在市区走访一天，见菜馆业档次不高，认为是发展的好地方。第二天他在市中心的一家饭店与店老板聊起天来。他问对面房屋是否出租，价钱几何。见邵天民一身衣着考究，身穿呢制服、呢大衣，头戴貂皮帽，金丝眼镜、大英皮鞋，在衡阳街上这样的衣着很少见，店老板以为他是下江来的大老板，就很高兴地给他介绍，问他准备开什么店，他说开徽菜馆，店老板怕徽菜馆开业后会影响他的生意，就主动提出与他合伙。邵天民由于资金不足，老板提出的建议正中下怀。两人商议，店中所用的桌凳、盘碗等用具以及店屋装修由店老板负责，邵天民负责设计以及人员的召集。店名为上海新苏饭店，邵天民为经理，店老板为副经理。事情谈妥后，店老板负责店屋装修，邵天民回汉口召集人员一个月后开业。所租的店屋原来是个学校，非常宽敞，根据上海新苏饭店的格局，布置了几个餐厅，如小吃厅、宴席厅、茶座等。开业后生意非常红火，原来店内有20多人，后来增加到40多人。1938年下半年，情况突变，日寇逼近武汉，每天的火车、汽车都是满载着往西跑的逃难者，衡阳也不例外，一些殷实大户，都在准备西迁，一些商店开始停业。到了年底，衡阳街上的店面已有一半关门，上海新苏饭店也门可罗雀。邵天民心里非常着急，店中40多个员工都是绩溪老乡，其中大部分是伏岭人，他们跟随邵天民来到衡阳，现在饭店生意萧条，即将停业，这些员工往何处去？如果置之不顾，他们将流落客地异乡，实在是一大为难事。邵天民召集店中的员工，商讨对策，大家都没有好主意，最后邵天民告诉大家，饭店现在已无法维持，40多人坐吃山空不是个事，但又无好办法，只有解散，自找门路。大家都是绩溪人，如今客居几千里外的衡阳，举目无亲，必须互相照顾，同甘共苦，如果有人找到了出路，就召集大家重新创业。解散后大家准备奔往何处，都要留下地址以便联系。散伙前，发给每人盘缠及一个月的生活费用。

第二天是阴历的腊月初八，家乡这一天户户都要煮腊八粥。伏岭的风俗，每年过了腊八，就要排练剧目，准备庆祝元宵，一番热闹景象。而现在流落衡阳，明天奔往何处都无着落，两相比较大家感慨万千，邵天民心急如焚。这40多人都是他邀集而来，如今将要流落他乡，虽然是国难当头日寇侵略所致，但他还是感到非常愧疚。特别是两位老师傅，为人老实，不善言辞，他们能到哪里去找工作呢？一夜无眠，都在为第二天奔往何处忧虑。邵天民叫店伙煮了两锅腊八粥，不管怎样，吃了腊八粥，垫饱肚子再各奔东西。

凌晨两点钟左右，衡阳街上人声嘈杂，来了一批逃难的人，寻找饭店买饭吃。已是深夜时分，黑灯瞎火，只有上海新苏饭店灯火通明，熬煮的腊八粥，芳香诱人，难民们看到招牌是饭店，于是敲打店门。店伙问他们什么事情，难民回答，已一天没吃饭了，想买点吃的东西。店伙说店已停业，不做生意了，请他们到别处看看。这班逃难的人苦苦哀求说："现在是深夜了，漆黑一片找不到饭店，请老板和店伙做做好事，卖点吃的东西。"邵天民听了难民的话叫店伙把门打开，让他们进店。他向难民们打听前方战事。难民们说，日寇已逼近武汉，逃难的人不计其数，看到有车就往上爬，火车、汽车都挤得满满的。前一天，他们怕下车买东西吃后挤不上车，所以不敢下车，饿了一整天。邵天民考虑了一下说："好吧，今天我们也要和你们一样开始逃难，同是天涯沦落人，尽可能互相照顾。今天是腊月初八，我们煮了腊八粥，你们爱吃就买。"难民们千恩万谢，把两锅腊八粥吃得精光。

难民们走后，邵天民召集店员们开了个会。他提出了自己的想法，说："今天这两锅腊八粥给了我很大启发。第一，根据目前的形势，我们菜馆业人员有事可做，可以在交通要道、车站码头搞快餐、小吃，不仅方便了西撤的逃难人群，同时也解决了自己的生活问题。第二，在此困难时期，大家必须团结一致，同甘共苦，逃难是一件很不简单的事，必须要有计划。今天我们暂不解散，分成几个小组继续营业，衡阳可留一个小组搞快餐、小吃，必要时可上车站、码头去卖。其余的人跟我往西撤，沿途的城镇如果客流量大，就留下人来营业。如果日寇逼近或生意不好，你们可沿着我所走的路线往西撤，集中一起再作打算。"邵天民的一番话，给店员们指明了方向，大家非常高兴。邵天民又说："如果我在城市中能站稳脚跟，继续开饭店，我一定召集你们一起创业。"按照计划，一部分人跟着邵天民往广西方向出发，沿途又在客流量较大的地方分别留下几个小组做快餐、小吃，暂敷生活。

柳州是广西壮族自治区较大的城市，由于难民多，市面比较繁荣。邵天民到柳州后，首先了解菜馆业的情况，发现当地菜馆业的档次不高，认为是发展徽菜馆的好地方。但邵天民等人从衡阳到柳州路途一千余里，带的钱已基本用完，开菜馆无资金怎么办？这是摆在邵天民面前的一大难题。

当时西南各省，把沪、苏、浙、皖这一片的人统称为下江人，下江人都互称老乡，有一股乡亲的情谊。邵天民认为吸收下江人的资本来开办徽菜馆是一条可走之路。他在很短时间内，结交了几个上海人，这些人有资金，但无投资门路，听邵天民说开徽菜馆，要建成柳州市第一流的饭店，都认为可行，主动提出与他合伙。这样资金的问题解决了。邵天民开始定店址、修门面、置用具，筹办起来，同时发电报给衡阳及分散在各地的店伙齐来柳州。菜馆名称同衡阳一样，称为上海新苏饭店。两个多月后，新苏饭店开业了，门面非常漂亮，打着上海的标记，吸引着柳州的下江人，饭店的菜肴又很合下江人的口味，生意非常红火。

邵天民在柳州的新苏饭店生意稳定后，又了解到西南各省的餐饮业与京沪一带相比，要低一个档次，这给徽菜馆的发展带来一个有利的商机。他把店务妥善安排后，独自到桂林、南宁、贵阳、重庆、昆明等地去考察，认为有很大的发展空间。他回柳州后就筹措资金，召集人员准备到西南的几个大城市去发展。在这期间，他发电报回绩溪老家，告诉他在西南的发展情况，动员家中从事徽菜业的人员到大西南来。原来的徽菜馆在沦陷区居多，现在生意萧条，失业回家的人很多，接到邵天民的电报，大家非常高兴，纷纷前往大西南就业，单伏岭地区就有四五百人之多。邵天民对他所开设的菜馆有个规定，凡是徽州人到大西南来的，食宿都是无偿招待，能工作的就安排，不能安排的就发给路费让其继续前往下一站。这种支持乡亲们的做法，不仅解决了他们的困难，而且促使大西南的徽州人精诚团结。

抗日战争期间，徽菜馆业在西南各省发展很快。贵阳、重庆、昆明、桂林、南宁、独山、河池、都匀、金城江、曲靖等地都纷纷开设了徽菜馆，在当地的餐饮业中占有相当的地位。邵天民独资或合资开办的徽馆20多家，亲自担任13家徽馆总经理，如贵阳的远东餐厅，仅衡阳的新苏饭店就有餐厅32个，员工150多人，创餐饮业奇迹。饭店的设备可以说是当地餐饮业之冠，接待过许多名人及达官显贵。徐悲鸿在其店中一住3个月，临别时精心画了一幅《雄鸡图》相赠。邵茂深家隔壁有两个老人，一个叫邵社庭，一个叫邵华山，他们都曾在贵阳的远东餐厅工作过。邵华山那时只有17岁，他回忆说，他对徐悲鸿的印象非常深刻。徐对人非常和气，早上起床很迟，总要到九十点钟，这时早市已过，店中已不营业，早饭要自己打点。他和邵华山很亲近，总是叫"小邵，帮忙搞点早饭"，邵华山很勤快，总是有求必应，每天为他准备早饭。在那个年代，寄钱回家很难，徽菜馆业的人员收入不错，都有积蓄。邵天民就鼓励大家投资参股开店，把精力、资金投入事业上。

徽商邵亦民、邵天民老宅

当时在大西南的20个城市中，徽菜馆近30家，徽菜馆业发展得这么快，与邵天民的精心筹划及大家的艰苦奋斗是分不开的。至抗日战争胜利，绩溪到大西南从事徽菜馆业人员700多人，其中有许多人都当了老板。

邵天民是大西南徽馆的开拓者，他引领着绩溪人开创了徽菜馆业的新天下，闯出了徽州人的一条生存和发展的光辉之路。

6.绩溪人开设的上海大富贵酒楼

20世纪30年代，徽州人在上海开创了148家徽馆并存的辉煌历史。如今，这148家徽菜馆中仅存的大富贵酒楼（前身为丹凤楼），已有100多年的历史，是现今沪上历史最久、规模最大的老字号徽菜馆。

大富贵酒楼全体职工留影纪念（1925年）

1940年，邵之林、邵增仁等8人集资盘下丹凤楼全店资财，易名为大富贵酒楼，寓意"吉祥如意，荣华富贵"，重新组织经营。邵之林任董事长，邵增仁任经理，时有员工30余人。饭店为一挑廊式的三层建筑，五间门面，占地面积400平方米。该店易主之初，因各业萎缩，市面萧条，加之这一带为普通市民居住区，消费水平不高，营业只用了一、二层楼面，第三层出租。铺面以供应茶点、面食为主，二楼经营小吃及少量酒水筵席。营业不算兴旺，尚能勉强维持。经理邵增仁，伏岭人，14岁出门做学徒，到上海后改名为邵萍友。他虽只有小学文化，但肯钻研、能经营、会管理。首先，他用的厨师专门从湖州、嘉兴等地"觅宝"而来，都是烧菜考究、制作地道、颇有名气者。他想方设法从大加利酒楼"挖"来了名厨程宗善。程的技艺超群，因材施艺，善于翻制各式新品种，不断提高菜点质量，扩大了大富贵的影响。其次，通过各种方式，找人托关系、拉客源，并尽量满足顾客的需求。为了多做生意留住顾客，凡是客人点的菜肴，不论有无，都接受下来，没有的菜肴就到别的菜馆买回来。这样，既满足顾客需求，又可学到技艺。大富贵逐步形成以徽菜为主，并能做出其他地方风味菜肴的徽菜馆。

1943年，伏岭人胡永耀经同乡介绍，到大富贵做账房，直至1980年退休。他曾回忆：

> 我刚进去时，大富贵三层楼，一楼大厅可以摆40多桌，二楼有前楼、后楼，加上三楼，一共可以摆放100多桌。大富贵生意很好，里面一圈人坐着吃，外面站一圈人排队等候着。周边的一些单位，在大富贵定"和饭"，还有一些有钱人请酒楼师傅"送饭"，就是上门做菜。账房在三楼，我做会计，另有一位出纳，当时都是拆账工资。我23岁结婚，家眷都在老家，家里人就靠我这点工资维持生活。1945年抗战胜利后，上海各业开始复苏，市场出现繁荣局面，大富贵的生意愈加火爆起来。原来的面积和布局，已不能适应营业需求。1947年8月，大富贵增资改组，并收回出租的三楼，收购左邻铺面（中华路1465号）以扩大经营堂口，对店舍进行全面改造和装修，增加员工，扩大经营范围和服务项目。

经过改造后的大富贵面貌焕然一新，原来的砖木结构改为钢筋混凝土结构，五开间扩充为八开间，成为老西门一带规模最大的酒菜馆。餐厅从原来只能设40桌增加到一次可开宴席80桌，可同时接纳宾客800人，员工增加到80多人。酒席价（以法币计）也从每桌12～20元增加到16～30元。为招揽更多的生意，大富贵一天供应三个市头，早市供应各色面点，中、晚两市经营风味小吃，承办喜庆宴席，夜宵供应酒菜、点心，并开办电话预订和外送或上门加工等业务。二、三楼餐厅，堂口明亮，座位舒适，主要经营风味小吃和各类宴席。宴席高、中档均有，高档宴席提供高级雅座，餐具使用银杯、银盏、象牙筷。

大富贵成为与上海大中华、大中国、鸿运楼等齐名的徽馆，旺市的时候有员工200余人。一到开市，总是熙熙攘攘，嘉宾满座，除了本市的吃客外，还有许多客人远道慕名而来。据时人回忆，不管在上海的哪一个车站、码头乘坐三轮车，只要讲到老西门大富贵，师傅们都会径直将人送到店门口。

1956年年底，大富贵酒楼完成公私合营，先后易名为"延安饭店""安徽饭店""实验饭店"。20世纪70年代，实验饭店成为上海南首屈一指的厨师培训基地，被誉为"厨师的摇篮"。

五　伏岭味道

1.九碗六

明末清初，绩溪经商肇兴，特别是清末民国期间，岭南的徽馆业迅速发展。岭南登源一带的民间宴席，以伏岭一带"九碗六"最为著名。它是民间流水套菜，一般在婚寿吉庆之日或接待嘉宾贵客时设。"九碗六"数字之来由，谐意"九如三祝""六六大顺"等吉兆之言，以象征家庭旺盛，子姓蕃昌。

"九碗六"中的九碗菜肴，按传统惯例，依次是炒粉丝、海参子、肉皮、红烧大块肉、发包、三丁焖粉、笋片（或萝卜杂烩）、虾米汤、豆腐肉圆。六盘是瓜子、花生米、海蜇丝、米粉炒排骨、猪肝（或猪耳朵）、咸鸡蛋瓣。其中六样荤素菜肴可随季节、条件的变化而作出调整。这套菜的特点是用料普通，烹制方便，朴素实惠，其原料皆来自当地。"九碗六"的头盘加炖鸡（全鸡），谓之"上台鸡"，末碗加红烧全鱼，谓之"下台鱼"，"六盘"再加两盘水果（早年没有香蕉、苹果、柑橘，以削皮的甘蔗和荸荠代之），谓之"十碗八"。徽厨为了提高家乡饮食生活水平，将海产品（海参、虾米、海蜇皮等）带到家乡，提高了"十碗八"的菜肴档次。当地风俗，酒席上不上米饭，米粉管饱。焖粉，也称米粉，就是把加入八角、茴香的大米炒熟后磨成粉，再加上豆腐干丁、干笋丁和肉末，熬成较稠的糊。焖粉端上桌，满桌飘香，吃起来满嘴芳香。人们吃喜酒，席上必有焖粉。

"九碗六"是一般宴客宴席（低档的还有"六碗头"），然而自抗日战争爆发，由于种种原因，海味几乎绝迹。改革开放以后，随着市场经济的发展，百姓生活水平的提高，升级版的"十碗八"不仅成了"家常便饭"，而且其内容除了鸡、鱼、发包、红烧肉、炒米粉基本不变，瓜子、花生必不可少外，其余菜肴，好多人家大都罗列时鲜、美味之佳品，竞相组合，尽显主人之盛情。

九碗六宴席

伏岭还有一种独特的民俗盛宴——"祭狜琼碗"。每年正月初一，伏岭都要举行"舞狜请台"这种传统祈福镇灾的祭天神仪式。"狜"是祭天中迎请的天神，祭品有"五斋六菜"和"菜碗"。五斋，为香菇、木耳、笋干、青皮豆、山芋干、金针菜、白木耳等中的五种素菜干；六菜，为六种素食材的菜（素斋），用色釉碗盛装；菜碗，则多为山珍海味和时鲜，分108碗、216碗、360碗等，视当年值年的30岁同庚者人数和捐助者人数而定。一般一人奉供6碗或12碗，以八仙桌排列，以示祈福。礼毕，撤回家中继续奉祭天礼。

祭天仪式所展贡的"菜碗"为奉祀者创造了比拼烹技的绝好机会，由此而成良俗，成为展示族众烹饪技艺的平台。

2.伏岭饼

"逍遥茶，大鄣笋，荆州山核，伏岭饼"，脍炙人口的绩溪民谣道出了昔日"伏岭饼"响当当的名气，历久弥新，令人回味无穷。

饼是一个统称概念，意指糕点。伏岭传统著名糕点有盖头饼（空壳饼）、玉条、寸金糖、角豆糖、生滚糖、茭切片、糖枣（奶）、麻酥糖（顶市酥）、麻糖（冻米糖）、芙蓉糕、云片糕、绿豆糕、百子糕、麻饼、玫瑰酥、月饼（分水晶和麻仁）等。其中，以盖头饼即空壳饼较为独特，曾叫响徽岭南北。它是一种圆形、表面焦脆的糕点，比月饼略大，原料为面粉，两面沾点芝麻，放入炭炉中烘烤，烤熟后中心鼓起来，里面空心，一层薄薄的壳，闻起来很香，吃一口微微有点甜，很受孩子们喜爱。许多人的童年记忆中，对空壳饼、云片糕、麻酥糖印象很深。那时过年，一般家庭果子盒中必备四大名点：麻酥糖、水果糖、糖枣（奶）、麻糖（有腊米的、散饭的、谷花的）。当然，品种和数量随着家中经济条件的变化而变化。过年香甜的滋味伴随着少年的成长。近几年，传统糕点麻酥糖又进入人们视野，怀念的思绪泛起浪花，勾起人们儿时的甜蜜味道。

麻酥糖又叫"顶市酥"，因外包装为红纸，亦俗称"红纸包"或"红包糖"。伏岭有民谣："拜年不带麻酥糖，请君不要进厅堂。"过年时家家都把麻酥糖装在果子盒里招待客人，到亲戚家去拜年一定要送上麻酥糖，象征春节时的喜气及福气。

麻酥糖的制作工序：将白芝麻和少许黑芝麻炒熟后磨成粉，配以少量炒熟的面粉或米粉，加熬制的白砂糖浆拌和在一起，再将它们铺在青糖（麦芽糖）上，经过铺、打、卷、压即加工完成。成品搓揉成条状，卷成圆条，切成小块，包装时压成方形，里圆外方，而后用一张小红纸包成小长方体，纸上印有黑字写着店家的招牌，每20个小包包成一大包。

成品麻酥糖白中显黄，抓起成块，提起成带，进嘴甜酥，不粘牙，不粘纸，质感松软，入口即化，甜而不腻，香味绵长。

玫瑰酥是鲜花和食品的完美结合，是伏岭久负盛名的传统糕点。其因内有玫瑰花作为辅料，具有玫瑰花香而得名。伏岭玫瑰酥以细白糖、芝麻、面粉、饴糖等为主料，辅以玫瑰花、青梅、橘饼、红绿丝。芝麻手工脱壳，炒熟后碾细过筛，拌和细白糖，烘干成麻屑。用少量的饴糖和拌有麻屑的上等面粉，分层卷叠起来，按一定规格切成块后，表面再均匀地撒上细白糖、玫瑰花、切细的青梅、橘饼、红绿丝等。切块的玫瑰酥，包装成盒，每盒10小包。制成的玫瑰酥，外观洁白如玉，丝丝点点的玫瑰花、橘饼、青梅等，若隐若现，宛如翡翠玛瑙嵌于碧玉之中。玫瑰酥始产于清代，经久不衰。1985年，伏岭供销社将玫瑰酥送京参加全国食品展览会并获奖。

伏岭糕点

3.面点小吃

出产徽厨的伏岭，面点小吃花样繁多，有发包、水馅包、点心（包袱水饺）、寿桃馃、米粉蒸馃、挞馃、油馃、灶馃、艾草馃、蕨粉馃、葛粉馃、蒸糕、裹粽、锅面、焖面、炒面、浇头面、面鱼（条状面疙瘩汤）、萝丝块（面皮汤）、手擀宽面、米倈糊（小面疙瘩糊）、焖粉等。

挞馃是伏岭最常见的面点。上山干活，来不及回家吃中饭，就带上干粮，挞馃正好担当此任。伏岭"糇"或烙挞馃外面不用涂油，放在铁锅里以文火慢烤，把挞粿"糇"得从里面冒油，呈金黄色。挞粿面皮薄，能看见里面馅的颜色，馅香皮脆，吃起来爽口，也能充饥。徽厨徽商外出做生意，翻山越岭数天才能走出大山，节俭一点的商人，挞粿是最好的主食，里面是干菜或腌菜馅，几天也不会变质，所以又称"盘缠粿""冷饭粿"。挞粿的馅料品种很多，有豇豆、四季豆、青菜、韭菜、南瓜丝、萝卜丝、腌渍菜、干渍菜、干香椿、花生粉、黄豆粉等，里面拌上肥猪肉，这是咸的挞粿。甜的馅有白糖拌炒熟磨细的芝麻粉等。还有一种馅是用田埂上挖来的小野蒜，晾干洗净腌制切成丁，加入瘦肉，咬一口扑鼻清香，回味悠长。如今生活好了，挞粿依然受人喜爱，旅外的乡人回家，都要尝一尝挞粿，而且返程的时候还带上许多——又吃上妈妈的味道了。

发包，又称圆包，以面粉调入适量米酒酵母和水揉成半圆体，做好入笼屉发酵后蒸熟，趁热在发包顶端盖上刻有"福""寿"字形图案或圆点的红印，以增添喜庆色彩。出笼时包形圆润丰满，包面光洁，包质柔软，谓之"好发"，得个好兆头。发包用于各种形式的民间喜庆宴席，为必上的一道点心。男方向女方求婚时，新娘、新郎或婴幼儿初次上门时，在与亲友往来互赠的礼品中，都要用到发包。

水馅包，包括冬瓜包、豆腐包、南瓜包。冬瓜包，里面的馅是冬瓜加瘦肉，灌汤。喜宴上上大菜，中间都要上两个笼屉：一是冬瓜包，一是南瓜包（或豆腐包），既可当主食，也可下酒。小笼屉里8至12只，大笼屉里25至30只。冬瓜、南瓜为农家纯绿色食品，养生保健。

浇头面，俗称"碗头面"，味道鲜美可口。每逢春节，大人或小孩，大年初一的早餐必定会吃三道茶，即清茶、甜茶（银耳莲子羹）、元宝茶（茶叶蛋），主食为浇头面，祈望一年里长长的日子有个好兆头（方言同"浇头"）。婚嫁、乔迁及寿诞喜庆的正日中午，或亲朋好友来往，也都以浇头面盛情款待，寓意常来常往、地久天长和福寿绵长的美好愿望。所谓浇头，就是盖在面上的菜，故又称盖浇面，传统主料大多为燕笋干丝、豆干丝和肉丝。笋干咸香，豆干软香，肉丝鲜香，合着面条嚼在口中，爽滑入口，余味犹存。讲究点的人家，辅以黑木耳、香菇、青椒、红椒、开洋、香菜、青蒜等，大大提升浇头菜的鲜味。面条煮到宽水紧面，爽烂恰到好处，捞面入汤碗后，在晶亮纯净的面上，厚厚地铺上一层浇头菜，再撒上葱花、胡椒粉，由于面汤热气腾腾的熏蒸作用，端上桌来，香气四溢，令人胃口大开。面、汤、浇头都好，三者配合堪称绝佳。一碗汤汁浓厚、味道醇香的浇头面，永远是徽州人心中家的味道，游子心中浓浓的乡愁！

做水馅包

4. 猪散伙

俗话说：年猪叫，年快到。腊月杀年猪是徽州人家一件重要的事情。到了岁末年尾，伏岭人家请来杀猪匠将辛苦养了一年的猪宰杀，邀请亲朋好友、左邻右舍热热闹闹吃上一顿，名曰"猪散伙"，也称"杀猪饭"，昭示当年农事结束、相助圆满、来年再聚首的好日子。杀猪饭自然以吃猪头肉、猪杂为主。猪全身是宝，肉和内脏都是很好的菜肴，连猪血也是一道美味。常见的猪散伙菜式是冷盘加热菜。冷盘有卤制的猪耳、猪唇、猪肝、猪心、猪肚、猪头肉等。热菜有生爆槽头肉、爆炒腰花、猪血汤或猪杂烩汤等特色菜，以及腌菜煸豆腐、炖肉等传统的炭锅菜式。若请客的规模不大，对左邻右舍还要送"散伙"，即把猪下水（包括猪血、猪肠、猪肺等）煮一大锅，每家送上一大碗，让邻居分享。

　　过去，杀年猪是农家腊月平常之事，杀猪吃散伙属于寻常菜，做法简单，仅是邻里热闹一番而已。如今，生活发生巨大变化，吃的东西丰富，几乎每天不离鱼肉，但农村吃猪散伙饭这种风俗没变，以至于成了"农家乐"桌上的一道特色美餐，更成了许多远乡游子心中最温馨的回忆。

第五章　舞狙赛会

"狙"字，在《辞海》《中华大字典》《康熙字典》等辞书中均找不到。1993年出版的《现代汉语方言大词典·分卷　绩溪方言词典》收录了这个"狙"字。据传，狙是一种比狮子、老虎还要厉害的猛兽，伏岭邵氏以此为镇邪驱灾的神兽。舞狙由此而来，由二人跳狙、众人走街游灯发展到戏台上跳狙和童子班演徽剧京戏，习惯上统称舞狙。

一　舞狙图腾

1.造狙镇邪

南宋乾道三年（1167），邵氏文亨公携子四七公择伏岭定居。岂知定居后人丁不旺，四七公数代单传，加上先来伏岭居住的成、唐、许、丁、周等姓，或败落，或远走他乡，以致伏岭人烟稀少，四周山中野兽成群，经常出没，破坏庄稼，吞食畜禽，伤害孩童，尤其在气候恶劣的冬季更甚。

那时人们都笃信地理风水，认为一个村庄来龙水口、朝向等，都与村庄兴衰息息相关。面对险恶的生存环境，人们请来地理先生实地勘察，认为对面朝山石性太重，鸡鸣尖上有石狮火虎作祟，影响到伏岭村的人丁繁衍和生活安全，必须设法镇住石狮火虎，伏岭村才能人丁兴旺，才能繁荣发达。于是，邵氏先民便依地理先生指点，制作了勇猛远胜石狮火虎的狙，请到家中供奉起来，并在村北、村中、村东开挖了多口水塘，名为火烛塘。

又相传，最早是两个年轻人将一顶青纱蚊帐披在身上作为狟的原始形象。他们面对大鄣山鸡鸣尖跳跃、奔舞、呐喊，伴以敲锣击鼓、鸣放鞭炮和山门铳向石狮火虎示威。渐渐地，邵氏子孙约定每年正月初三为祭狟日，贡桌上摆满香烛、水果、碗菜、金银元宝等贡品，有时还要举火把游街、祭拜热闹一番，作为驱邪攘灾、保佑人丁兴旺的一种仪式，代代相传。

2.狟为图腾

已故邵茂深先生曾在《伏岭舞狟》①一书中说，"狟"是伏岭邵姓先人臆造的一只似狮如虎的神兽，其力威猛无比，能驱魔镇邪，降福消灾。只要"狟"一出现，鸡鸣山尖石狮火虎就会闻风而遁，村人从此祥瑞太平。渐渐地，舞狟成了驱赶石狮火虎作祟的一种乡土仪式，进而成为家族生存发达的精神寄托。伏岭邵氏为扭转家族宿命，把那只神秘的"狟"作为宗族图腾供奉，并创造了"狟"字。

其实，狟究竟是什么样，谁也说不清！舞狟初始动机只为驱邪祈福。伏岭邵氏认为，自从舞狟成俗后，村庄就开始渐渐转运，邵氏也随之兴旺发达起来，于是，全村便把舞狟作为举族大事，狟也理所当然地成为邵氏宗族顶礼膜拜的图腾。邵氏总祠后进寝室天花板上，有一只一百多年前绘制的"狟"形象。经过初步考证，这应该是从福昌寺旁的古戏台拆移过来的。橘黄的云朵、乳白的天空下，昂立一兽，虎头熊腰，昂首翘尾，背脊部位棕色绒毛拖尾，身着黛青盔甲般的狮纹，居高下扑，怒目圆睁，张牙咧嘴作嘶吼状，狰狞中透着一股气吞山河般的神气，脚戏绣球，威风八面。以精选矿物质所描绘的狟图，迄今色彩艳丽如初，凝聚了邵氏先人对超自然神力的无限敬畏和满腔热忱。狟的旁边还陪伴着一只麒麟，马蹄鱼鳞，楚楚动人，狟与麒麟四周簇拥着翱翔蓝天的自由祥云，神兽之态惟妙惟肖，图腾之貌超凡脱俗，画面之美令人惊艳。

---

① 邵茂深:《伏岭舞狟》,黄山书社2016年版。

邵氏总祠后进寝室天花板上彩绘

3.程式例定

其实，舞狟在早期就是跳狮。随着人们对这种群体性活动的普遍认可与广泛参与，这种单一的跳狟形式，渐渐地不能满足族人的心理需求，增加了被当地人称为"地戏"的火把游行活动。清朝嘉庆年间（1796—1820），又增加了只有动作、没有对白唱腔的"哑戏"表演，节目有天宫赐福、跳财神、天神驱鬼降妖、武将打斗等等。其后，就把跳狟、地戏、哑戏三者合一，统称为舞狟。后来人们又把跳狟俗称为"跳狮"。"跳狮"即驱狮赶虎活动，在每年的正月初三到各家各户去跳狮，驱邪求福；火把游行在正月十四至十七黄昏后进行，参加舞狟的演员鸣锣开道，手持火把，在鼓炮齐鸣声中，游走村中主要街巷一圈，营造新年红火气氛（火把游行后来改为游灯）；晚上在各自祠堂内演出哑戏小戏。兴建戏台后，演徽剧、昆剧成为重头戏。

舞狟从排练到演出要投入大量的人力、物力、财力，在长期发展过程中形成了一定的组织规约和程式步骤。这个规约把全村邵姓所有男子都纳入舞狟活动中来。在程式步骤方面，三门活动环节基本一致，由"打拼伙""接茶""供饭""抓阄""游灯""请台""开场""跳狮""正戏""谢幕"10个环节组成。

　　打拼伙。每年农历十一月中旬前后，由当年本门所有三十岁值年男子组织者出面，请教戏老师、文武场人员、跳狮人员、杂务管理人员等全体演职人员聚餐议事，谓之"打拼伙"。一般约有40人，费用由三十岁值年者平摊。"打拼伙"过程中，讨论舞狮计划，议定演什么戏，然后具体分工到人，分头落实。首先是"抄曲"（抄剧本），把每个角色的台词分别抄下来，较多的要叠成褶子。随后通知有戏的孩子晚上到各门祠堂去"端曲"（拿曲词）。这些都是八九岁到十四五岁的孩子，谁适合演什么角色，老师们早已心中有数。台词发完后，就由老师们"教曲"。时间多在晚上，主要角色词曲多的，白天还要个别辅导，至十二月初大部分角色的词曲都要求能背熟。腊八后，孩子们放寒假，老师们就开始教动作。等到词曲和动作教得差不多了，各门就在搭好的台子上分别排练，大约在腊月二十前后"配锣鼓"。

打锣鼓

　　接茶。值年男子接待本门派男性族人吃早茶叫作"接茶"。从正月初三开始轮流接，有多少值年者就接多少次。早茶主要是麻糖、糕点、花生、鸡蛋和浇头面；中午六道佳肴；晚上吃酒水，即登源"九碗六"。本门中男子如有特殊情况，不能到值年人家去吃面的，值年的人家必须捧上鸡蛋、浇头面送到他家去。哪怕是刚出生的男孩，也享受同样待遇，绝不遗漏。收到鸡蛋、浇头面的人家，要回一块豆腐或一颗青菜作回礼，以示"清白"。

　　供饭。从正月初三开始，凡三十岁值年者都要请教戏老师、文武场人员、跳狮人员、杂务管理人员等所有舞犭回演职人员吃中、晚饭，每餐供应约四桌，一直供到正月十七晚。晚上排练，三十岁值年人，还要安排一人当值，负责支祠开门、锁门、点灯、烧火篮（用铁丝编织的篮子，里面放松脂柴作燃料），并供应茶水与旱烟，负责召集人员和维持秩序。"供饭"的菜肴要相对丰富，如果值年者人少，负担也不轻。

舞 犭回

抓阄。上、中、下各门演出戏目顺序通过抓阄来确定，每门（每个剧团）排练四出戏，外加一出开台戏，三门共排练十二出正戏，外加三出开台戏。

正月十三上午，各门值年者派代表和有威望的村民到福昌寺土地菩萨座前抓阄。先是摆上贡仪，焚香点烛，参拜土地菩萨，然后由一个公推的证人用纸写三个阄，折叠好，放在官升（量米用的竹筒）内，并将手中官升托着举过头，再分别由三门代表用筷子夹出阄，当场验证并宣布。

游灯。正月十四，从下午五点钟开始游灯（火把游行），三门的人各在本门支祠前集中，队伍形成后，在祠堂前的坦上敲响跳狮鼓，点燃火篮，一盏盏各式各样的花灯也点上蜡烛，五彩斑斓地亮起来，如同一条火龙。头班首先出发，当游到中班人马集中点时，中班即跟在头班后面继续游行，当游行队伍到达末班集中点时，末班游行队伍即跟在中班后面继续游行。游灯队伍由火篮、锣鼓、爆竹开道，化了妆的小演员手执彩灯，和其他持灯的小孩一起在值年的大人们监护下，绕着村中主要街道游行一圈。六只火篮，六副锣鼓，鼓声喧天，爆竹震耳。

爆竹燃放不停，游行队伍宛如一条长火龙。一路浩浩荡荡，村民们都扶老携幼，争先恐后在道路两边观看，好不壮观热闹！游灯到福昌寺、戏台前结束，各门值年者已派人在台前、路边接灯，拿回支祠，备第二天用。

游灯的锣鼓、火篮

如此游灯，每年连续四次，都在正月十四至十七晚上戏剧演出之前进行。当游灯队伍到达大戏台前，先前头班的队伍就直接上台了，中班、末班的人就分别进入土地庙和大雄宝殿休息，并做好登台演出的准备。

请台。演出前祭拜猺神和祖师爷的仪式叫作"请台"，也是值年集体活动的最高仪式。

戏台上早已搭起两层高台，安上桌围门帐，两边八把交椅都披上椅披；高台上燃烧巨烛，摆上各色供品。俟游灯结束，一时间，锣鼓、唢呐齐奏；戏台东边的"山门铳"朝对面山鸣放，巨响震天；戏台上双响、爆竹、花筒流星并发齐鸣。随后，头班全体值年者登上戏台，在台前一字排开，亮相"请台"，向天地祈祷：国泰民安，人寿年丰，风调雨顺，人丁兴旺。请台时间，根据鞭炮燃放的时间长短决定，一般持续约30分钟，炮声停，"请台"毕。

开场。正戏演出前上演的开台戏叫作"开场"。开场会选一些内容吉祥如意的传统徽剧热场子。如《万花献瑞》《丹凤朝阳》《四海升平》《齐天乐》《天宫赐福》等，喻示天上众仙，人间百姓，歌舞升平。开台戏约演40分钟结束。

跳狮。开台戏演过后，接着就是跳狮了。开台戏一般都是管乐，用唢呐和笛子吹奏，音韵比较清雅，而跳狮威武鼓一响，又把人们带入另一种情境。

扮演狮子的道具，是只"北狮"，头方形，嘴很大，全身的毛很长，很是威武，而且是当年置办的新狮，毛是用生丝制作的，以蓝、红、黄三色为主体，杂以少量别样颜色，非常鲜艳漂亮，由两个壮年人钻在里面表演，嘴巴、耳朵、眼睛、尾巴都能动，神态逼真，凸显出狮子的威武雄壮。

跳狮不仅在戏台上表演，而且每年正月初三就开始上门到每家每户表演。队伍由两个老成的中年人带领，手里提一只篮，篮里放有笔、墨、砚台和记账簿，到了哪一家，户主人都要泡茶、拿出麻糖来招待。跳狮要收"狮金"，就是要捐一点钱，钱款视各家经济状况而定，不强求一致。各家捐的钱登记在簿上，这钱集中起来，作为购买戏衣经费的一部分。在人家堂前跳狮时，偶尔也有个别老奶奶拽住狮子剪狮毛，说是把狮毛挂在婴儿身上，可以辟邪，这种举动会被领队的人制止，或只允许剪一点点。

跳 狮

正戏。跳狮结束，正戏就开始了。所谓正戏，就是舞狗活动的中心内容。头班的戏演完之后，中班剧组人员从土地庙或大雄宝殿出发登台。最前面是一只大火篮开路，观众们顿时向两边分开，让出一条通道来，化好妆的小演员们骑坐在大人们的肩上被送上戏台。中班的戏刚结束，末班的剧组人员又按照中班剧组先前的做法，开始演戏。当末班的戏演结束时，大约已是深夜十一点钟了。

徽剧表演

谢幕。每晚演戏结束后，演出人员会在台上集体亮相，向观众致谢。正月十七夜，舞狗结束。十八日，三门各自拆卸搭在支祠里的戏台，将戏衣熨烫后收拾装箱，各色道具也都进柜。

二　狗起狗落

1.做三十岁

为了使舞狗能代代传承，不断地发扬光大，邵氏祖先们制定出民约举措并形成约定俗成的规例。伏岭中门率先以永例会的形式确立了以"做三十岁"来主持当年舞狗活动的规约，时间为一个年度，即当年三十岁男子共同值年主持，从二十九岁那年的正月十七晚接灯开始，到三十岁那年的正月十八早移交戏衣、行头，公布狮金收支账目后结束，全程主持整个舞狸活动，称"三十岁值年"，又叫"做三十岁"。其中，"游灯"由各宗祠主持，自由参与；跳狮由本宗祠青壮年表演；演戏则由本门的少年儿童表演。永例会所定规例后来为各门所遵依执行。

伏岭男丁都把一生只有一次的值年义务看成一种荣誉，一件大事，都把舞狸看作展现自我的一次难得机会，千方百计要把这个值年当好。村里男丁一般在二十四五岁时就要开始攒钱，并种上瓜子、花生，采下精细的茶叶，以备"接茶"用；养好猪、鸡、鸭，以应宴请；劈下松脂柴，保证舞狸、戏剧排练、游灯照明用。值年者需备瓜子、花生几十斤，鸡蛋几百个，松脂柴三四担，猪一头。如果是家境贫困的人家，这时亲戚朋友往往会助上一臂之力，就是东拼西凑也要把三十岁做风光。同时，三门形成竞争机制。各门的值年导演、演员及相关人员，都想把本门的舞狸做得比其他两门好。正是这种竞相攀比心理，促进了每年舞狸质量的不断提高。

三十岁值年的具体任务：一是接手筹备任务，在二十九岁那年年初就开始"接手"。当值年正月十七游灯结束后，就要出面把本祠的"游灯"接过来，放到各自支祠里保管，以备来年用。正月十八，与上年的值年人办好移交手续，接管戏衣、行头，登记入册，清点入箱。逢梅雨季节，还要翻晒除霉，妥为保管。二是农历十月半后开始准备舞狸的各项事宜。包括邀集导演、抄曲、文武场等有关人员打拼伙，商议舞狸剧目和有关事宜，确定专人抄曲（即分角色抄写念白、唱词）、发曲（由导演分发每个角色的台词）、召集7—16岁的儿童演员教他们念白、唱腔。值年者还要轮流供给茶、烟、半夜餐，同时每晚都要陪侍到排演结束，收拾好锣鼓、道具才能离开。三是落实次年正月初三具体实施舞狸各环节的活动。正月初三起，就进入邵姓各门的值年青年轮流宴请本门演职人员的"接茶"阶段，值年家庭都将"接茶"视为喜事操办。从"接茶"到"谢幕"并向下年三十岁值年者移交后为止，才算圆满完成值年任务。

邵氏三门分门舞狸之初，经过商议，宗族长老认为，男丁三十岁正当年富力强，精力旺盛，且好胜，上进心强，他们是负责舞狸事宜最合适的人选，故三十岁值年约定俗成，沿袭至今。

值年庆寿

上门舞狮由支祠世德堂安排；下门有杉公祠和柏公祠两个支祠，舞狮由人数居多的柏公祠主持安排；中门有六个支祠，人口众多，为了便于协调管理舞狮活动，成立永例会，意思是永远照例行事。从邵名嘉先生家发现的《中门永例会租谱》中可以看出，清道光年间就有了永例会这个组织。中门分大园派和四分派，大园派在伏岭本村有两个祠堂，但后裔大部分迁居在安前山、黄毛培、班肩坞、大鄣岭脚、逍遥岭脚下等处，近者两三公里，远者十几公里。四分派在伏岭本村有六个祠堂，人口众多，且基本上居住在本村，故中门的舞狮活动以四分派为主。大园派居住在本村的后裔参加舞狮，但不参加三十岁值年。这样，永例会由中门四分派当值的三十岁男丁出来主持，负责本门舞狮的组织调度和资金筹集，并且一年一年往下交接。舞狮主要的经费来源有四：

一是狮金。每年的正月初三，值年者带领跳狮班到本门住户跳狮，意为各家驱邪消灾祈福。在自愿的原则下收取狮金，多少不论。所收狮金，全部充作舞狮费用。

二是捐助。伏岭人在上海、南京、杭州、苏州等大城市经营饭店的人很多，村中大部分中青年都在这些酒菜馆就业，经济收入颇丰，促进了伏岭村经济的繁荣，同时也促进了舞狮的发展。他们每年都主动捐款，购置戏衣、道具。到20世纪20年代中期，各门都拥有戏衣十几箱。各种道具齐全，能满足各个剧目演出的需要。

三是永例会田租。如中门的永例会，由中门族人捐资买下一些田产，出租于人，每年由三十岁值年者收取田租，用于弥补舞狗经费的不足。

四是三十岁值年者兜底承担。

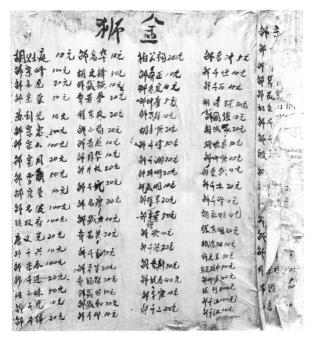

狮金告示

伏岭邵氏中门永例会租谱①

如字号，原租老拾大秤半，土名槐树坵又名花园，本会小顶。借佃人邵运泽。

此租道光六年老谱上查来。此田出典与伊，垫租谷肆佰柒拾六

――――――

① 租谱由中门邵名嘉保存，记载永例会的田产和租佃情况，有些内容是按照以后的变动情况补记。租谱还记载了1920—1950年租谷或代金的收取情况。因时间跨度31年，记载篇幅长，现摘取其中三年点校。1950年《中华人民共和国土地改革法》颁布，废除了封建土地所有制，永例会的土地分给了贫下中农，租谱的历史使命结束。大买（顶）田、小买（顶）田是封建社会土地所有权和耕种权分离的一种制度形式。大买田业主有田骨（即所有权），可以收租，但要向官府纳税。小买田业主占有田皮（永佃权），须向大买田业主交租，但不需纳税，也可以转租。还有的田是大、小买一体的（即全产权），既有所有权，又有耕种权和纳税义务。

斤，先交两年，日后仍租典。其租谷交三十岁收管，照风俗交纳，不得短少。

宣统二年，永例会新（行）头被贼窃去，后查实当在深渡典内。因此将小顶田出典，所得款用以赎回新（行）头。

流字号，原硬租老三大秤，土名塝头庵后，本会大小买。借佃人邵洪健，民国九年换邵运根。此田光绪二十七年邵炳桃托中借种，（立有租批）每年小顶谷麦作包租三大秤。照塝头风俗交纳租谷，不得短少，倘有欠租等情，听凭另租。其租批存韵甫下。

民国二十年，因制新狮不敷开销，将此小顶田出典与邵运根名下，价二十元，以后每年作两大秤收租。

斯字号，原租老四大秤半，土名下鱼塘，佃人张如法，后传张邦明。

流字号，原租老三大秤，土名竺山坝里，佃人许尚义。

流字号，土名塝头庵后，田税三分三厘。流字号，土名竺山坝里，田税四分。

如字号，土名槐树圻花园，田税一钱二分。斯字号，土名下鱼塘，田税六分、塘税五厘。

流字号，原租老七大秤，土名□□□，佃人高秉坤。

流字号，原租老二大秤半，土名石桥头，佃人胡聚寿。

流字号，原租老五大秤，土名杨树塔，佃人汪生有。

民国二十二年收租列后：

收高秉坤二十一年租洋七角；收高秉坤本年租洋二元三角（尚欠一角），收许春租洋九角（尚欠一角），收邵在柱租洋一元，收汪生有租洋一元八角，收高茂顺租洋八角，收邵运根租洋五角，收邵在柱租洋二元六角。

以上共收租洋十元零六角。尚有张邦明欠本年租洋一元六角。接手人注意！

值事人：邵之贵、邵在君、邵林寿、邵运安、邵在廷、邵观叙合办。

民国二十八年

值年人：邵之颜、邵之康、邵运侯、邵之琰、邵在鸣、邵宗源、邵观通。

收许学春租币一元八角，收高秉坤租币三元五角，收戴明顺租币一元四角，收邵运根租币一元，收邵在柱租币五元二角，收胡淳佳租币二元一角。

以上共收币十五元。

一九五〇年

值年人：邵在文、邵在界、邵在煦、邵宗模、邵之来。

除减租净秤。鲜谷九折计算干谷。收许永年租谷12斤，收戴明顺租谷8斤半，收高秉坤租谷15斤半，收邵在柱租谷40斤，收邵运根租谷4斤。

《中门永例会租谱》书影

伏岭舞狆活动久盛不衰，延续至今，还有一个重要的原因就是宗族祖先崇拜和某些精神寄托的需要，村中遇有重大活动或喜庆之事，如大型求雨活动、宗祠修谱等，均以舞狆演戏助兴。除此之外，舞狆童子班还积极参加一些重要社会演出活动，获得了社会广泛好评。如：

1935年4月4日，绩溪举办第一届小学生运动会。应县长陈必觌邀请，伏岭戏班赴县城在城隍庙义演两晚，演出剧目有《逍遥津》《满春园》《狸猫换太子》《萧何月下追韩信》等。

1937年7月，伏岭村成立了抗日救援会。10月组织了一次募捐寒衣慰问抗战将士的活动，演出两晚，募集善款两百多元，制作寒衣，支援抗日前线。

1938年1月和3月，分别前往当地驻军十三师六十五团部和汪村驻军七十一师师部慰问演出，鼓舞士气，团结抗日。

1945年8月，为庆祝抗日战争胜利，伏岭舞狗班赴县城在城隍庙演出三晚。

1949年8月和1950年10月，为庆祝绩溪解放和中华人民共和国成立一周年，在县城胜利台分别演出两晚。

2.舞狗群体

伏岭民间舞狗活动之所以能够久演不衰，关键在于宗族三门有一支既热心办事又精通文艺的骨干队伍，他们在整个舞狗活动中起着核心作用。这支业余骨干，完全依靠自觉、自愿和自发热情，薪火相传。这些人中有的曾跟徽班演过戏，学过各种行当（包括文武场），有的曾到上海跟名家学戏、观摩，买回留声机、唱片，认真自学钻研。

童子班徽剧教学

导演。清道光年间，罗坑有个叫唐帮衬的，曾在徽剧班里演过二花，他在伏岭舞狗班节目排演中发挥过积极作用。族人邵运留，同治年间曾组织过徽剧班，对舞狗的发展也做出了一定的贡献。20世纪以来，伏岭各门都出现了一批导演人才，具体为：上门有邵家殿、邵家湖、邵裕华、邵渭南、邵茂定、邵华沛、邵社富、邵茂深等，中门有邵运仕、邵之彬、邵观通、邵之颜、邵思明、邵之桂、邵之霍等，下门有邵炳运、邵树立、邵增国、邵盛正、邵盛铎等。这些人大部分都有二三十年的导演经历，有的从年轻时担任导演起，一直到老，终身为舞狗服务。这批人可算是舞狗的坚定支持者，他们为舞狴付出了不少心血，为舞狴创造了近百年的辉煌。

乐队。伏岭村舞狴的乐队骨干，上门有邵光春、邵家合、邵灶桃、邵家善、邵裕留、邵家声、邵茂定、邵佛来、邵裕旺、邵培植、邵华玉等，中门有邵运土、邵思明、邵继元、邵观义、邵之生、邵林玉、邵观通、邵之党、邵之瑜、邵名安、邵之颜等，下门有邵树伦、邵增国、邵炳海、邵增贞、邵盛正、邵盛寅、邵炳华、邵增修等。

舞狴乐队由打击乐队和管弦乐队组成。打击乐队用于武场，一般由四至五人组成，响器有鼓板、大锣、小锣、大小铙钹等；管弦乐队则用于文场，一般由两至四人组成，乐器有京胡、二胡、唢呐（大青、小青）、笛，还要配备堂鼓、檀板、云锣、碰钟等。乐队总称为文武场。舞狴由伏岭村的各门分别组班演出，各门都有文武场伴奏。各门对文武场队员的培养非常重视。每年冬季农闲季节，由值年者出油火、旱烟、茶水，组织青年晚上学打锣鼓、吹唢呐、拉胡琴。这些人除了舞狴演出外，还组织"吹唱班"服务绩溪及周边的婚丧喜庆。当时伏岭一带有两个"吹唱班"比较出名：一个是伏岭村邵裕旺、邵增国、邵增贞等所组的班；另一个是鱼龙川程干卿等所组的班。"吹唱班"的人员都是舞狴文武场中的中坚力量，有的还担任舞狴的导演。伏岭舞狴还另有一个打"跳狮鼓"的乐队。打"跳狮鼓"出名的有邵增聚、邵盛海、邵观俊、邵宗南、邵灶本等。"跳狮鼓"是单皮大鼓，配以大锣、铙钹，不用小锣。"跳狮鼓"声音洪亮，鼓点节奏，配合着跳狮者的舞蹈动作进行，悦耳悦目。

化妆。每次舞狴，为演员进行脸谱化妆和服装穿戴的人员必不可少。伏岭上门给演员化妆的有邵培林、邵社全，中门有邵思明、邵之千，下门有邵盛寅、邵树绪等。伏岭中门的邵观高、邵观祝两人是化妆骨干，同时还是检场人员。

检场。伏岭人称为摆外台，也就是演出场面的总务，负责将戏剧演出的用具和道具准备齐全，这是一项既烦琐又需要技巧的工作，是演出成功的重要保证。

演员。演戏人员规定由十五岁以下的男童担任，过了十五岁，演技再好，无特殊情况，不再参与舞狮演出。徽州有句俗话："前世不修，生在徽州。十三四岁，往外一丢。"徽州人到一定年龄，都要外出寻求生活出路，只有十五岁以下的儿童，才有演戏的时间和空间。男童舞狮，一般是从七八岁开始，起先都是跑龙套一类的角色，以后再根据表现及条件，逐步升级，从枪手刀手这样的配角做起，直到成为主角。

演员化妆

3.行头与剧目

行头专指演员演出时用的服装道具，包括盔头、靠把、衣裤、靴子、刀、枪等所有物品。伏岭村三个剧团的行头很是富足，在四里八乡也很有名气，一般专业剧团都望尘莫及，特别是中门。如演《群英会》《草船借箭》《怒打黄盖》等剧，这孙、曹双方的将校谋士很多，要将行头配齐，一般的专业剧团都很难做到。中门剧团的那件白底子珠袍，似乎是专为演周瑜买的，在汽油灯的白炽光下，更是珠光璀璨，耀眼夺目，让人叹为观止。再如《长坂坡》《闹天宫》《大蜡庙》等大型剧目，各种各样的行头真是不计其数，而中门自己就能全部解决。

购置行头的资金来源有三：一是每年的值年者视自己家庭的经济状况，都要量力而行地捐助一些钱；二是安排村民到上海等地募捐，请求同乡们赞助；三是每年正月到各家各户去跳狮时收取的狮金。有了钱就派人到苏

舞狗演戏用的头盔

州去采购。苏州的行头在全国最有名，伏岭也有人在那里开店、打工。有那么一些热心公益的人，年复一年地为此奔波，每年都根据需要设法购置一批，经年累月，就积累了很多行头。

戏装有六大类。第一类是长袍类，也叫袍服类，有蟒袍、霞帔、开氅、褶子、箭衣、龙套衣等。

第二类是短衣类，有短褂子、英雄衣、裤子、裙子、马褂、水衣、马衣等。

第三类是铠甲类，有硬靠、软靠、女靠，都是武将穿的甲，穿硬靠要戴靠旗。

第四类是盔帽类，这一类可分成盔、冠、帽、巾：盔一般都是硬胎的，武将戴起来比较威武；冠是帝王、皇后等戴的，如平天冠、九龙冠、紫金冠、凤冠等；帽子最典型的是乌纱帽，从宰相到县官戴的都叫纱帽，不过颜色式样有所不同，还有劳动者戴的毡帽、皂隶帽和尚帽等；巾一般是家居的便帽，软硬胎都有，如相巾、公子巾、秀才巾、员外巾、道士巾等。

第五类是鞋靴类，有高底官靴、虎头靴、快靴、平底鞋、合梁鞋等。

第六类是附属于服装范畴的装饰性和辅助性的东西，如水袖、翎子、靠旗、板带、背绳、披风等。这些装饰品，有的能体现出角色的精神，有的作为角色表演的舞蹈道具，都各有其用。

上述六类服装，伏岭剧团不仅一应俱全，而且各类都有多套。

游 灯

剧目。 20世纪以前,伏岭舞狮所演出的剧目已无法查考。20世纪以来,村人能回忆出的演出剧目有250出之多,大致可分为四类:

第一类,古装传统剧:1.《伐子都》,2.《文昭关》,3.《反昭关》,4.《抗秦援赵》,5.《将相和》,6.《鹿台恨》,7.《黄金台》,8.《宇宙锋》,9.《逍遥津》,10.《失街亭》,11.《空城计》,12.《斩马谡》,13.《群英会》,14.《定军山》,15.《战洛城》,16.《追韩信》,17.《大报仇》,18.《关公训子》,19.《九更天》,20.《黄鹤楼》,21.《八阵图》,22.《三顾茅庐》,23.《水淹七军》,24.《华容道》,25.《走马诸葛》,26.《白马坡》,27.《十面埋伏》,28.《天水关》,29.《长坂坡》,30.《借东风》,31.《击鼓骂曹》,32.《战宛城》,33.《捉放曹》,34.《甘露寺》,35.《反徐州》,36.《鲁肃献计》,37.《单刀赴会》,38.《古城会》,39.《辕门射戟》,40.《白门楼》,41.《司马师逼曹》,42.《连营寨》,43.《火烧赤壁》,44.《让徐州》,45.《斩经堂》,46.《火烧葫芦谷》,47.《博望坡》,48.《葭萌关》,49.《七擒孟获》,50.《战长沙》,51.《徐母骂曹》,52.《刘秀走南阳》,53.《上天台》,54.《大保国》,55.《二进宫》,56.《昭君出塞》,57.《汾河湾》,58.《武家坡》,59.《徐策跑城》,60.《独木关》,61.《卖马》,62.《秦琼起解》,63.《骂杨广》，64.《南阳关》，65.《薛姣观画》，66.《界牌关》，67.《打金枝》，68.《珠廉寨》，69.《兰关渡》，70.《投军别窑》，71.《大悲楼》，72.《赵家楼》，73.《五花洞》，74.《野猪林》，75.《打渔杀家》，76.《大名府》，77.《甲山》，78.《乌龙院》，79.《扈家庄》，80.《三打祝家庄》，81.《英雄义》，82.《快活林》，83.《逼上梁山》，84.《请宋灵》，85.《三打白骨精》，86.《抗金兵》，87.《四盘山》，88.《八盘山》，89.《九龙山》，90.《八大锤》，91.《洪羊洞》，92.《辕门斩子》，93.《挑滑车》，94.《打棍出箱》，95.《五鼠闹东京》，96.《秦香莲》，97.《杨排风》，98.《大红袍》，99.《打严嵩》，100.《打龙袍》，101.《四郎探母》，102.《李陵碑》，103.《风波亭》，104.《龙虎斗》，105.《打常州》，106.《贺后骂殿》，107.《生死恨》，108.《狮子楼》，109.《二郎关》，110.《临江驿》，111.《探山》，112.《金沙滩》，113.《十五贯》，114.《双猴斗》，115.《凤凰山》，116.《八达岭》，117.《四进士》，118.《百忍图》，119.《太平桥》，120.《水斗》，121.《奇双会》，122.《乌盆记》，123.《琵琶记》，124.《盗金刀》，125.《渭水河》，126.《取金陵》，127.《沉香救母》，128.《盗仙草》，129.《探阴山》，130.《大劈棺》，131.《潞安洲》，132.《反长安》，133.《九龙杯》，134.《御碑亭》，135.《千里送京娘》，136.《花果山》，137.《翠屏山》，138.《探马营》，139.《苏三起解》，140.《三堂会审》，141.《满春园》，142.《盗玉马》，143.《盗御马》，144.《连环套》，145.《盗双钩》，146.《落马湖》，147.《龙潭寺》，148.《溪皇庄》，149.《兴龙会》，150.《武举场》，151.《叭蜡庙》，152.《刀劈三关》，153.《广太庄》，154.《佛门点元》，155.《狸猫换太子》，156.《莲花庵》，157.《蔡鸣凤》，158.《生死板》，159.《三女抢牌》，160.《七里桥》，161.《借靴》，162.《法门寺》，163.《恶虎村》，164.《洛阳桥》，165.《八仙过海》，166.《盘丝洞》，167.《山海关》，168.《抛绣球》，169.《洪秀全起义》，170.《审百出》，171.《四杰村》，172.《三本铁公鸡》，173.《金玉奴》，174.《洗浮山》，175.《路遥知马力》，176.《小放牛》，177.《杀子报》，178.《三娘教子》，179.《拾黄金》，180.《大补缸》，181.《九件衣》，182.《梅龙镇》，183.《戏迷传》，184.《秋江》，185.《哪吒闹海》，186.《汉

津口》，187.《芦花荡》，188.《阳平关》，189.《一捧雪》，190.《摩天岭》，191.《泗洲城》，192.《下河东》，193.《白水滩》，194.《时迁偷鸡》，195.《战太平》，196.《辛安驿》，197.《乾元山》，198.《莲花湖》，199.《武松打店》，200.《金雁桥》。

第二类，开台昆曲舞蹈剧：1.《齐天乐》，2.《万花献瑞》，3.《丹凤朝阳》，4.《四海升平》，5.《四季长春》，6.《五子夺魁》，7.《土地开台》，8.《跳加官》，9.《大财神》，10.《三星》，11.《四喜》。

第三类，现代京剧、地方戏、话剧、歌剧：1.《沙家浜》，2.《红灯记》，3.《智取威虎山》，4.《奇袭白虎团》，5.《红色娘子军》，6.《磐石湾》，7.《瑶山春》，8.《风雷渡》，9.《龙江颂》，10.《审椅子》，11.《三会》，12.《白毛女》，13.《小姑贤》，14.《红嫂》，15.《平原作战》，16.《骂鸡》，17.《打猪草》，18.《闹花灯》，19.《拾棉花》，20.《借红灯》，21.《娘啊娘》，22.《懒煮饭》，23.《诉苦斗争》，24.《三月三》，25.《鸭绿江边》，26.《渡口》，27.《红管家》，28.《粉碎四人帮》，29.《杜鹃山》。

第四类，自编创作剧：1.《红岭锤声》，2.《小燕护林》，3.《两亲家》，4.《雷声隆隆》，5.《肥料大会师》，6.《狼牙山五壮士》，7.《拖拉机的风波》，8.《紫燕双飞》，9.《根深叶茂》，10.《徽班新星》。

三 万年台

"万年台"是舞犭回的主戏台。舞犭回经历了走街游灯、哑戏到上台表演三个阶段。演戏需要有观众，观众越多越热闹越有节庆氛围。起初，横巷老屋和柏公祠虽可容纳观众千余人，但文绣公祠只能容纳几百人，每晚演出都非常拥挤，许多想看戏的人看不到戏，心生抱怨与遗憾。为此，经过宗族三门合议，决定将支祠内的戏台放在排练时使用，在福昌寺前新建万年台。在戏台上舞犭回，审美主体视点后移，使得伏岭民间舞犭回风俗产生了质变，许多节点、程序、规矩要求有了飞跃，规模也越来越大。

1.兴建

清道光十年（1830）兴建。万年台选址在福昌寺前，坐南朝北，面对福昌寺的大雄宝殿和土地庙。戏台按徽州古建筑格式，台顶翘角飞檐，雄伟壮观。戏台主体分为三间两走廊，台口宽度为14米，台高约2米，正中为演戏台面，宽6米，深8米，用台板搭成，台下架空，后台及东西两厢走廊都是实心地面。台正中的横梁上挂着一块"作乐崇德"横匾，台面正中后方悬挂着一块台幕，把前后台分开，台幕上画着吉祥图案，台幕两边是出将入相的门帘，称为上场门和下场门。两厢正面嵌以月宫花瓶花廊，作为锣鼓乐队人员的操作之所，两厢边的走廊作为出入通道，演大戏时作为走台之用。台前的四根献柱上有两副楹联，分别是"童子何知也能为千古名流扬眉吐气，神灵不爽如此开三门乐府颂德歌功""嘉儿童智慧能鉴古征今束甲整盔演将相，许世界兴新在修文偃武联盟结好履清平"。戏台前的广场是长方形，戏台到大雄宝殿约30米，宽度有40米，可容纳观众五六千人，大雄宝殿和土地庙内也可容纳近千人。清道光十年（1830）戏台建成后，舞猊规则也作了相应修改。

2.改建

民国三十年（1941）改建。20世纪20年代，舞猊进入鼎盛时期，观众越来越多，建于道光初年的戏台已陈旧不堪，难以满足需求。1940年正月，三门商议，决定改建戏台，设计由邵萍友负责，力求达到：一造型宏伟壮观，台面富丽堂皇；二视野开阔，广场两侧的观众都能看到戏台上表演的全景；三舞台适合布景安放，增强舞猊的观赏性。改建后戏台台基未动，只是更换了屋架，主要是台前跨度10米的屋梁，直径0.5米的两根驮梁柱和四根直径约0.3米、长8米的通天柱；同时，在槛子门中嵌入书画，在台口中空处架一横桁，高约0.3米，上刻花草鸟兽，作为舞猊时的台前遮板，两边是花槛栏杆。戏台于1941年阴历十月竣工，台面出现的木头全部油漆，新戏台富丽堂皇，驮梁柱由村人邵之华撰写楹联："大地尽披春，已参与世界战场，能沐雨栉风，送力输财争为后盾；逆天将授首，莫充作孩儿呆样，应披星戴月，整盔束甲杀向前方。"抗战时期，伏岭村民以舞狗为活动主阵地，演唱《黄河颂》《游击队之歌》《慰劳伤兵歌》等抗战歌曲，表演《大刀舞》《放下你的鞭子》等短剧，宣传抗日救亡运动的爱国热情。1941年春节，为庆祝新戏台落成，戏班连演了四晚。

3. 重建

1979年重建。1941年改建的万年台在新中国成立前遭到了一些破坏。人民公社化后，舞狗失去了三十岁值年这个群体力量，戏台很少修理，万年台破乱不堪。经过伏上、伏下两个大队干部及村中有关人员商议，决定拆旧重建，并聘请毕业于湖南大学土木工程系的邵之江按照现代剧院中的舞台式样设计，舞台设计开间14米，通进深12米，总建筑面积168平方米。新戏台移至大雄宝殿原址（当时的伏岭小学大会堂），戏台前广场纵深增加了20米，广场面积增加了800平方米，达到2000平方米；戏台由原来的坐南朝北改为坐北朝南，避免了春节演戏时北风对着戏台吹；戏台前沿安装了24盏彩灯，台上照明有两盏1000瓦的"小太阳"和两盏500瓦的白炽灯，还有两盏聚光灯，音响、喇叭以及灯光布景一应俱全。演出环境得到了极大改善。

新戏台

从拆旧戏台开始到新戏台竣工，历时70天，共收到捐款9882元，橡料、台板料、杉木293根，义务助工2800工。1979年五一劳动节，凝聚了伏岭村民意志和心血的新戏台落成。为庆祝戏台竣工，举行了竣工典礼并演戏两晚，演出节目有《万花献瑞》《英雄义》《逍遥津》《长坂坡》《快活林》《黄鹤楼》《满春园》等。

演出现场

四　迎神赛会

迎神赛会是徽州普遍的乡村旧俗，每年在固定或约定的时间，村中族众自发制作神像或把神像抬出庙来游行，并举行祭会，以求消灾赐福。伏岭邵氏在坚守舞狗的同时，登源上下如"船会""观音会""祀孤会"等迎神赛会活动也如期举行，其中以"船会"规模最大，赛会时间也最长。

1.船会

船会，又称大年会，是江南一带为了纪念唐朝张巡、许远等死难将士而设。唐天宝年间（742—756），张巡、许远率军驻守睢阳城，阻击安禄山叛军，城破之日，与南霁云、雷万春等36人同时遇难。由于死守睢阳，牵制了叛军南下，使江淮一带乃至江南大地百姓免受蹂躏，功不可没。因此，江南老百姓把守城的36位先烈尊为菩萨，集中在龙舟上朝拜纪念，每逢大年（农历闰年）举行。有些地方的忠庙、忠烈庙、双忠庙、太尉庙等，都是这种纪念活动的载体。

绩溪人口稠密的岭南绝大部分村庄都做船会，而且是由东北往西南一村接着一村做，区别只是个别小村做会的形式略有不同。就伏岭上下这一带村庄来讲，春季，荆州及其附近村庄就要开始做船会了，这村做好那村就接着做，一直向西南延伸，到伏岭做船会时已是夏天，轮到坑口时，已是深秋了。

船　会

伏岭的船会，包括附近的上村、罗坑、新桥、坦石等几个小村一同参与，规模是三十六舱①外加五帝。所谓船，就是龙舟，三十六舱的龙舟有六七米长，一米多宽，雷万春站在龙头上，身穿战袍铠甲，右手握着大刀（背刀），左手伸向前，似在城楼上指挥作战，蓝脸红须，非常威严。他的腰部是一木料活榫，可前倾45度，抬龙舟的人把绳一拉，腰就直起来，把绳一松，又前俯45度，好像活起来了。大家都称他为大王，把他作为第一

①只有荆州、伏岭两村的船会是三十六舱，其他村的船会都是二十四舱，三十六舱有五帝，二十四舱没有五帝。

号尊神来膜拜。第二号尊神是南霁云，他站在船尾，靠着龙尾巴，大家都称他为小王，他是红脸黑须，身穿战袍铠甲，右手挥舞着令旗，似在指挥作战。这大王和小王，有2米来高，身材魁伟，除这两尊神像外，船上所有的神像都在1米至1.2米。东平王张巡、西信王许远分别端坐在圆形的小庙宇内，头戴王冠，身穿龙袍。这两尊神像安放在龙舟中央，一前一后。还有20多尊神像，均为形态各异的战将、勇士。更有一尊神像，与船上众神似乎无关，那就是"二脸驮太子"，这尊神像似一位战将，脸有两种颜色，鼻梁以上是蓝色、以下是白色，蓝白分明，故称为"二脸"，她肩上坐着一尊小神，并用左手扶着。这"二脸"就是观音的化身，坐在她肩上的就是太子。除以上神像之外，还有坐在龙舟左右两边的八名水手，他们手拿船桨，坐在船边沿上，把脚放在船外，似在划船。

这些纸菩萨，做工非常精致讲究。如头的做法，首先要有楦头，这楦头是泥塑的，面部表情各有不同，经过焙烧后，沾水不化，外表很光滑。做菩萨头时，把表芯纸沾水后贴在楦头上面，并用特制小篾刀把五官的线条勾勒出来，如此贴贴勾勾，共贴十几层。开始几层沾水贴，以后的若干层要加稀薄糯糊，而且五官线条都要勾勒清晰。待晾干后，从后面剪开，将楦头取出，就成了一个硬纸壳的人头像，再在纸壳人头上涂粉，用砂纸打光，如此数次，再根据各尊神像的神态要求，上色和画眉点睛，最后上光油，有胡子的神像就再上胡子。这样，一个栩栩如生的头像就成功了。接下来，用五根一尺来长的铁丝做骨架，再用稻草包在外面，腕部扎紧，五指分开，每只指头里面都有铁丝，捆扎好后，根据每尊神像手指造型的需要，可以随意屈伸，再将老松树皮枯壳磨成粉，和以胶，作为定型剂，敷在各种形状的手上，经过数次加工，初步成型，经用白粉刷白，涂上光油，即告完成。手指基本上也需经历这些工序，但更精细复杂一些。身躯和四肢由篾匠用篾片编成，而且每尊神像的姿势各异，经纸扎匠用表芯纸糊上数层即成形。所穿袍甲，一般神像是用彩色蜡光纸制作，重要的神像，袍甲的原料要用绸缎，并用花线盘上各种图案，有些部位还盘上彩珠，珠光闪闪，很是好看，尤其在夜晚，更是光彩耀眼。头盔是用硬纸板做的，糊以彩色蜡光纸，盘上花线、彩珠、绒球，宛如京剧舞台上的头盔，让人叹为观止。头手身躯之所以用这些材料制作，一是轻便，跳神、驮着赛跑时，不致太重；二是这些原材料都是易燃之物，送神时一把火就能烧得干干净净，送神灵即刻踏上归程。据和尚大师们说，神像如未烧透，神灵就不能回归，如果神灵们羁留，麻烦就大了。

除了龙舟上的神像之外，还有五位帝君的神像：即东方青帝（东隅，脸为青色，青袍甲，双手握大刀，作前刺状，坐骑是青狮，即司春之神），南方赤帝（南隅，红脸红须红袍甲，怒目圆睁，额上血管凸显，舞流星锤，坐骑是火兽，即火神），西方白帝（西隅，白脸黑须白盔甲，骑白马，执方天画戟，即太白之精），北方黑帝（北隅，黑脸黑盔甲，骑黑水兽，双手持枪，作前刺状，即司水之神），中央黄帝（中隅，白脸，五缕长须，黄袍甲，手执令旗，坐骑麒麟，即枢纽之神）。这五位帝君的制作方法与大王小王一样，大小也差不多，都有五帝架，惟相貌造型各异。这五帝架是约2米宽、4米长的梯形木框，上面是纸扎的殿堂，便于人们架抬。还有几出戏中人物，都是小纸菩萨，七八寸高，神态逼真，栩栩如生，很是可爱。最高处安置五帝老爷，人们抬着木架时，最高处有7米以上，甚是威武。

这五隅神君，是人们把古代五位帝君关联在一起，把神附在古人的身上，合二而一。太皞：伏羲氏，东方之神，青帝。炎帝：神农氏，南方之神，赤帝。少皞：即少昊，黄帝之子，西方之神，白帝。颛顼：黄帝之孙，北方之神，黑帝。黄帝：轩辕氏，中枢之神。是为五帝，代表五个方位之神，亦称五隅。又有另一种说法，把黄帝、颛顼、帝喾、尧、舜列为五帝。做庙会，既祭祀了祖宗，又缅怀追悼了先烈。

龙舟上的神祇，在船会举行前由伏岭及附近几个小村共同供奉，而其中的主要神祇则各有斋官会首重点负责。总斋官会首是需要多花一点钱，多负一些责任的。会事的总指挥，实际上是和尚大师傅，还有村里的年高德劭者、老成持重的热心人。五帝则分而供奉，罗坑、新桥、坦石负责东隅，中门的文绣公派负责南隅，下门负责西隅，中门士诠公派、大园派和上村负责北隅，上门负责中隅。

会前几天，每家每户都要大搞卫生，特别是厨房里的用具、餐具一定要洗干净，洗净以后，就开始斋戒，准备迎接神灵。

七天的会，大致安排内容有："安圣"（神接到了，首先要安定下来，安慰神圣之灵的意思）；"修圣"（祝大家修炼成圣的意思）；"收火"（把邪火、凶火收掉，免得它给人们带来灾难）；"送火"（把邪火、凶火收集起来送走）；"斋神"（祭神、供神）；"送圣"（把神送走）；"祭旗"；等等。七天的会，龙舟抬上抬下，抬到各村，要抬好几次，每到一处平坦开阔的地方，要抬着游荡，打圈子。五隅各有地段，按规定地点交接神祇。

大抵"安圣""修圣""收火"，都要到每家每户去转一下，前面由一位熟悉每家每户位置、德高望重的老人挑了净水担引路，在每一户家中用杨柳枝沾点净水洒上几滴，有点像观音菩萨在用杨柳枝挥洒甘露，助人们逢凶化吉、遇难成祥。这时偶尔会有一些老奶奶站在一边恭迎，弯着腰，喃喃自语："再洒几滴，再洒几滴。"挑着净水担的人在前面引路，既不走回头路、冤枉路，又不能丢掉任何一家，后面跟着一群撑旗、敲锣的儿童，最后面是大人驮着三门的三位太子菩萨（有时上村、罗坑、新桥、坦石的太子菩萨也参加）出巡，披挂上阵，很是热闹，给人一种天神下凡检查卫生、除魔降福的感觉。

做会酬神

"斋神"那天，每家每户都要做包、馃供神，人们自己也吃，不过都是素的，一般都是用南瓜、冬瓜、菠菜、苋菜、豆腐等做馅儿，讲究一点的要加点香菇、木耳、笋干、豆腐干等，还用赤豆沙做糖馃。有的人家还特意多做一点送给别村的亲眷。斋神的供品，要做得非常讲究细巧，并分别送到指定地点摆放起来，让大家参观品鉴，似乎是点心制作工艺大比赛，一些心灵手巧的媳妇会受到大家的赞扬。

"收火"，自傍晚开始，持续到深夜，游行队伍还是先头那班，但行动比原先要迅速，有紧张感。未到各家之前，各家均事先燃起火把（都是小火把，用麻秆、篾黄制作），等游行队伍过了门口，就把火把熄灭，表示邪火被收掉了，大家心里也就安稳了。第二天天黑"送火"。送火队伍在福昌寺广场集中，每人手中拿了大火把，还有几个人各驮着一只点燃松脂的火篮，还有三四副大锣鼓敲得震天响，夹杂着爆竹、鞭炮的爆炸声，真是热闹极了。总指挥一声令下，队伍出行。送火只走大路，不走家串巷，每到一家门口，那一家必定有一人拿着已点燃的火把，加入送火队伍中，或者把火把交给送火队伍里的一个人。这样，队伍越走越长，成了集体火炬大游行，浩浩荡荡，蔚为壮观。队伍到达终点大桥头时，要把所有的火把一齐扔到桥下，火篮里的火也要全倒掉，摸黑回家。

"送圣"是在晚上十点钟之后，先要祭拜神灵，和尚念经敲木鱼，祷告一番之后，再抬着龙舟从经楼下出发。一路敲锣打鼓，燃放爆竹，和尚们一路随行，口中念念有词。"送圣"时，妇女们一定要紧闭门户，带着孩子躺在床上，但不能睡着，避免龙舟上的水手们临时起意使坏，将小孩子的魂魄捉去，那就不得了了。所以当龙舟一进村，送圣队伍中的人就要高喊："送圣了，大家醒醒呀！"抬到水口上后，由和尚念经做法事，这时爆竹放得很热闹，最后和尚一声喝令，龙舟付之一炬，就算把神送走了。

最后一天是"祭旗"，祭旗坛（现在伏岭中学处，建中学前此处地名就叫"祭旗坛"）为总会场。上午是五帝下坛。先在大雄宝殿前将五帝集中，由和尚念经做法事，宣布五帝下坛，接着由五隅的人各自抬着架上的帝君，每架由12名壮年男子抬，一声锣响，东隅先开始跳，当跳到第二拨交接处时，南隅开始跳，以后是西隅、北隅、中隅依次起跳。因为大家抬着那么一个庞大的架是跳不快的，所以每拨基本上不采取大换班，只有个别人替换。即使后面的跳得再快，也无法超越前面，因为五帝架基本上把路占满了，但大家还是尽力跳得快一点，避免后面的紧紧跟着屁股，让人嘲笑、奚落。1940年以后，因战争影响，人民生活渐至拮据，五帝也就没有架了。因此，在跳五帝时，都由一人驮着五帝跳，每拨换人，接力赛，这样一来竞争反而激烈起来了，特别是从四凤祠到祭旗坛这三拨，因为这些地方较为开阔，有众多看热闹者，只要跳在前头的一出现，叫好声、评评点点声，还夹杂着俏皮的笑骂声不绝于耳，顿时一片欢腾。五帝进了祭旗坛，就按照顺序摆放在那里。接着是跳五隅大旗，与跳五帝一样热闹，一拨一拨地接力赛，路线也一样。不过这大旗杆是十三四米长的大毛竹，旗是卷着的，没有打开，足有二十多斤重，得由几个身强力壮的后生轮替着撑。五面大旗跳进坛后，亦各安其位，余事留待下午。

下午，先放爆竹，召集各路人马。待聚齐后，由和尚在坛上念经打鼓做法事，接着宣布东隅大旗出场。东隅的人轮流在坛前十数亩面积大的平地上跳旗（这时大旗仍是卷着的）。十几分钟后，旗子打开，这时跳起来就更费劲了。至和尚宣布南隅大旗出场时，东隅大旗乃归原位。五面大旗轮流跳完后，和尚正式宣布祭旗开始，杀猪匠把祭猪祭羊（村民称之为斋官猪、斋官羊）宰了，并用猪血、羊血淋在五面大旗上，东南西北中五面大旗依次跳出坛，至水口大桥下，将大旗撕下待烧，旗杆留着下次再用。紧接着是五帝下坛，分两拨，从坛内至路口为一拨，从路口至大桥下为一拨，均挑选速度最快的人跳，驮着坐骑上的神像向前冲刺，也够威风的了。待五尊帝君神像到齐后，由和尚念经打鼓，放爆竹，再放一把火送他们回天庭，最后宣布船会结束。

2. 观音会

观音会是善会，宣扬的是救苦救难。一般两年做一次，特殊情况下也有三年做一次的，与做船会年份错开，时间都在夏天。纸扎匠要提前一个月进村动工，一切由"斋官"接应料理。会前每家每户都要大搞卫生，清洁屋宇，以表示对神灵的虔诚，这与船会的要求、做法相同。观音会的主神是南海观音菩萨，神像有一米来高，安放在五米多高的"观音架"的最高处。神像侧坐在一只似狮非狮的怪兽上，拖曳的裙子很长，半掩着一双纤巧小脚。观音神像前下方，有一尊一尺来高的善财童子，双手合掌前俯拜揖，右脚后翘，左脚独立在木制齿轮上，齿轮两边有相应的装置，安有两根绳索，两端来回扯动，善财童子即向两边来回打转，像是在作揖。人们都称其为"童子拜观音"。

由十几条汉子抬着的五米多高的"观音架"，像一幢古典式的多层建筑，游廊门户，玲珑剔透，上面放着许多纸扎的（或泥塑的）小人像，身长五六寸、七八寸不等。这其实展现的都是戏文里的场面，如"白虎堂"场景，就有杨六郎、孟良、焦赞、杨宗保、穆桂英等，形态各异，栩栩如生，还有"三战吕布""长坂坡""三气周瑜"等诸多精彩纷呈的舞台人物场面。其艺术之精，令人叹服。

观音会的第一天是接观音。把观音架抬到水口大桥上，先请来和尚做法事，求神灵下凡，附体到神像上。斋官们纷纷跪在地上迎接。之后，又把观音架抬回经楼下供奉。这天每户都要做包、馃，都是素的，并把最精致细巧的拿去供奉观音娘娘。观音架前，各种各样的包、馃琳琅满目，也就成了村里巧妇的食品制作大赛展。

第二天，观音娘娘要出来游行。大家抬着观音架，和尚打鼓念经，引路在前，后面跟着几十名小青年，撑着旗，打着鼓，敲着锣，放着鞭炮，好不热闹。这些天，太子老爷也要出来陪伴。每到一处，许多善男信女都要来烧香叩头；还有些还愿的，都是供双娘娘鞋，说是让娘娘带回南海去穿。这家供一双，那家供一双，最后攒了好几大挂，挂在娘娘的座下。这些娘娘鞋都很小，长两寸半左右，前面很尖，都是用绸缎制作，鞋面上绣上各种花草图案，精致极了，可算是村中巧姑娘、巧媳妇们的针线艺术大展示。

最后一天是送观音。开始时，十几个人各持一杆山门铳，朝天燃放，震耳欲聋。随后，在打鼓念经的和尚们的引路下，十几条汉子抬着观音架，缓步前进，撑旗，打鼓，敲锣，放爆竹，前呼后拥，热闹喧天。沿途还有几处要停下来，让大家跪拜祈祷，最后到达祭旗坛，安排人员值守。上午事毕。

表　演

午饭后，跳观音旗。这观音旗比起船会的五面大旗要小一些，旗杆根部直径约六厘米，长六七米。旗是卷着的，因为如果打开了，一遇风吹，撑旗的小孩无法把控。旗有五面，代表东南西北中五隅。因观音会只是伏岭一村举办，五隅各所属范围也重新划分。观音会没有五帝神像，五面观音旗代表五隅五位帝君。跳观音旗是接力赛，人员在十四五岁的男孩中挑选，每拨5人，共10拨，从大戏台到村口为一拨，东隅旗跳到第二拨时，南隅旗开始跳，如此西北中隅依次起跳，一直跳到祭旗坛。从四凤祠至小石桥南、小石桥至坛口、坛口至终点这三拨最为紧要，因为到了最后冲刺时刻，是观众最多的地方。尤其是小石桥至坛口这一拨，因为这一拨往南20米处路边有株大橡籽树，树上有一大横枝像一只大手伸向路的上空，旗跳到那里一定要向右斜掠过树枝，过去之后，旗再竖起来。大家都怕跳这一拨。五面旗都跳到终点后，稍休息一会，和尚就在坛上念经打鼓了，接着五面大旗相继打开，迎风飘扬，由大人们轮流撑着在坛前跳。跳了一会之后，和尚发令宰杀祭猪、祭羊，把猪羊的血洒在旗上，又撑着旗跳到水口大桥，将旗扯下待烧，旗杆扛回留着下次再用。紧接着有十几个汉子抬

着观音娘娘到水口大桥下，那里堆放了许多柴草，把所有的菩萨都放在上面，和尚念经打鼓，放鞭炮，最后一把火统统付之一炬，算是送观音娘娘回南海。至此，观音会宣告结束。

3. 祀孤会

祀孤会是祭祀孤魂野鬼的会。此会每隔五六年举办一次。在四凤祠内大明堂四周的方石柱上，挂了十几尊大纸菩萨，比人还高大，形态各异，威风凛凛，生动逼真，大体上是一些古代的功勋将帅。祀孤会有五天，每家每户都要制作许多纸箱、纸衣帽、锡箔金银元宝，不会做的就请人做，在指定的那天傍晚送到四凤祠大广场上，堆得山高。晚饭后，和尚在临时搭的台上做法事，念经打鼓，燃放爆竹。据老人们说，那天晚上所有的鬼，包括自家的鬼、亲戚的鬼、新鬼旧鬼、小鬼老鬼、孤魂野鬼都要来拿取金银元宝、纸箱衣帽等物，要让每个鬼都能拿到一份。鬼有钱了，人就平安了。

次日，由几十名男子汉分成三拨，驮着纸菩萨依次跪到大桥下，摆在那里，由和尚念经，说是给这些鬼送行，最后一把火烧得烟雾冲天。烟雾散尽，鬼魂遁去。

第六章　乡土人杰

邵振翔在《纹川记》中云："纵未及州郡之轩厂，而地广人稠，田可耕，井可凿，山可樵，水可钓，礼乐诗书，陶镕于其中者，当亦代有伟人。邵氏之先卜筑于此，虽曰地灵，抑亦人杰也欤！"伏岭邵氏族人崇儒重教，代有闻人。宋有评事邵千七，元有载入府县志的邵再琦[①]，明县志录有邵文愈、邵槐、邵继康、邵文绣。载入清嘉庆《绩溪县志》有22人，邵家庆、邵济川、邵雯、邵棠、邵振翔、邵兰、邵大本、邵际盛、邵诠、邵谟、邵文绣、邵飞熊、邵邦巩、邵飞鹏、邵飞凰、邵焕文、邵云峰、邵洪绪、邵时玉、邵如松、邵廷舜、邵联赏。1998年版《绩溪县志》补载邵班卿、邵金生2人。正是他们的杰出表现，邵氏宗族缙绅、士绅阶层形成，对周边社会影响力不断增强，使得伏岭华阳邵氏成为徽州名门望族，纹川也成为绩溪人文的勃兴之地。

历史是由普通大众的生活写就的。邵氏宗谱中的名字被留存在各自的祠堂里，邵氏家族的精神也被深深烙印在今天的邵氏子孙心上。光绪版《华阳邵氏宗谱》中载有一定社会影响力的伏岭邵氏宗族代表性人物564人，经过筛选整理，录入传记人物40人、传略人物135人、传奇人物6人、当代英才6人，计187人。他们平凡而伟大的事迹，前赴后继的文脉传承，就是一部生动的村史长卷。

---

① 据《华阳邵氏宗谱》，邵再琦，名三禄，元朝至正年间（1341—1368）捐资取石，平铺道路，倡建石纹桥。

一 传记人物

邵百二（1114—1187），名宣，又名小二，字文达，邵相次子。南宋绍兴四年（1134）由淳安县永平乡安坑迁徙歙县岔口镇井潭，不久再迁绩溪县临溪镇隐川，子文亨公携孙迁伏岭下，被尊为华阳邵氏一世祖。娶淳安童氏，继娶绩溪王氏。生五子。宋淳熙十四年（1187）卒，享年73岁。明朝嘉靖年间，时任福安教谕、绩溪仁里人程箕评价邵百二是"愀愀君子，遁迹隐川。课农训读，家声以传。徽堪启后，严可承前。绵绵瓜瓞，亿万斯年"。乾隆版《华阳邵氏宗谱》作《百二公纪》，称他是"最为转关得力之人"，即承前启后的关键人物。

邵文愈（1379—?），名福童。早年因父亲去世和官差压制，家产尽失。艰难之时，发愤图强，抚育幼弟以友爱，调理家政而致富。舍得家财与村人合力重建福昌寺，为石纹桥添置桥亭24楹，使石纹桥成为闻名遐迩的廊桥，为纹川古里增添一道亮丽的风景线。其事迹载入《绩溪县志》。

邵礼简（1420—1484），名盛宗，文愈公第三子。他为人正直，平等待人，无论公平忠厚，抑或自私乖戾之人皆愿听从于他。他乐施好善，带头参与福昌寺重建，修缮了伏岭村的关锁——石纹桥。天顺年间，县举耆老。他排查调处的民间纠纷，人多敬服，事情无论大小都能平息。他性情刚烈，妻子程氏温婉柔顺，夫唱妇随，相得益彰。

邵克谦（1439—1491），名大久。他为人潇洒不羁，无拘无束，有创新谋略，遇事不慌，敢讲真话，带头为官府做义工时，清理了本村绝户的家产与土地；负责将本地农业税登记造册时，解决了村主任经常赔偿粮食的难题。父亲做善事时，他真心支持，主动参与，促其成功。村民感叹："子孝父心宽。"

邵松，生于明朝天顺年间，卒年不详。名伏佑，从小聪明伶俐，通晓天文律法。青年时，深得绩溪县知县赏识，随其工作6年，后被推荐到京城参加礼部考试，为吏部选用，授予四川布政司储积仓大使，从六品经历。

到任后，兢兢业业，廉洁能干，充分展示了自己的才华。他是伏岭村从政较早的人物。

邵槐（1464—1547），字庭茂，号从旦，邑庠生。他智商很高，早慧，被父亲送到绩溪县城读书，能过目成诵，同学们羡慕不已。他不仅学问好，而且点子多。当时，江西省发生了动乱，绩溪县受到冲击，他被选为干才，在丛山关、翚岭关、江南第一关等处设兵防守，绩溪境内许多乡村因为他而平安度过了动荡岁月。他重视邵氏宗族资料整理，主持编修了伏岭村邵氏第一本宗谱，给后人留下了极其珍贵的历史资料。荣膺官服，寿考而终，享年83岁。

邵克让（1467—1526），名珂。刻苦自立，勤俭持家。他慷慨朴实，宽容敦厚，治家理政不尚浮华。每遇乡里有事，他出面问清原委，秉公处理，毫不徇情。县里多次请他担任"耆干"，他都不为势力和利益所惑，婉言谢辞，认识他的人都十分钦佩他。他为社会做了许多好事，名勒绩溪县城旌善亭中大石碑上。后人建造惇叙堂（即四凤祠）纪念他。妻程氏，相夫教子，勤俭持家，家里家外，井井有条，乡亲以贤妻良母称赞她。

邵柏（1472—?），至诚质直，生财有道，一生正派，孝顺父母，友爱兄妹，处世谦和。在他手上，起盖汪公庙宇，装塑汪华等人神像。他是伏岭村邵氏较早从政的人，当时叫登仕郎。后人建造柏公祠纪念他。

邵贵尧（1522—1566），邵氏十五世孙。性多奇异，无世俗态，将自家田地产业捐给福昌寺建造藏经楼。他死后被佛寺塑像，世世代代奉祀勿替。

邵文绣（1570—1657），字朴斋，号月塘。博学多闻，林泉自适，绝意仕途，不私谒公堂。曾在徽州府休宁县东门设立教馆，门下弟子闻人无数。他用教馆余资修缮石纹桥，助建福昌寺藏经楼。绩溪县知县郭四维抬举他为大宾，两人谈古论今，海阔天空，相见恨晚。此事被载入县志。最有趣的是，他18岁考取秀才，外出游学之日，岳父将他的夫人许氏送来了。游学途中，他有夫人伴学身边，好不惬意。从此，夫唱妇随，不离不弃，才子伴佳人，举案齐眉，乐享天年。《宗谱》评价道："忆自聚族于斯，肄业诗书，鲜克有继继绳绳者。有之，自文绣公始，后世子孙书香不绝，皆公一人启之，非所谓薪传有自哉！”他是伏岭村土生土长的大文化人，明末清初徽州著名的教育家。后世子孙为了永远铭记他，为他建造了特祭祠——朴斋公祠，亦称文绣公祠。

邵应善（1604—1660），名碧和，乡饮介宾[①]。少年时父母双亡，寄养于鱼川村外祖程家长大。成人后，与人为善，诚实勤俭。晚年时，家道日益盈实，在安川村为三子建三栋统一规格的六部通转楼。他以德报怨，不计家仇，邻里极其佩服他的智慧和忠厚。为教育好子女，他舍大钱选聘名师，兴办私塾。次子进入徽州府官学读书，成绩优异。顺治十年（1653），绩溪县知县朱国杰为之授匾，题词“邦家之光”。暮年迁徙至安田，成为安田支派始迁祖。后代建造碧和堂纪念他，如今依然耸立在伏岭镇安川村。

邵应顺（1630—1701），名希节，字玉公，号鄣峰。光明俊伟，德才兼备。府县会考，屡获第一。考取秀才后，刻苦尤甚。他被绩溪县知县赵世德推举做十三都都董，处理事情公平公正，排解纠纷是非明断。为十三都各村各姓设立清明祭祀公产，造关帝庙，修福昌寺，建新庵、永福庵、天竺庵，捐出自家田产作为上述寺庵香灯钱。一生善行，笔不胜书。

邵奇祥（1645—1721），字履吉，号峰庵，邑庠生。从小学习成绩就非常好，得到过“邦家之光”匾额褒奖。壮年时，识见尤长，文章笔气豪迈，考试成绩名列前茅。令人意外的是，他未走科举道路，而是一边从事农业劳动，一边进行戏剧创作。他“击壤而歌，让畔而耕”，为当时的伏岭舞狮创作了许多剧本。他是伏岭本土著名的剧作家。

邵谟（1651—1726），名士谟，字宗望。首倡建祠，扶贫恤困，修桥铺路，事迹载入县志。嘉庆版《绩溪县志》载：“康熙戊子、己丑岁凶，谟出粟百余石济贫。于苦马岭开山伐石，坦路二百五十余丈，又坦村内及寺大路，皆费逾数百金。”妻胡氏温柔孝顺，勤俭持家，人赞贤妻良母。

邵诠（1655—1722），名士梅，字禹占。品行端方，气象魁伟，性情慷慨。出银400两，鸠工伐石，修整道路270余丈。石纹桥倾倒，体祖志，乐

① 清制，每岁由各州县遴访年高有声望的士绅，一人为宾，次为介，又次为众宾，详报督抚，举行乡饮酒礼。

输修葺。康熙戊子、己丑连续两年发生饥荒，他捐出粮食赈济灾民，挽救了许多人的生命。绩溪县两任知县对他以礼相待，称赞他的尚义之举，并共同题了"德冠南邦"匾额赠他。其事迹载入《绩溪县志》。

邵邦永（1671—1745），名飞熊，字养鸣。诚信明断，清廉守法。凡建学宫，修桥铺路，无不带头捐款捐物。荣膺知县王启源赐匾"邦家之光"褒奖。后任知县王锡藩推举他担任十三都都董，善行卓著。嘉庆《绩溪县志》称他"康熙己丑岁荒歉，减租平粜。入学五十载，足迹不履公庭"。

邵惠枢（1672—1749），字尔极。兄弟友爱，叶奏埙篪，待人接物，忠信无欺。雍正甲寅年（1734），石纹桥被洪水冲毁，荡然无存，阖族倡建，众人推举他任总指挥，历时七年，不辞劳苦，大功告成之日不以功臣自居。绩溪县知县萧昌循例举荐他当选十三都都董。妻子胡氏荣膺朝廷优老肉帛。

邵邦瑞（1674—1745），名飞鸣，字圣廷。持身谨厚，举止端庄，事亲孝，接物恭，待下恕，尊贤礼士，勤奋好学，擅长书法，乐善好施。曾出钱建造周家坑桥、绩溪县学宫、石纹桥及永福庵道路。遇到荒年，凡是贫困亲友无不接济救急。即使被人欺辱，足迹不踏公堂，从不跟人计较，众人皆称盛德。其德行善举载入嘉庆版《绩溪县志》。他青年丧偶，形单影只，年届40，再娶妻妾，一连生育4个儿子。四子均学业有成，考取秀才。晚年生活颇为随心如意，抱子弄孙，尽享天伦之乐。

邵邦升（1688—1737），名飞凰，字海清，府学生。仗义疏财，乐善好施。雍正甲寅年（1734），登源水患，石纹桥被冲垮，他带头捐建。徽杭古道逍遥源通浙江几十里，峻岭崎岖，杳无人烟，他义建一得亭并房舍于中途，且嘱咐儿子邵云彩购买亭畔水田3亩，永为施茶费。过往行旅皆感其嘉德善行。事迹载入嘉庆版《绩溪县志》。

邵士长（1692—?），名振翔，字庶先。自幼聪颖，学识甚富，其文章之文采和义理皆有可观者，颇得当时大学问家孙嘉淦赏识。因父亲去世服丧，错失从政良机，自此绝意仕途。为谋生计，他到处讲学，广收门徒。批注《四子书》一部，且擅长书法。乾隆癸未年（1763）协修《华阳邵氏宗谱》，写下《纹川记》颂扬伏岭。

邵嘉乾（1702—?），名兰，字惕若，号钝亭，邑庠生。隐居乡里，笃志清高，气量恢宏大度，英姿挺拔伟岸，幽怨与他无缘，好古博学多才。协修乾隆版《华阳邵氏宗谱》18卷加卷首。这是绩溪县邵氏第一部统宗谱，为后世留下了大量的宗族资料，是纪录伏岭历史的皇皇巨著。

邵嘉彩（1709—1757），字振文。勤劳致富，乐善好施，热心公益事业。主持建造了安田石拱桥，单孔，长15米，宽4米，高7米。由于工程质量优，安田石拱桥自建成至今完好无损，是绩溪县登源河流域迄今唯一未曾水毁的古老石拱桥。

邵联碧（1722—1762），名云灿，字晋美。年少即补录为秀才，立志成就一番事业。学习尤为勤勉谨严，曾手抄辑录从明朝到近代的《名人经义全集》，遗留下来的手迹数竹箱，其间竟无一字潦草。他正直严肃，凡事不弄虚作假。惜英年早逝。妻程氏，性情仁慈宽厚，寿享80，她对上侍奉太公太婆，往下亲见元孙，五世同堂。郡县以为瑞祥，上报朝廷，得赐"七叶衍祥"匾额表彰。《绩溪县志》"祥瑞门"获得者即从联碧程氏始。后来，邵联碧被追封为奉直大夫，妻程氏被追封为太宜人。

邵国荣（1744—1829），名树基，字子仁，号沚人，被追封奉直大夫。少年丧父，20岁时补录秀才，享受县衙伙食补助待遇。然而，命运多舛，七次到南京贡院（考试院）乡试都未获得功名。从此，绝意仕途，躬耕田亩，仅以通晓经义、明白事理告慰平生。著有《覆瓿集》四卷、《半痴子小影》一卷。妻程氏，与婆婆为姑侄，侍奉婆婆50年，无一事违逆婆婆心意，是伏岭村最具代表性的好媳妇，被追封为太宜人。邵国荣少时与邑人方体、程达夫友好。方体擅长写文章，科举考试不得志，但愈挫愈奋，还想再次拼搏，无奈家庭一贫如洗。尽管邵国荣自己对科举道路心灰意冷，但他还是与程达夫一起商量，定要助方体成功。他们二人来到瀛洲镇碣头村方体家中，送来生活费和方体参加南京乡试的盘缠，并对方体寄予殷切的期望和深深的祝福。后来方体终于名登皇榜，中了举人，接着又考取了乾隆五十五年（1790）进士。直到方体在朝廷刑部担任郎中职务，回到绩溪家中接走妻子儿女之时，邵国荣和程达夫两位好友才停止对方体家庭的接济。

不久，方体担任江西省九江知府，绩溪县富贵子弟争相攀附求婚，方体却将掌上明珠嫁给了邵国荣的儿子邵鲁田。方体从湖北布政使位上退休，回乡探亲扫墓，在邵国荣家住了一个多月。方体告诉别人说："我为诸生十年，入宦境三十年，阅人数千，始终纯粹无瑕者，邵君一人而已。"

邵天骥（1765—1821），名嗣周，字右岐。威严正直，勤奋学习，通晓四书五经。曾在北京吴其濬家设教馆。吴其濬是世家子弟，邵天骥用古文经学、义理考据教授他，后因吴其濬不听其言，怫然大怒，辞去教职，回归故乡伏岭。后来，吴其濬科场一路顺风，最终殿试第一，考取状元。学生从北京千里迢迢来到伏岭拜见先生以谢师恩，而邵天骥没有出面会见。后因孙子邵懋勋官江右，追封他为奉直大夫。妻许氏，贤淑咸钦，慈和素著，持家教子，母仪足式，追封宜人。

邵大震（1783—1856），字雨辰，号仰盂，贡生。他衣着朴素，自奉节约，对待他人和公益事业则慷慨好施，捐出肥田1.25亩给永福庵作为香灯费。每次出行必带零钱，遇见贫苦乡亲随即赠予。每到年关，凡有亲友上门求助，皆暖言暖语给予接济，终不让人失望而归。对于别人还不了的账，他亲自将借据烧毁，并告诉妻子说："不能将欠条借据留给儿女，否则，将耽误他们努力上进。"一生所作所为，全记在《寄蜉堂家传》。妻程氏，本性善良，孝顺公婆，相夫教子，同情孤寡，助夫行善。

邵伯成（1802—1859），字兑斋，晚号退佳。少年丧父，能刻苦自立，18岁时以县试第一补诸生食讫。然屡次赴南京赶考，皆未考取功名。咸丰初年，以岁进士候选教谕。当时，太平军攻陷绩溪县城，境内多土匪出没，百姓日夜惊恐不安。于是，他募集壮士，组织团练，誓死保卫登源河区域。他纯性至孝，事母无违。他的诗词文章，悠然旷远。常携酒登高，吟诗作赋，人望之目为神仙。著作甚丰，因自己不善整理，都为他人藏去。死后被追赠奉正大夫。

邵运璇（？—1862），名懋功，字象乾。为人忠义勇敢，从太仆公征战有功，保奏五品官衔。同治元年（1862）腊月朔（十二月初一），又从太仆公出征，被11万敌军围困，他跃马扬鞭，冲进包围圈，杀死敌军十余人。

此时太仆公已殉节，他还奋力作战，身受数十处伤，战死沙场。清政府追赠千总官，世袭云骑尉罔替，发放安葬费一百五十两，配祀太仆公祠。妻汪氏，咸丰十一年（1861）春被太平军俘虏，骂声不止，被割断舌而死。清朝廷旌表贞烈。

邵伯棠（1806—1864），字静斋，号醉樵。"好学能诗，尤究心经济，所交皆贤士大夫。弟辅牧葭陇，奉母命往佐，治多善政。咸丰初，粤寇陷江宁，公方客霍山，知民饥易从乱，为其士大夫谋，敛粟赈之。因团练相保守，寇不敢入。及陷绩溪，民相与避逍遥岩中。公率子弟据岩守。寇屡攻不克，则夜间行袭岩后，众骇将溃，公止毋走，分众设伏以迎之，且乞援于荆州，其首唐元林引众驰救，夹击之，寇败，趋岩匕，径断，寇奔而颠死者千计。遗民获全。"邵伯棠因此一战，名噪乡里。"邑有大事皆倚公为重，时总督两江曾公国藩遍立劝农局于皖南，以绩溪农事属公"。伯棠因病请辞，奉上《劝农诗》四章，"曾公得诗嘉叹"。"公以从九品待铨，御粤寇有功，诏赐五品衔，且冠蓝翎"。公一生著作甚富，皆毁战火，仅《见闻录》《守岩日记》《劝农诗》尚存。

邵清斋（1808—1862），名辅，乳名伯营。他少年丧父，勤奋好学，触类旁通。道光二十四年（1844），恩科以廪膳生举于乡；咸丰三年（1853），大挑教谕；咸丰四年（1854），选任广西知县；咸丰五年（1855），捐升知州；同年六月，实授陕西省葭州知州。他革除弊政，蠲免苛捐杂税，致力兴办学校，与当地回民和平相处。咸丰七年（1857）夏，因纳税成绩突出调任陇州知州，兼大小陇卫戍，整肃治安，缉捕盗贼，商路畅行。担任1858年、1861年陕西省乡试同考官。同治元年（1862），吏部侍郎王茂荫保荐将才，被同治皇帝召见。同年夏天，陕西渭南反叛，他上陈《关中十策》《制防渭南回族议》（载于《皇朝经世文续编》），封疆"大吏叹其能文，卒不能用其言。公遂练士卒为守备计"。同年秋，叛军进攻陇州南部，他率部将其击败，杀敌一千余人。皇帝以功高而下诏擢升为知府，赐冠孔雀翎，监领凤翔、邠乾等乡军，诏讨陇右叛军，"旋督勇剿蜀寇于土桥"，大获全胜。委署陕西同州府知府。同年冬，叛军骑兵11万从东边攻凤翔，他率领部队在赤延镇三战三捷，后因援军未到而被围困。12月15日早晨，部队在火烧寨战败，他手刃数敌后，战死疆场，殉难时年54岁。同治皇帝闻耗为之震悼，责备陕西巡抚奏报不全，下诏追赠他为太仆寺卿（文职京官，从三品），世袭云骑尉，赐赙银（即丧葬费）400两，官员护柩归葬，并敕令陇州府、凤翔府建立专祠春秋致祭。著有《周易私说》《春秋衷候》《虫吟稿文内外集》《葭陇图籍问答》等书，共21卷。

邵国茂（1814—1884），名椿茂，字正辉。国学生，由同知加道衔，诰授中宪大夫。他因经营茶盐而大富，在赣、浙等地为国家做出巨大贡献，是一名成功商人和著名社会慈善家。娶吴氏、程氏、项氏三位妻子，皆诰封恭人。

邵家瑞（1820—1865），字聚庭，登仕郎。品行端正，为人正直，性情平和，勤俭持家。曾任伏岭下村邵氏宗祠之下保甲，事无巨细，亲力亲为，公正无私，深得乡民拥戴。咸丰末年，太平军数次进犯伏岭下村，致使连年庄稼歉收，饥荒深重。他在本村设立赈灾局，无偿献出平生积蓄，从远地购进粮食，以低价售于灾民。对于无钱购粮的赤贫百姓，则每日在自己家中供给稀粥，使十里八乡的无数百姓得以存活。妻胡氏，效仿夫君，慈悲为怀，好善乐施，助人为乐。

邵开汉（1824—1898），名倬云，字芸圃。天性刚直，品行端正。及长，弃文从商，于休宁经营商贸，英姿焕发，刚毅有为。时逢咸同兵燹，动荡不安，然他出入险境毫无惧色，凭着过人的胆识与人品，始终将自己的商业立于不败之地。不久，天下太平，他尊祖先，倡义举，造桥梁，秉公直言，排难解纷，留下极佳口碑。晚年时，颐养丰厚，芝兰仙桂满庭芳，寿逾古稀。

邵作霖（1825—1868），字政卿，号幼樵。在任京城指挥司指挥期间，两袖清风，曾经将自己的坐骑售出以贴补家用，但他体恤下属，待之甚丰。当时，北京城中盗贼很多，他带领下属昼夜巡捕，确保京城社会稳定。咸丰十年（1860），英法联军进犯天津，京城戒严，他奉旨宣诏，严格执行。团防大臣察劳保举他任知县。不久，英法联军兵临城下，咸丰皇帝避走热河，恭亲王奕䜣与各位大臣留守。大臣们惊慌失措，聚集恭亲王府邸商讨对策，乞和声一片，唯独邵作霖不认可，当庭慷慨陈词，主张全力抵抗外侮。恭亲王为之动容，然而最终还是听从了众大臣建议，与英法两国政府签订和约。次年，因缉捕盗贼有功，邵作霖升五品官衔。同治元年（1862），他被授予四川珙县知县。此时，盗贼蜂起，当地苗族同胞十分害怕，而且，珙县地处云南、贵州进入四川的要冲，警情不断。邵作霖集结壮丁扼守险要，日夜运筹战事，调集粮饷，又上报四川总督骆秉章《论边防剿抚机宜》。骆公认为十分了不起，将他的剿抚并举方案下发到周边其他县群防群治，结果民安其居乐其业。后，骆公上书同治皇帝，赐邵作霖戴孔雀翎。他任珙县知县三年，虽然军务繁忙，但仍能尽心力于百姓民生，写成《巡乡问答二十条》，将养济院、栖流所、书院、仓储等事务都立了地方性法规，报告遂宁府知府同意后勒石碑垂示永久。3年后，清政府将他调任宜宾射洪县知县，他一如既往地勤政爱民。在交接仪式上，四川总督骆秉章郑重地告诉新任珙县知县：在四川县级官员中，邵作霖有四最，作风最硬，百姓最爱，政绩最好，上级最信任，是知县的榜样。骆公奏请朝廷调补邵作霖到四川巴县。朝廷任命未下来，邵作霖因父亲丧事回乡。不久病逝家中，终年43岁。在四川珙县任知县时，他曾经派遣下属来到伏岭迎接父亲去四川。父亲回信道："吾为邑人倚重，又乱世道阻，不能来。汝能慎法古，勤民事，贤于养矣。"他谨遵父命，更加努力为民办事。为官10余年，家无剩财，子孙仅免冻馁而已。妻汪宜人，端静寡言，孝顺公婆。子邵在宽，因明经科而成为翰林院待诏。

邵裕甲（1827—1903），名震春，字春霆，号雨廷。居身谨厚，处世宽和，每闻有意义之事便及时记录，乐于倡导义举。柏寿公派后裔世系不紊，生殁不失，皆其功也。邵氏宗祠和横巷邵氏支祠在太平天国战争中损失的田租，靠他调查恢复大半，掌管宗祠账目30余年，清白可嘉。去世之日，人皆悼惜。他与妻许氏同享76岁，村民颂之曰"夫妻偕老"。许氏善治家政，贤德可嘉，生育六子一女。

邵运铨（1828—1905），名懋勋，字志卿，号绩臣。早年丧父，勤奋好学，工于诗词，家无恒产。后任职内阁。咸丰八年（1858），以巡检身份奉旨引荐，任江西于都县典史，又补用新昌县大姑司，后调补乐安招携司，历任政绩卓著，得以优秀官员荐任，以五品衔升授南昌三江口主簿，因公殉职，死于任所。妻宜人胡氏，善于持家，遭遇窘迫，不形于色，常年勤劳，相夫教子，以贤惠著称。

邵符卿（1840—1863），名作楫，行名运泰。第二十三世，邵辅继配胡淑人所生。少年时，勤学好问，对历史有研究，擅长书法，有勇有谋有武功，事父母至孝。咸丰末年，多次率领民兵追击太平军，因军功擢升绩溪县县丞。同治二年（1863）正月初六被太平军抓获，不屈而死。清政府下诏，赐葬银150两，追赠同知官衔，世袭云骑尉。妻方氏和女儿邵瑞眉皆死于太平天国战乱。

邵裕桂（1841—1898），名维桢，字筱山，附贡生。他善良正直，急公好义。曾带头建造伏岭双溪口、坛石坑两座石拱桥，凡公益善举无不踊跃。太平天国战乱过后，有堂弟数人孤幼无依，悉将其抚养成人，为之娶妻成家，其中没有恒产的，则给予更多资助。村中偶发诉讼争执之事，他常出面居中调解，让当事人双方心悦诚服，时人皆称其有鲁仲连之风。

邵运信（1845—?），名作宾，字雨卿。由监生报捐盐大使职衔。光绪七年（1881），因赈灾有功，以盐大使选用。光绪十三年（1887），改捐县丞，分配到江西省试用，并加同知衔。光绪十五年（1889），办理顺天、直隶两府赈灾捐款有功，以知县补用。光绪十六年（1890），以县丞验看至江西南昌府，光绪十八年（1892），署理南昌府新建县典史。光绪二十五年（1899），以知县引荐到江西。光绪二十七年（1901），江西筹赈案内奖叙花翎，署理南昌府靖安县知县，捐加四品衔并加四级。光绪三十年（1904），代理南昌府新建县知县，覃恩授以资政大夫（正二品）。光绪三十一年（1905），办理江西省赈灾捐款成绩突出，保俟补缺后以直隶州用。妻曾氏、王氏，覃恩诰封夫人，侧室黄氏，生在璋、在昌、在南、在赣四子。

邵在方（1877—1937），字宗矩，光绪二十八年（1902），清政府补行前两年恩科和正科考试，他以邑庠生举于乡，举人名声传颂至今。光绪三十三年（1907），赴吏部考职，遵例报捐，指项县丞，指省江苏拣选班补用。

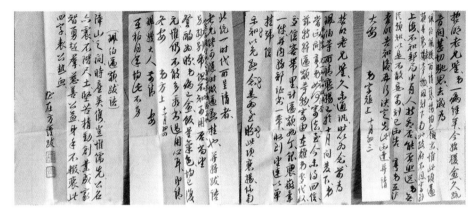

举人邵在方手迹

二 人物传略

邵世杰，又名四七，字千俊，随父亲文亨迁居，为伏岭邵氏始祖之一。他经营有方，开扩土宇，和睦乡里，赈灾救贫，抚恤孤老，乡里称颂。

邵世师，又名四四，字千七，南宋评事，正八品。忠诚宽厚，品行端正，喜纹川山水，定下基业，为横巷始祖。

邵柏寿，第十四世，春晖堂先祖。"重义轻财，平素谨厚，遇有义举，资助以成"。

邵顺，又名邦顺，第十七世，柏寿曾孙，一生"勤俭自持，乐施不吝，伐石坦路，黄岭平夷"（指伏岭至半坑的黄岭）。

邵士羽，又名士翔，庠讳步云，字我丰，第十八世。一生好善轻财，矜孤恤寡，择师训子，厚道待人，祠建两庑，公举能干。享年八十有五，膺赐绢米之荣。

邵福祖，名显臣，乡饮介宾。一生重视道德教育，用自己的所作所为感化周围群众。遇有邻里纠纷，善于主动排除，深受村民爱戴。

邵仕发，名陈。勤俭持家，善理资产。元末避兵流散他乡。明朝开国后，回归伏岭下，登记良田 1000 余亩。

邵仁简（1419—1484），名法弥。天性纯真，孝友著称，治家勤俭，仗义疏财，乐行善举。明朝正统末年，邵崇简、邵仁简、邵礼简齐心协力修建福昌寺。

邵克明（1440—?），名汝祥。明朝成化末年被推选为老年调解员，从事民事调解，做事周密，当事双方满意度高。同时，又当粮长，为政府代征农业税有办法，民无怨言。坚持修理石纹桥亭和桥垛，获往来行人称赞。

邵杉（1478—?），名社暄。终身勤劳，一生两娶，生育四子，繁衍成塘塝上派另一大枝。其子孙建造杉公祠纪念他。

邵彬（1489—?），名社寿。一生勤俭，发家致富。在他生活的年代，政府重视里长轮役，在县府工作期间，知县对他十分满意。回到伏岭后，成为优秀的里长，为村民做了不少好事，得到村民普遍好评。妻汪氏，相夫教子，孝顺公婆，恪尽职守，有贤内助之称。

邵梅（1495—?），名社全，号纹桥。忠诚质朴，一生清白。他继承父亲家业，拓展创新产业，事业逐步兴旺。虽然家庭富裕，但治家和教子沿用优秀传统文化，他的诚信和正义让人佩服。

邵唐（1499—1549），名旺孙，邵柏次子。他倡建柏公祠，为邵氏在伏岭下的第一个祠堂，至今保存完好。他为该祠立下了祠规和家训，又将自家三亩田地捐给福昌寺永为香灯钱。

邵炯（1517—1577），岁贡生。知识渊博，尤其精通《尚书》中"洪范"篇，然七次参加南京贡院乡试，皆未中举。府县屡次推荐，也未获得官职，一生未获大用。

邵文炖（1525—1574），名胡田，字崇庆。谨厚存心，朴茂为文。屡纳本甲皇粮延续产业，捐助福昌寺香油灯，福泽子孙。

邵廯（1532—1606），名崇旺。聪明过人，擅长书法，精于账务。他按例编造征收皇粮国税的《鱼鳞图册》《黄册》，能条分缕析，逐个田块地块画出图纸，计算税赋，按编号逐户标明。获知县赠匾"经理贤劳"褒奖。

邵庇（1534—1594），名崇俊。生平谨慎厚道，能守成更能创业，不为

俗事所扰，殚心于事业。尤为注重家庭建设和子女教育。

邵文喜（1547—?），名崇琦，号文峰。为人朴素诚实，居家孝顺父母，晚年家道富裕，乐善好施，虔诚礼佛，捐款、捐产给伏岭下村福昌寺。

邵时玉（1560—1630），字四保，国学生。居心勤厚，拒绝浮华，好善乐施，豁达多识。曾花费黄金百余两建造上村石桥以便行人，过往之人无不称颂。绩溪县知县为他题匾一方："善盖一乡"。

邵社忠，字尽诚。性格刚强，正直不阿，见义勇为，族内长老皆甚器重。万历年间，被邵氏族人推举为建祠首事，终成其事。

邵文纶（1562—1625），号敬塘。诚信明断，洞悉时艰，竭力成家，进退有度。兄弟六人同心同德，成为伏岭下村兄友弟恭的典范。

邵应昌（1585—1666），名佛庆，廪贡生。聪明过人，精心研究经书和历史。数次选拔考试，成绩皆优。设馆执教乡里，能诚心诚意训导教育，学生中多出类拔萃者。体察母亲守节度日之艰辛，事之倍加敬孝，为此得到知县的恩匾勉励。

邵应台（1597—1652），制节谨度，仁厚存心。遇凶告籴，赈济贫困；修缮寺庙，积善求福；凿石铺路，方便行人。一生多行善举。

邵时聘（1598—1664），名正老，字怀珍。创业贻后，不尚浮华，善于韬光养晦，明哲保身。诗礼家风，课子成名。被知县推举为介宾，获"宾筵翘楚"匾额奖励。

邵应份（1611—?），字垣聚。经理盐务，服务于浙江省名商邵日生商号。崇祯年间，连年饥荒，他设立粥厂赈济灾民。为此，杭州知府赠匾"西江洒润"，以示褒奖。

邵时聪（1616—1679），字仲谋。秉性刚毅，明断是非。明朝末年，他率领伏岭下村乡勇抗击贼匪犯境，为民除害，确保一方平安。

邵寄贵（1621—1674），义勇夙著。明末战乱，群凶杀掠，他率领伏岭乡勇保境安民，一路征战，所向披靡，为乡民赞誉。

邵应铺（1627—1688），忠厚严谨，办事公正，主持建造邵氏宗祠。

邵万老（1629—1674），明末清初，社会动乱，有马贼犯境，徽州府抽丁清剿。他率领乡丁穷追猛打，不幸殒命。歙县南乡人民建造庙宇祭祀，以嘉忠勇。

邵德懋（1634—1686），名汝桂，字子芳。少年时，孤苦伶仃，兢兢业业守成，勤勤勉勉创业。中年以后，治理众务，秉公办事，名溢四方，为一族之望人。其余善事甚多，各处名存，传不及载。康熙二十三年（1684），绩溪县知县赵世德赐匾"望隆硕德"，以示褒奖。

邵显胤（1638—1711），字扬正。康熙年间，倡建上门邵氏支祠，即横巷老屋——世德堂。

邵应迓（1646—1739），字右衡。为人持重朴实，富有情趣，干事能力强且富责任心。曾两次接受恩赐，双倍领取政府发放的猪肉和布帛，堂悬匾额，题词是"皇恩倍赐"。享年93岁，可谓德劭寿高。

邵先（1657—1735），名士先。一生行善积德，谨慎忠厚，抚养堂弟视如亲弟，教导子孙勤俭持家。他待人仁慈宽厚，偶有冒犯，从不计较，享年78岁。妻方氏，温柔贤惠，相夫教子，堪称贤内助，夫妻相爱到老。

邵逑森（1658—1743），字子先。为人质朴，没有多少文化，在家务农，孝友一生。记忆力非凡，胸中故事，不拘古今，有"绩溪民间故事大王"之称。绩溪县知县范龙威以"盛德遐龄"匾额赠他。享年85岁，荣膺顶戴花翎。妻汪氏，享年81岁，享受清廷优老绢米。夫妻二人都享受优老待遇，一时成为美谈。

邵正钟（1662—1724），果敢刚毅，勠力拓宽伏岭竹山干水道，灌溉3700余亩农田。

邵远生（1666—1735），字守望，登仕郎。教子严格，治家节俭，正直诚实，家庭开支有度，以一丝不苟称道乡里。作为公职人员，他工作认真，做人清白，以廉洁著称。

邵伦俊（1667—?），字天球，邑庠生。潜心理学，矢志诗书，郡试冠军，宫庠雅范。培养学生勤于训诲，为学士文人所景仰。

邵传森（1667—1722），字思习。明达端庄，厚重少言。跟从名师游学，读了许多书法和史学的著作，然屡试不第，遂退而晴耕雨读。

邵光森（1674—1747），字仲辉。他端正持重，清淡谨慎，温和忠厚，慈祥仁爱，终生勤奋。他爱憎分明，亲贤远佞。他不惜重金，择师教子。妻耿氏，享年81岁，荣膺绢米。季女适耿，夫病重，发誓生死相随。后夫死盖棺，邵氏即自缢以殉，俗云女中奇节。

邵惠棋（1674—1734），字孝采。带头捐款重建永福庵。因精通数学，公平正直，全乡之人推举他厘清农业税，减轻百姓部分纳税纳粮之不合理负担。

邵永高（1675—1735），字仲山。为人刚直，行侠仗义。雍正二年（1724），参与平息伏岭下村与竹三村竹山干引水纷争，从此竹山干3000余亩农田真正成为伏岭村的粮仓。绩溪县知县范龙威为此题颁贺匾，题词"力农务本"。

邵廷辉（1678—1751），字灿若，荣膺顶戴花翎。秉性耿直，办事果断，为周边群众成功解决竹山干水利纠纷，泽被后世。享年73岁。

邵嘉亨（1681—1748），名玉伦，字玉明。少年丧父，能自立自强，待人真诚，童叟不欺，努力务农，孝顺母亲，悉心照顾两个弟弟长大成人。

邵鳞森（1682—1742），字圣有。以生意致富，不忘乡亲，捐资创建私立学校——水西会所（又称安田山馆），不惜重金聘请教师，培育子孙后代。

邵惠樟（1681—1734），字楚臣。胸襟潇洒，不屑于富贵中较高低，性好醹醁，欣然与刘李辈邀游。礼敬知识分子，延师课子，讲习礼义，以续书香。

邵廷焯（1682—1744），字含光，恩八品。忠厚存心，勤俭持家，举止端正，言语合宜。遇有争执，立即排解，本人终生未至公庭。柏公祠前堂重修，他被推为首事，竭力数载，阖族乐从。

邵邦祥（1682—1742），名飞鹏，字友祯，号云峰。笃实俭朴，好善乐施，孝友闻名。捐资修建石头岭山路，方便往来行人。事迹载入《绩溪县志》。妻王氏，教子有方，凡是修桥补路，随缘乐助。

邵永文（1684—1757），名喜朴，字周尚。孝友传家，每长亲有疾，持汤送药，不离左右，为族人称道。乾隆二十年（1755），徽州知府何宪荐其为十三都都董，享顶戴花翎。

邵邦安（1685—?），字磐如。从小热爱读书，涉猎经史子集，然天性淡泊自甘，不务进取。1758年至1764年，协修《华阳邵氏宗谱》，恪尽义务。妻许氏，贤能孝敬，生育八子，辛勤抚育成人。

邵德瑚（1686—1747），字惟夏。崇尚古朴，天性慈祥，每有闲暇，辄往徽杭古道修桥补路，往来行人无不交口称赞。

邵嘉灿（1691—?），为人平和忠厚，勤俭持家，崇尚诗书传世，注重培养子孙，儿子荣鉴学业有成。乾隆二十八年（1763）修谱，他积极收集宗亲资料，并踊跃捐资，乐成其事。

邵邦期（1692—?），字圣功。性善孝友，办事果断。雍正甲寅年（1734），石纹桥被冲毁，他勠力主持重建，泽被后世。

邵如惠（1693—1755），一生不投机取巧，认定自食其力。他耕种而食，凿井而饮，尤其是他家的井水，惠及邻近乡亲。

邵启坡（1693—1759），名恒，字维成，饮宾。一生谨慎，节约用度，光前裕后。他敦孝友，重礼义，乡邻有事，有求必应，公正无私，众人信服。乾隆七年（1742），绩溪县知县萧昌遵例举报约正。乾隆二十三年（1758），建造横巷老屋，他被推为首事。

邵德琨（1693—1721），名元鳞，字羲苑。博览群书，才思敏捷，被知县称为英才。考中秀才后尤为勤奋，考试成绩名列前茅。惜英年早逝。

邵联奇（1694—1755），名弘基，字志周。为人谦恭节俭，不尚浮华铺张，一生多行善举。嘉庆五年（1800），孙辈以其所遗产业，凿石铺平村内竹马坦头路十多丈。

邵枢（1695—1759），名士枢，字汝顺。质朴忠厚，教子有方，爱妻早丧，终身不再续娶，可谓痴情忠贞之男子。

邵定森（1696—1720），字静夫。少年丧父，事母尽孝。对待两位哥哥十分敬重，手足情深。

邵嘉煜（1697—1758），名细苟，字汝辉。足智多谋，办事很有魄力。

被推举为十三都民事调解员，经他调解的民间纠纷，人们心服口服。

邵廷烺（1704—1754），字位西，号鸿宾。早年失怙，孝事继母。兄弟式好，堪赋棠棣。天资聪颖，笔力雄浑。绩溪县知县李公有"墨体墨裁"之评语，为士林倾慕。

邵联元（1705—1740），字鼎三。孝友端重，勤学能文。惜英年早逝，幸有文章刊行于世，见徽州知府杨君选刊《新安试牍展阅》"遗文"。时士人皆痛惜之。妻胡氏，励节抚嗣，可钦可敬。

邵联科（1707—1756），字我荣。天性仁慈，和气迎人，谨慎忠厚，力农务本。乾隆丙子（1756）荒歉，他带头捐粮捐钱，抚恤灾民。

邵敦辂（1712—1749），字殷载，又名节敦，第二十世。素有善行，继述无亏，蜚声国学。乾隆间襄建石纹桥，又伐石平坦横巷古道。娶妻程氏，青年守节，孝顺公婆，养育子女成家立业。会请旌表，恩赐匾额曰"淑德永贞"。此匾后移承敬堂。

邵德辉（1715—?），名雯，字棕山，号喜联。敦睦厚道，孝友传家，器宇轩昂，才能卓越，博通经史，为士人所重。生平多行善举，事迹载入嘉庆版《绩溪县志》。

邵荣鉴（1735—1765），早年攻读诗书，考取国学生，是远近闻名的才子。可惜的是，未能尽展才华，英年早逝。但他行善积德，斯文正脉，生有五子，子孝孙贤，正所谓凤凰于飞，五世其昌。

邵荣栋（1737—?），字友梁，邑庠生。学习勤奋，博览群书，涉猎广泛，会通古今，尤精于金石考古，绩溪文庙有他题名。

邵启时（1748—1820），字天进，登仕郎。公务之余，辛勤耕作，为人朴实，持家节俭，教子有方。曾捐资襄助县东山书院办学。

邵天验（1753—1816），谱名念周，字右京，号鲁田，汕人公三子，第二十一世。少从外舅方廉访公体，京师入粟，为国子学生，受业祭酒，为学勤恳，善书。在金陵时，公之书与通甫先生之诗，乞者之能得其一文字，主者藏去以为荣。天性方严，不为苟私。既得疾以卒。后，三子辅贵，赠奉直大夫（从五品）晋赠中议大夫。配方淑人（方体之女）。

邵大龄（1758—1833），字鹤年。自幼父母双亡，及长，持家有道，知人善任，与君子交。道光丁亥年（1827），诏举乡贤，受匾"德隆望重"，绩溪县知县推举他为乡饮介宾。

邵家清（1770—1861），娶伏岭祝三村黄氏（1770—1861），虽家无余财，勉强度日，然夫妇克勤克俭，恩爱一生。夫妇同90岁时，县衙颁"九十齐眉"匾额褒奖，受赐八品官衔。

邵承方（1771—1850），字宠荣，号永源，登仕郎。秉性刚直，好行义举。出资助建棕荐岭石洞，首倡捐建登源洞茶亭、徽杭古道施茶亭，砌平途中险峻道路，便利往来行旅。

邵国福（1775—1845），名道开，号膺五。尚义好施，抚恤孤贫；热心为他人排难解纷，事无巨细。乡邻咸敬。暮年，享顶戴花翎。

邵天上（1788—1850），字步周。性孝友。父殁，有弟四人皆年幼，皆仰赖其养育，使成家立业。曾在歙县尤溪创建水碓，从事粮油、饲料加工。因孙子邵琳纳赀，诰赠六品封典职衔。娶妻三房，生育六子三女。

邵敦芳（1789—1861），字灶芳。品行端方，孝顺父母，治家有道，兄弟同灶而食，孝友一堂。晚年，受赐九品官衔。

邵丞宪（1790—1851），字倚章。平生疏财好义，济困救难，慷慨有为。一生多行公益，修建道路，建造桥梁，尤其是兴建安田邵氏支祠，善举历历，笔不胜书。

邵家芳（1792—1854），字信芬。克勤克俭，白手起家。道光年间（1821—1850），复兴柏寿公清明产业：严禁山场，收柴薪以生息；置办田租，年收干稻谷3600斤。清宣统二年（1910）清明节，族人祭扫邵柏寿坟所发放之胙肉胙包，其开支皆来源于此。

邵开诚（1795—1845），字实失，号六桥，第二十二世。初授儒林郎，晋封奉直大夫（从五品）。公少，老成持重，善气迎人，教子有方，兄弟睦好，仗义疏财，不事生产，恒淡泊自甘。

邵家华（1798—1843），名镇西，字信春。自幼家境贫寒，励志苦学，成绩优秀，然三次乡试皆未中举。自此改弦易辙，开馆授徒，教书育人，桃李芬芳。

邵如松（1800—1863），字恒足。谦和处世，勤俭持家，教子有方，子女皆有用之才。

邵洪泽（1806—1879），名洪锦，字见佳，登仕郎。洁身自爱，遵纪守法，公而忘私。作为公职人员被荐为乡饮介宾，时知县晏公赐匾，曰"品行端方"。

邵开家（1807—1887），名献廷，号景堂。一生耿直，乐于助人，排难解纷，乡里咸服。光绪八年（1882），于十二都（今绩溪县瀛洲镇）福岭捐资建造观音堂，为往来行人供应茶水。太平天国战争过后，诸侄孙父母俱殁，皆仰其抚养成人，深得里人敬重。

邵丞美（1808—1885），字锦春，登仕郎。持家勤俭，训诲维严。门内和顺，俱无间言。太平天国战争时，邵氏支祠安田家庙毁于战火，宗谱失传。他邀请村中贤能人士，主持修复支祠寝室，重修谱系，追本溯源，使昭穆有序，功垂后世。

邵家雅（1812—1848），字韵斋，号逍遥散人，县学生。宗谱称他宏通经史，果毅有为，谊切宗亲，哀抚无告，疏财仗义，不避强豪，人咸钦其风采。平时，他和气迎人，善待乡邻亲朋。他喜爱读书，通晓儒家经典和中国历史，是一个文化功底深厚之人。

邵运时（1813—1865），名懋源，字雨卿。平生正直，随太仆公南征北战有功，清廷诰封六品官衔。

邵开庭（1813—1880），名烜，字进荣。为人勤俭，处事精明。壮年时，于歙县南郊文公舍业商，惨淡经营，家道日渐富裕丰厚，遂置田建房，携家眷徙居歙南。

邵培圣（1815—1861），字汝希，号八文。自幼聪慧，然家境贫寒，遂励志苦学，以求振兴门楣。后以塾师为业，育才无数。

邵运贞（1815—1889），名懋治，字干卿。为人谦和，擅长书法，会写文章，村有善举，往往首倡。同治年间（1862—1874），绩溪县知县举荐其为十三都都董，为人排忧解难，人皆敬其清正廉洁、秉公办事。

邵家泰（1815—1858），字履安，府学生。待人平和，友爱亲朋，灵敏好学，擅长诗词歌赋，工于楷书书法，文章清爽新颖，府试屡屡折桂，为当时士人所敬重。

邵洪翥（1815—1861），字鹏飞，国学生。他熟读四书五经，毕生功劳在于辛勤从教，桃李满园。

邵开堂（1816—1861），字芸辉。为人端庄稳重，擅长中医。曾为李姓老板当会计，薪金之外毫不自肥，勤快肯干，数十年如一日。因儿子邵琳纳赀，诰赠六品职衔。

邵丞善（1818—1898），登仕郎。首倡捐款集资并主持建造安田邵氏支祠中进大厅。享年80岁。

邵洪溪（1818—1888），字雨鸣。刚直处世，勤俭持家，擅长经商。妻子是山东人张氏，贤能内助，善治家政，相夫教子，和乐一生。

邵洪喆（1819—?），字观模。素有武备，胆略过人。咸丰十年（1860），率乡勇数十人进入绩溪县城，适逢太平军进犯，众人不知所措，危急关头，唯独洪喆奋勇向前，冲进县衙，背负唐知县逃离险境，故知县甚重之。

邵家瑨（1822—1862），名莹，字璞斋，翰林院待诏。践行孝义，乐善好施，灾年赈济。咸丰九年（1859），抵御太平军进攻致残，有"为国捐躯"功，清廷给予云骑尉世爵荣誉和待遇。妻胡氏，于凄风苦雨中将三子抚养成人成才，暮年得授"节义两全"表彰，晨，匾额悬堂，昏，端坐仙逝。

邵承林（1825—1905），名林妹。务本力农，秉性刚直，在伏岭下村以擅长替别人排忧解难闻名。夫妻两人同寿八旬，绩溪县知县李公亲书"八十齐眉"，送匾祝贺。

邵天五（1826—1892），名桂生，字鸿基。为人端重谨慎，清廉耿直，业精中医，为程姓老板当会计整整40年，克勤自励，深受器重信任。

邵运华（1829—1861），谱名懋华，字舜卿，第二十三世。官京城守备。"咸丰十一年，督团系贼阵亡，蒙同邑吏部侍郎胡会同内阁部堂万窠，入忠义祠，案内奏请，恤典从祀忠义祠，钦赐世袭云骑尉。继子在昌承袭恩骑尉（从六品）"。传说，灵柩运回故里，尸体无首，与妻鲍氏合墓时，制金头合葬。

邵家禄（1830—1862），自幼攻读四书五经，然屡试不第。因生计所迫，专攻中医一门，反而一举成名。

邵家元（1833—1881），字胜三，国学生。精于中医，在浙江省临安昌化区域非常有名。

邵潜（1834—1889），字仲陶。爱好读书，擅长书法，有胆略，因军功在浙江为官，为知府所器重，后任富阳县丞。后因病辞职，逝于家中。

邵开孚（1834—1897），幼年丧父，及长，业商于休宁屯溪。生活安定后，迎奉母亲至屯溪安享晚年。人皆赞其孝子。

邵作云（1840—1895），字仰卿。秉性和厚，善排解邻里纠纷。妻吴氏（1839—1910），被太平军俘虏，毁瞽一目，誓死不屈，后跳崖而逃生。

邵裕谦（1842—1903），名维干，字牧之，贡生。事父母至孝，兄弟同炊，妯娌和睦。于浙江湖州开馆授徒，教育得法，成绩斐然。一生结交，皆品行端正、才华出众之流。

邵培坚（1843—1899），字仲余。仗义疏财，乐倡善举。咸丰末年，偕父逃乱，父被虏，他挺身而出，请允替父。太平军感其孝心，依之。逾二年，得间逃脱回里。后经商定居于休宁黄口。

邵思昉（1844—?），字晋财，恩享顶戴花翎，受赐"齿德兼优"匾额褒奖。

邵洪照（1844—?），名和尚，字鸿胜，官至都司府。幼习武艺，有勇有谋。从戎剿匪有功，蒙左宗棠保奏，沐皇恩赏戴花翎。同治辛未（1871），请假返里扫墓，旋回甘肃，不知所终。

邵在洽（1847—?），名玉琳，字俊甫，邑庠生。援例以补用巡检分配江西省，兼加五品衔。

邵树成（1847—?），名周成，字世忠，官至四品都司，顶戴花翎。今杭州市临安区马啸乡银龙坞水口四品桥，因他而得名。

邵运礼（1849—?），年少从戎，屡立战功。历保奏官至参将巴图鲁，赏戴花翎。多年后，告假回里探亲扫墓，胞伯邵丽轩因无嗣，遂为其娶亲成家以继，不使其回伍效力，终老死于里。

邵培亨（1850—1907），名彦英，字嘉会。孝友传家，辛勤创业，侄儿读书悉赖其学费资助。

邵天恩（1851—?），名鸿恩，字以棠，岁贡生加顶戴花翎，五品衔即选训导。

邵炳夏（1853—1908），字友松，官名鸿，补用守府，赏戴蓝翎，五品官衔。擅长排解纠纷，精于堪舆，同修光绪版《华阳邵氏宗谱》。惜谱牒未成而逝。

邵培润（1854—1926），庠名彦彬，字泽之，号子裕，第二十四世。"晚清秀才，光绪谱首席协修"。开办私塾，育人至众，秀才不第，公益不落，殁之日，送殡队伍长达三里。

邵裕诚（1854—1902），字维垣，又字和卿，号侣屏，县学生。少时即善吟诗填词，里人皆以神童视之。后，遵从母亲教诲，笃志向学，入县学宫，顺利考上秀才。念母亲年轻丧偶及含辛茹苦哺育之恩，与侄儿邵培彦一起申请县衙表彰，得知县杨兆琛题匾一方奖勉。

邵裕经（1855—1906），名镇南，字子林。天资聪颖，笃志好学，文章清新脱俗，意境高远，本县考试屡得第一，尤其精通中医，名震一时。

邵继准（1855—?），名宪章，字斌甫，号竹庵，邑增生。1907—1910年，主持编纂光绪版《安田邵氏支谱》，撰写《安田支祖三代合传》传世。

邵惠权（1856—1737），字虞衡，号静斋，邑庠生。处事果敢，刚正不阿，是非可否，剖析分明。康熙三十二年（1693），厘清本甲之下拖欠数代之税赋，荣膺官服。雍正十三年（1735），绩溪县知县王锡蕃颁匾，颜额曰"荣膺帝锡"。

邵石卿（1859—1884），名作藩，行名运庆、在方。豁达大度，聪明敏捷，擅长书法，精通剑术。22岁补弟子员。光绪十年（1884），逝于苏州。著有《邵氏族望考》。妻黄孺人矢志守节20余年，经翰林院检讨王兰庭奏请，恩许建坊，旌表节孝。

邵开祝，力农务本，乐倡义举。同治八年（1869），重建邵氏支祠世美堂（磡上老屋），他竭力首倡，且身体力行，自始至终未曾懈怠。

邵作模（1854—1911），行名运侃，字陶卿，邵辅三子，第二十三世。邑庠生，兼世袭云骑尉。

邵在昌（1886—?），光绪二十七年（1901），由监生在南昌府靖安县昭信股票案内奖以府经历选用。光绪三十二年（1906），在奉天府赈捐案内报捐双月知县。

邵家英，从小练习武术，风度翩翩，一身豪气。一年，邑内竞武，力拔头筹，知县甚器之。后在南京贡院乡试比武时，因角力一项而致淘汰，令人惋惜。

邵住，处世宽容温和，本性忠诚厚道。为谋生存，举家自伏岭下迁居昌化县四都河桥，后又徙至林坑坞，一生奠基创业，筑室成家，恩泽后代。

邵邦振，字圣玉。年少时，父母双亡，对哥哥十分尊敬。擅长丹青，工于诗歌。康熙年间，收复《鱼鳞图册》中如字859号古井外地块20步，交公众使用，改直村中大路，众以为义举。

邵士羽，名步云，字我丰，又名士翔。好善轻财，抚恤孤寡，择师教子，厚道待人。主持建造世德堂两庑，被推举为"能干"。

邵运玑，名殿杰，字律庵。从小立志为师，后因家贫改业经商，以忠信存世。妻耿氏，青年守节，抚养子侄。咸丰十年（1860）夏，太平军围困逍遥岩（今江南第一关），她投掷石块以抵御，被太平军杀害。奉旨建坊，旌表节烈，事迹载入《安徽省志》。

邵开朋，一生勤劳，早起晚睡，孝顺父母，侍奉汤饭，不离左右。尤为可贵的是，继母因病双目失明，他背柴送米，让继母的衣被保持干净舒适，还为她洗涤便器，尝试治病的汤药，可谓至纯至孝。

邵乃森，孝友仁慈，见邵燔、邵衍二侄年幼丧父，他视如己出，悉心抚养，助其成家立业，有古邓伯道之风。

邵应诚，秉公办事，为人正直，主持修建杉公祠和庙宇，善举可嘉。杉公祠又称惇顺堂，如今仍然屹立在伏岭下村。

邵承镐，字丰豫。纯孝睦邻，邻里每有口角纠纷，皆请他出面排解。

邵名鹤（1901—?），又名鸣九，之枯公次子，第二十六世。毕业于大夏大学（华东师范大学前身）。民国时期，作为蔡元培的得力助手，曾任国民政府中央教育部编审委员会主任、教育部次长、国家儿童教育基金会董事长等职。

邵之颜（1911—1970），在宽公六子，第二十五世。为人恬畅，谨惠存诚，饱读诗书，满腹经纶。一生从教育人，民国时担任多年同文小学（伏岭小学前身）校长，桃李满园。爱好徽剧，擅京胡演奏，有深厚的艺术造诣，为徽剧艺术发扬光大贡献甚著。

邵宗浩（1919—2001），名鹤公长子，第二十七世。民国期间，曾任国民政府浙江海宁县教育局局长、海宁县县长等职。

邵茂深（1926—2015），字曲溪，第二十七世。一辈子教书育人，爱好戏曲，伏岭舞狻资深导演。著《伏岭舞狻》一书，被民俗专家视为"村落叙事与文化深描"的成功范本。该书助推舞狻、徽剧成功申报省级非物质文化遗产，对伏岭镇荣获"中国民间文化艺术之乡"称号起到了重要作用。

邵华谦（1929—1995），第二十六世。抗美援朝功臣，立二等功1次、三等功4次。退伍回乡，长期担任生产队长，奉公廉洁，劳动楷模。

伏岭人家

三 传奇人物

1.武进士邵继康

邵继康，生殁失考。祖上由伏岭下分迁鱼川，明万历三十二年（1604）考取武进士，官至江西都司，挂印总兵（正四品），总制溪山，成为镇守地方的最高军事长官。他是百二公第十二世孙。祖上邵世九出自隐川，与四七、四四公同迁纹川，到百二公第四世孙邵通时，率子有付、有茂拓基邻近鱼川。曾祖父邵德恒（百二公第九世孙）明朝初年报邓院判①，守御徽州府千户所。洪武十四年（1381）邵德恒响应朝廷"调北征南"号召，守护贵州省安顺府普定县，至二十四年（1391）转调贵州都司前卫左千户所。家留合同，押字各半，为后回宗。衣锦还乡，回到魂牵梦绕的故乡伏岭鱼川探亲，并为老宅题词"进士第"。但是，邵德恒在给自己的先辈扫墓时，却发现当地人侵占了他家的祖坟。1863年宗谱编纂者邵联述写道："遇人之不淑，不爱死士之垅，遂无归志。"从此，邵继康定居浙江省嘉兴府海宁县上邵里。而现在居住在鱼川的邵氏族人，则是百二公第八世孙邵重九的后裔。

邵振翔在《纹川记》中写道："万历间，族有继康者，由进士历官，挂印总制，溪山虽间，而会局之应在斯！"

2.民间巨匠邵邦巩

邵邦巩（1677—1750），字奠安，号仰峰。爱好读书，善书章草，不愿从政。他勤奋敏捷，能整理编排繁杂多头的徽剧，同族之人雅重之。离伏岭下村一里路处，有条小路，下临深潭，两岸石壁林立，原有木桥，多次毁于水灾。伏岭下村民想造石拱桥，测量发现，高数丈，长百余米，因造价高、工程量大，讨论了几十年都没有付诸行动。众人推选邵邦巩主事，

---

① 邓院判，为明朝宫廷各院副职，正五品。

他多次现场勘测，认真规划设计，做到胸有成竹，然后举全村之力建桥，数月而成。桥上建有桥亭，上面悬挂由他题写的"石纹飞虹"匾额。他用建桥余资在桥头建了一座施茶亭，又捐田数亩，用田租收入支付石纹桥、施茶亭的维修和茶水费用。为便于桥与亭的管理，他还亲手制定了若干条管理条例。

3.刀笔讼师邵老四

邵棠（1756—1833），又名绮园，号国宝，俗名邵老四，第二十世。因排行老四，以邵老四名闻于世。他勤奋好学，博古通今，文章诗赋，明白易懂又切中要害。他一生只当过短暂的山东省曲阜衍公府奎文阁典职。因服丧回家，从此成为一介平民。邵棠从小熟读经典。奎文阁经历虽短暂，却让他接触了大量史料典籍，为后来的著书立说打下了扎实的功底，一生有重要治史著述传世，受礼部褒奖。《绩溪县志》给他的评价是："从小笃学，博览群书，行侠尚义，洒落不羁。"他的知识点和兴趣点在史实考证，所著《徽志补正》二卷，治史严谨，考证有据，论理充分，深得当时徽州知府龚丽正的赏识。著有《闻见晚录》二卷、《徽志补正》二卷、《黄庐纪游》二卷、《大鄣山辨》一卷，俱载入府县志。

鉴于《徽志补正》《黄庐纪游》《闻见晚录》的影响力，邵棠受到清朝廷礼部赐"文苑"匾的褒奖。匾额文字为："光绪三年十二月十五日奏，光绪四年十二月十八日奉准，徽州府绩溪县奎文阁典籍邵棠，气意豪迈，孝友若兰，所著有《徽志补正》《闻见晚录》《黄庐纪游》《大障山辨》等。"左为："礼部行文到省，饬知该府县照例给予省府县志入志，准其名标千古，春秋享祀，以光大典。"邵棠疾恶如仇，一生多有扬善除恶、匡扶正义之举，多为民家申冤屈，凡遇弱者相求，总以过人的胆识为人排忧解难，尤擅于诉讼词文，在绩溪乃至杭州一带被颂为"刀笔讼师"。他善于调处民间纠纷，刚直明断，不徇私情。宗谱点赞："事无大小，皆堪立决，无烦于有司。"伏岭下村无上交纠纷数十年。时至今日，绩溪县、杭州市临安区和湖州市许多地方的人们仍津津乐道他为民诉讼的故事，至今还流传着他许多精彩的口语化"讼词"。

邵棠好行义举，带头捐资建造了伏岭镇虹溪桥、棕荐岭石卷洞、临溪镇登源洞岭茶亭，并捐田为施茶费。晚年，在伏岭下村建造寄蜉堂和绮园，亲手栽下一株金桂，至今枝繁叶茂，香飘十里。

4.奇士邵作舟

邵班卿（1851—1898），名作舟，行名运超，廪贡生兼袭云骑尉。12岁时，父亲殉难于陇西，17岁补弟子员，24岁而食廪饩，享受朝廷每月伙食补贴。他博览群书，博闻强记，擅长古文经学，通晓时事论文，精通天文地理，数次参加江南和顺天府考试均告失败。光绪八年（1882）游学天津，在北洋海防支应局、前两江总督李兴锐（1827—1904）门下设立教馆。当时，李兴锐总理支应局局务，与班卿交深情笃，公务皆取决于他。北洋派贤明士大夫倾慕班卿之名，争与他交往。他潜心研究国家当时迫切需要解决的大问题，写出震古烁今的"新思想"名著《邵氏危言》。该书一经面世，读者争相购买，成为当年畅销之书。1894年，中日海战，军情战报每日到达数十份，他随即处理，没有不恰当的。他按战争态势，向李鸿章进言："辽东皮口宜驻重兵。"李不听从，他又进献地图进一步说明，终不为所听。不久，日本海军果然从皮口进攻中国北洋海军。于是，京津百姓都称赞他料敌如神，他因此声名远扬。战后，他跟人说："中日和议虽成，吏治不修，胎乱未去，京津不久恐有大乱。"等到1899年果然爆发义和团运动。光绪戊戌年（1898）正月初一，病逝于天津，终年47岁。

邵班卿久参北洋幕府，穷心于当世之务，于政治、哲学、经济、军事、舆地、水利、铁道、音韵、文章学等领域多有建树和创见，1887年写成中国近代史上"危言"第一书，其后又主笔了改良变法第一折，慧举了中国铁路第一人詹天佑。

他死后，天津政府因他有功于北洋海防支应局，发文："年赠银三百六十两以给其孤。"其著作有《邵氏危言》《军凡》《政纲目》《人道纲目》《论文八则》《公理凡》《班公文稿》《丙丁记事》《中国铁路私议》《虑敌》

《治河策》《诗文集》等，编有《拙庵诗草》《静斋公诗剩》《退佳公诗剩》等。

徽州府教授周赟题"邵班卿容像"

矫矫班卿，黄海豪士，理学之门，忠臣之子，幼读父书，枕戈夜起，忠义奋发，孝慈敬止，茹古涵今，薰曾雪史，公卿坛席，笑谈佐理；寄迹北洋，怒翼南徙，小就不屑，长风未已；玉楼一记，苍胡夺此，业断千秋，寿促四纪；龙韬髓抉，鳌极掌指，风雨名山，鸿编待梓。我分六声，闻者莞尔，江南知音，一人而已；怀余卅载，见君千里，分涉联姻，感深知己。题像如生，飘然玉趾，神末镜石，风流纹水，二难竞爽，勖哉济美！

5. 女史邵振华

邵振华（1881—?），徽州绩溪伏岭人，近代皖南唯一的女性通俗小说家，胸怀侠义之心，以手中的笔，从身边的真实事件出发，展开了一场女性解放的"自我救赎"行动。

祖父邵辅，举人出身，官至太仆寺卿。父亲邵作舟著《邵氏危言》，由商务印书馆1898年刊布，是清代著名思想家，北洋幕府高级幕僚，主笔改良变法第一折，慧举中国铁路第一人詹天佑。堂兄邵在方满腹经纶，考取清末举人。1900年她嫁给浙江嘉兴桐乡劳绅章。劳绅章，庠生，1909年当选浙江省咨议局议员，为当时嘉兴府八位议员之一。公公劳乃宣进士出身，中国近代音韵学家，清末学者，礼法之争中礼教派主要代表人物之一，1911年出任京师大学堂（北京大学前身）总监督（校长），与其父邵作舟是生前好友，双方都是书香门第。婚后，随夫辗转苏州、嘉兴、桐乡等地，后定居曲阜。

邵振华1908年开始写章回小说《侠义佳人》，署名"绩溪问渔女史"。1909年、1911年由商务印书馆两次出版，分初集、中集，各20回。全书以揭露民间女界黑暗、倡导女性解放为主要内容，奋笔疾书达40万言，作振聋发聩之呼。学者吴宇娟这样评价邵振华："她是一位极力提倡男女平等、大声呼吁恢复女性自主权的拥护者，不仅学识丰富、见闻广博，并且有颗侠义之心，在小说中即提出诸多理想与建议。"胡适先生曾发文称赞邵振华："这三百年中，有些女子著作了不少的小说、弹词。远者如'心如女史'的《笔生花》，近者如劳邵振华的《侠义佳人》，也都是三百年中的闺秀作品。"学者黄锦珠评价邵振华及其《侠义佳人》："她对于身为女子的处境，具有相当深刻的感触与体会，于是，《侠义佳人》在表现作者的女性意识，展现女性书写的特质等方面，具有极为突出并令人刮目相看的内涵。即便以现代的眼光来看，依旧是一部由妇女自身发声的文学珍宝。"

6.徽商邵在炳

邵在炳（1870—1948），字哲明，名晋康，运佩公长子。宗谱对在炳评价道："为人恬畅，疏散出尘，谨悫存诚，民国十四年至十九年冬，历经六寒暑，先后与邵之华、程怀帮、胡商岩等募捐修建逍遥岩孔道。公慷慨解囊，捐建石拱亭全部经费。"民国十四年至十九年（1925—1930），邵在炳主持，先后与邵之华、程怀帮、胡商岩募捐重修逍遥岩险道，又专门捐资建险夷亭，亭门额书"履险如夷"，亭顶上刻有"本亭经费纹川邵在炳建造，经理人胡商岩，石司胡其言"。后面石墙嵌有《重修遥遥岩古道碑记》，碑文如下：

> 绩东遥遥岩，为徽杭孔道，皖浙人民多出其途。四面环山，壁立千仞，昔人之所以遥遥名者，信不我诬。间虽有路，不致迷踪，而年久失修，参差突陷，崖悬石立，奇险万状，每届冬春雨雪，土松泥滑，踣跌堪虞。人皆知蜀道之难，而鲜知此路有甚于蜀道者。邵君在炳与之华、程君怀帮、胡君商岩有鉴于斯，毅然担负兴修重任。自民国十四年至十九冬，凡六阅寒暑，先后募捐动工，修筑伐石，或铺或拦，不遗余力，卒使羊肠蚁穴一变而为康庄坦途，并建石拱亭以供憩

息，行人莫不忻然色喜。予临是邑，获观厥成，同深庆幸。属为碑文，不揣浅陋，撮叙崖略，以示来兹。深愿同具热忱，损坏即补，毋使已竟之功废于一旦，乡里行旅之福也。是为记。

绩溪县长张继良敬撰

民国二十年三月谷旦

碑文稿由邵在炳儿子邵之琪发现并整理镌刻。

邵在炳娶湖村章氏，生九子：长之璋、次之杰（殁）、三之瑜（出继在美）、四之璜、五之珩（殁）、六之瑾、七之灿（殁）、八之琰、九之琪。

邵在炳家族不仅一直拥有石雁"永泰"炉坊的股份，还在歙县由溪建有水碓，在歙县渔梁与乡人合伙开办有永泰协记炉坊。黄永江提供的资料显示，邵在炳在宁国竹峰铺设有万隆义号商铺，晚清时在上海开设有邵记杂货店。在炳的孙子名英说他的爷爷从小腿有残疾，曾祖运佩公怕在炳长大后生存困难，于是读了几年私塾后就送他到篁墩的一个药店里当学徒，学徒期满后就到本家人在屯溪开的同德仁药店做伙计。由于做事认真，业务精湛，深得老板的器重。数年后，老板借给他一笔钱，让他回伏岭老家开药店。

有了老板的借款和运佩公的资助，再加上自己多年的积蓄，邵在炳很快在自家大路边的一幢三间正房开设益元号药店，后来还陆续开了杂货店、糕饼店，前店后坊，生意兴隆，成为当时伏岭最大的老板。在炳赚了钱，不但还清了借款，还在屯溪同德仁药店参股，持有同德仁药店五分之二的股份。

伏岭的益元号药店后来交给四儿子邵之璜打理。益元号药店工商业改造时改为"伏岭药店"。邵之璜一直在药店工作到退休。九子之琪的大女儿绩文也在这药店工作直到退休。20世纪60年代末，药店易址于伏岭村的北村头建房，规模不断扩大，当时职工有胡先标（大家都称他王余老板，是药店负责人）、邵之璜、邵绩文、胡福明、胡青菜、程校萍、章传波。

邵益元号仿单

邵在炳故居位于作马坦东北侧的大路边，是由正屋大三间五幢和厨房什房七间组成的建筑群。这一建筑群在运佩公时就初具规模。邵在炳故居有30多个门阙，可见当年这个家族的兴旺。

四　当代英才

邵道璋（1931—），祖籍伏岭村，1950年11月参加工作。1960年8月大学本科毕业。在安徽省休宁中学任教，中学高级教师、特级教师。黄山市中学外语教学研究会理事长、安徽省中学外语教学研究会常务理事、徽州专员公署文教局特约教学研究员。1993年10月退休。

1961年10月以来，邵道璋一直担任高中英语教学，工作认真负责，英语专业知识扎实，教研能力较强，在长期的教学实践中积累了丰富的经验，教学效果好，为大学输送了大量优秀大学生。他所带课班级中，1965年有7人考取大学本科英语专业；1981年英语高考成绩名列地区第一、全省前茅；1984年英语高考平均成绩84分（满分为100分）；1993年也取得了较好的成绩。

1985年3月，在徽州地区中学外语教学研究会成立大会上，他撰写的论文——《安徽省休宁中学1984届英语高考情况浅析》作为大会交流材料被分发给与会代表。1989年春，应《安徽青年报》约稿，编写了《中学英语标准化试题（MET）》，刊发在该报当年6月份《高考辅导》专栏上。

邵名正（1937—2014），第二十六世，1957年考入北京政法学堂，中国政法大学教授，曾任中国政法大学刑事司法研究中心主任。主编《劳改法学概论》《劳改法学教程》《监狱学》等。

邵增虎（1937—），第二十五世，1962年毕业于广州美术学院油画系，国家一级美术师，享受政府特殊津贴。1973年，中国画《小岛百米赛》（合作）被中国美术馆收藏；1977年，油画《哀思如潮》被中国美术馆收藏；1979年，油画《农机专家之死》被中国美术馆收藏；1986年，油画《怒火》被中国美术馆收藏；1989年，油画《任弼时》被中国美术馆收藏；1990年，油画《镇南关大捷》（合作）被中国人民革命军事博物馆收藏；1991年，油画《泸沽湖畔》被日本国安部牡丹园的中国美术馆收藏；1995年，油画《秋天更美丽》被香港艺术基金会收藏；1997年，油画《祝捷》被广东省美术馆收藏；2006年，油画《螺号响了》被广东省美术馆收藏。

邵灶友（1940—），国家一级美术师，安徽省群艺众艺术原副馆长，曾为安徽省文史馆特聘画家。出版有《邵灶友写生画选》《邵灶友作品精选集》等。

邵和为（1946—2015），毕业于蚌埠医学院，黄山市人民医院普外科原主任，主任医师，曾任黄山市医学会外科分会主任，黄山市专家医疗保健委员会委员，黄山市政协常委。

1972年始，邵和为一直在徽州地区人民医院（后改为黄山市人民医院）放射科、儿科、内科和普外科工作，历任主治医师、副主任医师、主任医师。退休后，2009—2012年，被返聘继续在黄山市人民医院普外科工作。2012—2015年，被黄山昌仁医院聘为外科专家。

邵和为在医疗卫生领域耕耘近半个世纪，勤奋好学、认真钻研业务，从一个普通的外科医生成长为一名技术精湛、业务能力极强的外科大夫，在那个医疗资源极度匮乏的年代，用自己的双手成功救治了数以千计的疑难危重病人，"邵一刀"的美名享誉徽州大地。邵和为对待病患，无论其身份、地位如何，均充满仁爱之心，尽最大努力救治他们。他常说："人的生命只有一次，有一分希望就要做十分的努力。"20世纪90年代初，他接诊一名胃癌患者，历十几个小时的手术，成功切除肿瘤和全部转移病灶，术后又无微不至地巡查、护理，终至患者痊愈出院。1994年6月，绩溪县一青年男子被小四轮卡车从腹部碾压，造成严重腹部闭合性损伤，生命危在旦夕。邵和为应绩溪县医院请求迅速赶到接诊，检查发现伤者脾破裂、肝左叶粉碎性破裂、肝右叶损伤、肠道多处断裂、腹腔大量积血。面对处于死亡边缘的伤者，他果断采取措施，经过十几个小时的手术后，又继续指导抢救，至次日伤者病情相对稳定才返回屯溪。这名病患在此后3个月内进行了2次手术，获得新生。

无数次高强度的手术使人极度疲劳，邵和为却每每感到十分欣慰，在四十多年的救死扶伤生涯中，他年复一年，周而复始，把全部力量都贡献给了医疗事业，直至生命终点。

邵宗有（1976—）邵名培三子，第二十七世，北京科技大学博士、长江商学院高级管理人员工商管理硕士、教授级高级工程师。曾任曙光信息产业股份有限公司，副总裁、电子政务云国家工程实验室副理事长、国家高性能计算机工程技术研究中心常务副主任；2016年12月至今，任中科星图股份有限公司董事、副董事长总经理。其间曾主持"863"重大专项、核高基专项、国家发改委安全专项、工信部电子基金等12项课题研发；曾获得国家科学技术进步奖二等奖、教育部科学技术进步奖一等奖、中国通信学会科学技术奖二等奖等10项国家级及省级奖项；参与制定国家电子行业相关标准5项。

邵宗有胸怀大志，既是一位事业成功者，又是一个知恩感恩的人。从2014年10月开始，以汪国真的诗中真谛——"远方"为名，邵宗有在母校伏岭中心小学设立"远方奖学金"。截止到2022年10月，共发放了16万元奖学金。他还情系家乡父老乡亲，设立助老金，发放助老资金43万元，300多人受益。

第七章　文脉教泽

绩溪邑小士多。自宋以来，"十户之村，不废诵读"。自始祖百二公迁居隐川后，"课农训读，家声以传"。其子孙择居伏岭下后，更是"崇文重教"。据不完全统计，明朝邵氏宗族就开设蒙童馆，清时兴办的私塾已知的就有6所，族人或耕或读，亦儒亦商，各门派均涌现出不少书香门第和饱学之士，其中有被清廷礼部誉为"文苑"的上门邵绮园家族和执教京师培养了中国状元科学家吴其濬的中门硕儒邵天骥，仅族谱修编就有5次，教席风起，文脉传承，绵延不绝。

一　修谱续脉

盛世修谱。徽州人修谱收族是村落文化的一次总动员、大梳理，也是村落文脉延续的重要举措。修谱，厘清血脉，整理村故，光前裕后，增强全体族人的家族观念，唤起族人敬祖爱族之心和责任感。从大明正德年间第一次修谱，到2017年的第五次修谱，横跨500多年，彰显了以伏岭下为中心的华阳邵氏人才勃兴与收族能力。

第一次修谱是在大明正德年间，岁在壬申春正月，由邵槐主修。第二次修谱为乾隆甲申年（1764），此次修谱规模巨大，此时邵氏已分门立派，全谱共6册18卷，刻36部。第三次修谱在光绪丁未年（1907），邵氏一族枝繁叶茂，全谱16册18卷加卷首卷尾，刻42部。第四次修谱在民国年间，由邵在雄主持。完稿时正值解放前夕，时局动荡，故未刻版，原稿现存上海图书馆。第五次修谱从2013年开始至2017年完成，由邵灶年、邵盛海、邵林九、邵名琅等人倡导。编委会主任邵千春，秘书长邵宗惠，总编邵之惠，执行主编邵千鹏，责任主编邵名艾、邵名新、邵本武、邵昌后。全谱8册13卷。

乾隆甲申版《华阳邵氏宗谱》由郡庠生邵振翔牵头修订，纹川大园派百二公十九世孙邵兰（字惕若）、纹川四分派百二公十九世孙邵云灿（字晋美）纂修。由四分派百二公十八世孙邵邦安（字盘如）、纹川横巷派百二公十八世孙邵振翔（字庶先）协修。由纹川塘塝上派百二公十九世孙邵廷煐（字友黄）、纹川四分派百二公十九世孙邵联超（字远侯）、纹川四分派百二公十八世孙邵邦舜（字希虞）、纹川大园派百二公十九世孙邵嘉吉（字玉仲）、纹川横巷派百二公十七世孙邵洤（字五伦）、纹川塘塝上派百二公十九世孙邵廷烽（字碧山）分修。

乾隆甲申谱共36部，每部分为孝、友、睦、姻、任、恤6集。其36部以神祖降局联句——"会古今谱而并参，继往开来，九族三乘无异脉；分大小宗以兼辑，承先启后，千枝万派总同根"36字编号。修谱期间，编纂人员赴青溪寻根问祖，并请青溪宗亲家瑗、锡龄为宗谱作序。

乾隆甲申谱修纂数年，甲申年完成印刷，各房领执保管。咸同年间，伏岭遭受兵燹，族人被屠，房屋被毁，族谱被焚，残缺不全。光绪年间，伏岭邵氏恢复生气，族人提议修缮族谱。光绪丁未谱由纹川四分派百二公二十四世孙邵玉琳（字俊甫）、纹川横巷派百二公二十四世孙邵凤雍（字俊叔）担任总修。纹川横巷派百二公二十四世孙邵彦彬（字泽之）、纹川塘塝上派百二公二十四世孙邵鸿（字友松）、纹川横巷派百二公二十四世孙邵凤喈（字友伯）、纹川四分派百二公二十四世孙佐臣（字文甫）担任协修。由百二公二十三世孙邵宪章（字斌甫）、邵运佳（字士英）、邵树宽（字厚郇）、邵鹏云（字式如）、邵在田（字见龙）等分修。纹川四分派百二公二十三世孙邵琳（字韵甫）担任大总管，由邵在宽、邵大奎、邵洪雨、邵开续、邵家协、邵定祥、邵运镜、邵佐臣、邵鸿、邵玉琳、邵彦彬、邵凤雍担任首事。

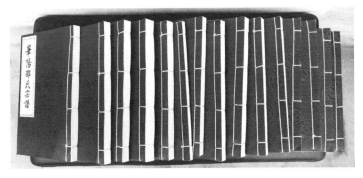

《华阳邵氏宗谱》书影

光绪谱共42部，每部分作"谱牒告成，源同一本；系图厘定，派衍千枝"16集。其42部以《千字文》自"川流不息"起至"去而益咏"止共12句，合部数因多6字，并有"止无"2字不美，故将"容止若思无竟"6字摘去，配成42字，编作42号，分给各房领执。

为光绪谱作序者乃仁和（杭州）邵章，赐进士出身，翰林院庶吉士，清末民初大书法家。辛亥革命后，北平九城门旧匾全部摘除，时任内务总长朱启钤请邵章写北平正阳、崇文、宣武、安定、德胜、东直、西直、朝阳、阜城九门匾额。

附乾隆版《华阳邵氏宗谱·序》：

华阳邵氏宗谱·序

谱云者，言自普也。稽古唐虞夏商以及我周，皇皇乎世纪相传，然纪传其大宗，而小宗未与焉。越汉唐宋五代，欧苏法史笔以制乘，又赵相普对君曰："半部四书可平治天下。"盖指圣经治平必先修齐之理也。所以国有史而家有乘，即合普言，而名曰谱。大经大义、大纲大纪于是乎著，诚大典也。

谱有考有序，有赞有文，当必核其实，毋虚其词。贵严以正，绝浮与夸。若世系宜清，使祖父子孙如藤之瓜，累累万果一本传焉；次第宜晰，使叔伯昆弟如雁之行，叠叠千翼一字排焉。嫡庶宜守，偏正宜端，使夫妇大小毋雀之鸣，毋鸠之夺焉。功缌明则五服定，而九族相联；脉络贯则乡党聚，而州邑可通。母何来？女何适？岳何讳？婿何名？三党瞭然，两姓符合；某日生，某时卒，某葬麓，某莹邱，身知始终，骨无散失。此其要略也。使子孙班班可考，木本水源，慎终追远，昔贤言之宜味。某得仕某朝，某得登某榜，某以忠良显，某以孝友称，某以节义表，某以德行闻，某以文学著，某以寿考终，此皆有关于谱牒者，断不可以假乱真，使洵富者掩乎清贫；不可以邪害正，使强暴者欺其孤弱。于是乎，序也，赞也，文也，珥笔评弹，于谱有光。至若后裔昌隆，三十年为一世，孙支繁衍，千百派共一轮，要在本源宜清，流弊宜剔，听尔子孙之相参相赞，或合或分，均为维系，互为觉察，则不肖之端绝，而贤声永著矣。

本祖自唐至此，历五朝而将千载，傲骨犹存，英灵未爽，赫赫威严，于尔乎瞻。尔裔会集续谱，祷序于祖，祖亦乐借云乩化笔，并降局垣。联句云：意诚心正，身修家齐。老幼无欺，披肝裂胆如胶血；贤愚不昧，剖腹屠肠见洗心。会古今谱而并参，继往开来，九族三乘无异脉；分大小宗以兼辑，承先启后，千支万派总同根。

编纂刊订寿梓，以为尔警，以为尔嘉，以为尔后之子孙训。其毋忽！

时大清乾隆二十八年岁次癸未广寒桂月望日

唐谥孚惠王屡赠广泽格天无疆大帝

邵氏七十七世仁祥安国氏化笔弁谱

二　设馆传文

"崇文重教，以传家声"是纹川邵氏的传统。谱赞始迁祖邵百二是"恺恺君子，遁迹隐川。课农训读，家声以传"。邵氏子孙恪守祖训，设馆蒙童。宗族总祠设有族学，设馆聘师教习子弟，各门也各自设馆舍为子弟教育。清末民初，伏岭下村中有6所私塾，邵培杰在世德堂，邵培润在春晖堂，邵树章、邵友伯、邵培妹、邵名祥则在各自家中办学。

在众多书屋私塾蒙馆中，郭麓书屋最为突出。郭麓书屋始设于乾隆年间，主要功能是教子课读，会友辩学，原名"障山文社"。清末民初时，其所居之成员多从政，遂改称郭麓书屋。据不完全统计，郭麓书屋传人中计有五品至二品衔官员18人，五品衔以下官员4人，八品至五品军功者8人。"郭麓书屋"藏有赵孟頫之《金粉楼台》帖、赵之谦之《一笔石》篆刻铜章、冒辟疆董小宛合作的山水条屏、文徵明之子文彭所刻"春草池塘"白文印章，及祝允明、董其昌等人的《两朝名人手迹》和大量的珍贵古籍。

周边安田山还建有安田山馆（又称水西会所），伏岭邵沚人及竭头方体等都曾受业此地，时而与当朝学士雅会辩学，传习孔孟之道和程朱理学，引导民风向雅。

三　雅会较艺

福昌寺和永福庵是旧时伏岭文人雅会活动场所。福昌寺在伏岭村北头，建于明正统年间，占地三亩多，旁边有汪公庙、土地庙、太尉庙等。

福昌寺当年香火极盛，僧侣们除举行庙会做法事外，在晨钟暮鼓、青灯黄卷之余，为健体防身，舞枪弄棒，练功耍拳，倒也练得身手不凡。受之影响，一些儒林后学，或拜师，或切磋，参与其中，方体在《邵沚人亲台暨夫人程氏七十双寿序》中提到"……暨余读书安田山馆与障山文社，诸友较艺于纹川僧舍……"，说明这也是一个传授知识的基地。

20世纪20年代，在福昌寺西侧兴建同文小学后，此等较艺活动更为频繁。现民间还能寻觅到较艺者习武用的《国术拾零》《太极拳论》《易筋经》《棍法歌诀及图解》和僧侣授徒以救苦救难的《医血道科》。

永福庵，俗称"四姑庵"，地处伏岭村南石纹桥西侧形如荷花的半山腰里。永福庵天井明堂中的山泉水美如甘露，庵中备有长柄竹制茶具供游客舀饮。当年观音菩萨两边有一对联是"杨柳枝头甘露洒，白莲台上惠风生"，可能是人们认为喝了明堂中美如甘露的水，就会"文思泉涌"而"惠风生祥”吧。永福庵成了伏岭人夏天的避暑胜地和文人墨客之雅会场所。

邵振翔在《纹川记》中写道：“……西南界，灵胜有永福庵，池水清涟，较他水有异。先人于此为纹川雅会。”参与编修乾隆版宗谱的青溪宗亲邵家瑗喝过“甘露水”后，雅兴大发，赞曰：“……夫纹川之地，田肥美，民殷富。有伏岭以为之镇，有纹桥以为之锁，有亭翼然临于川上，有石翛然于川中，阴晴异景，洵美观也。且夫障山巍峨，为新安诸山之宗；鸡鸣尖而来罗星护口，七姑峰之上牙笏插天。水出荷花清泉，不亏于盛暑；光开石镜秀色，常照乎征人。山有成功之名，尖擅攀桂之号。地灵如此，人杰何疑!”

邵沚人做过训导，该家族有“事亲孝，待物厚，蓄德养福”传统。1913年，沚人夫妇70寿庆时，三子皆成立，已“十二孙三抱子”；其母90高龄，亲见五世同堂。嘉庆帝恩赐“七叶衍祥”匾额。上蒙龙锡之恩，家集麟趾之瑞，寿庆高朋满座，社会名流宾客如云。

嘉宾中姻侄方元泰（方体之子），学长程瑶田（与戴震、金榜从学江永），学友程宏诰、潘步云、许焕，后学潘同章，晚学许焯、方鉴，门生方汝梅，姻晚胡壁，族弟邵棠，世教侄葛宏焴等12位文人墨客即兴吟诗作赋24篇祝寿，亲翁方体写了《邵沚人亲台暨夫人程氏七十双寿序》，沚人书《半痴》《自题》两则作前言和跋。次年（1814），与挚友胡翔云重晤郡城，胡“题图补祝兼诲正”，装裱成《半痴子小影》书法诗词册页。1864年，《半痴子小影》被沚人孙邵伯棠“从劫火中捡出”，保住了先祖的珍贵遗墨。这次太平盛世下的寿庆，格调高雅，气氛热烈，推动了邵氏宗族人文聿兴，彰显嘉庆时期太平盛世下底层民众的世俗生活，既是纹川雅会，也是鄣山文社的一次盛会。

四　文化社团

伏岭邵氏人文氛围浓厚，饱学之士辈出。明清两朝，宗族内一些有识之士就组织成立过读书、辩学、吟诗等各种文化团体。民国年间，新旧文化碰撞，以新文化、新思想为中心的社团更是层出不穷，他们三五人或十几人聚在一起相互切磋，共同探讨，交流思想，提高技艺。其中，以鸡鸣寻声社为最，在登源一带吹起一股文化革新之风。

1.运留戏班

文人好戏。清道光三十年（1850），伏岭下邵运留召集散班徽剧演员40多人组成戏班，排练节目，各地流动演出。虽不久即告解散，但"运留戏班"作为绩溪县境内第一个民间职业戏班，影响深远。

2.鸡鸣寻声社和移风通讯社

20世纪三四十年代，邵家湖、邵之颜、邵茂定、邵华澍、邵华兢等18人，成立了鸡鸣寻声社和移风通讯社，进行戏曲研讨推广，撰文提倡移风易俗。以村内便宜商店为社址，利用晚上，组织爱好舞狮的一些人，进行学习，研讨徽、京剧唱腔。邵茂定有一台留声机，又自备了一套锣鼓、乐器，让大家学习使用。活动流程是：晚饭后，先是一帮青年学打锣鼓、拉胡琴、吹唢呐，然后跟着留声机学唱，最后拉胡琴唱戏，并评论唱得好坏，以便改正。伏岭人有唱戏爱好和基础，由此掀起了一个学徽、京剧的高潮。鸡鸣寻声社培养了一批文、武场人员，大大提高了伏岭人的演唱水平，有几个青年还学会了简谱，同时也拓宽了眼界，陶冶了性情，接受了新理念、新思想。

邵华澍、邵华兢等得知胡适先生非常重视家乡的文化建设，出于对修县志的热心和对胡先生的崇拜，他们提供了大量有价值的资料供《绩溪县志·艺文志》选用，并恳请胡先生指教。胡适对伏岭的舞狮和徽剧童子班很感兴趣，在百忙中亲阅资料并给予充分肯定和高度评价："……耳濡目染，莫不心歌腹咏，叹为绝响。"同时指出，少数提倡移风易俗的杂文言辞过激，建议充分利用舞狮这一载体教育民众，寓教于乐。还赠给鸡鸣寻声社和移风通讯社一本《怎样使骂人艺术化》的杂文集供参考，扉页上有胡先生"睁开眼睛看戏，竖起脊梁做人"的联句和署名。伏岭方言"戏"

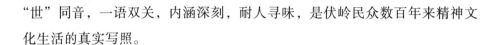

"世"同音，一语双关，内涵深刻，耐人寻味，是伏岭民众数百年来精神文化生活的真实写照。

3. 响器学习班

1944年，上门一班爱好舞狮的青年邵培雄、邵培琦、邵华兢、邵裕有、邵华玉、邵观楼等人，自动组织响器学习班，并制定了规章制度，每天坚持学习3个小时（晚7点到10点），不准迟到、早退，不得中途辍学等。地点设在老艺人邵裕旺家中，裕旺负责教学，当时三门能完整演奏《八阵图》的仅裕旺一人。

徽剧经典剧目《八阵图》，有数十个曲牌，演员演唱时，管弦乐、锣鼓点要密切配合，使吹、唱、做、打的韵律协调一致，演奏难度极大。如果学会了这出戏，那么再演奏其他剧目就驾轻就熟了。

为了解决学员不懂工尺谱的困难，邵佛来、邵培琦、邵华兢3人把工尺谱转换成简谱。裕旺要求每个学员以简谱对照工尺谱进行学唱，然后又把锣鼓点子插入吹唱之中，而且要求每人都要会唱、会念锣鼓点。学习时每人都要边唱边奏，这样才能步调一致，不致出现杂乱现象。功夫不负有心人，在全体学员的刻苦学习和邵裕旺的悉心教导下，历时一个半月，终于学成了《八阵图》的演奏技术。

4. 绩溪县徽剧团

1959年，伏岭三门有京、徽剧服装、道具24大箱共计1500件，老艺人23人，不用剧本能演出的熟悉剧目（徽剧）40多个，其他剧目只要有剧本都能演，当时邵思明保留有70多本剧本。1960年，上级有关部门经调研，在伏岭成立绩溪县徽剧团。剧团由伏岭公社宣传部部长胡运恒担任团长；伏岭小学校长邵盛铎、村中老艺人邵观通2人任副团长；邵思明任导演兼服装道具管理员；邵盛田任文化教员兼管食堂；县文化馆委派张学文来指导工作，并聘请老艺人余三金为武行艺术指导老师；文武场教员有邵裕旺、邵灶桃、邵之瑜等8人；在全公社范围内招收男、女儿童演员26人。

在建团的一年多里，共排出了《水淹七军》《万花献瑞》《龙虎斗》《黄鹤楼》《武举场》《八阵图》等剧目，除在本地演出外，曾两次到县汇报演出。

童子班演员

1960年年底，因公社难以承担各项经费支出，剧团宣告解散。

5.参加全国徽调、皮黄学术讨论会

1983年，文化部（现为文化和旅游部）决定举行徽剧、昆曲、秦腔3个剧种的节目会演。徽剧会演定点在安徽，安徽省戏剧家协会兵分两路，分别到安庆、徽州寻访徽剧踪迹，遍访各地，结果在伏岭听到原汁原味的徽剧，看到大量的剧本、服装道具。最后确定徽剧会演在绩溪举行，并要求伏岭剧团参加。

接到通知，村里召开会议，研究献演节目和呈现亮点，确定邵裕旺、邵之瑜、邵增金3人清唱《二进宫》；邵裕旺操琴（自拉自唱），邵灶桃、邵培植、邵裕有、邵盛太4人负责锣鼓，邵裕旺、邵佛来负责唢呐，配合吹打《八阵图》；《龙虎斗》由邵名钦饰赵匡胤，邵光容饰呼延赞，邵观义饰呼延寿亭，邵社富饰马童；由邵茂深负责导演。

珍藏的部分剧本

当时伏岭参加献演的共32人。其他参演的还有安徽省徽剧团、浙江省婺剧团等几个专业剧团。演出时，伏岭的节目排在最前面：先清唱《二进宫》，再吹打《八阵图》，最后演出《龙虎斗》。演出得到了与会专家的充分肯定和高度评价，多家媒体全程拍摄了伏岭剧团的演出，并跟踪采访了老艺人，电视节目在黄金时段多次播出。当时在部队服役的伏岭人，在家信中写道："昨晚（除夕）在央视《新闻联播》看到了家乡裕旺公等乡亲们赴县献演盛况，每逢佳节倍思亲，家乡真美啊，我为家乡感到骄傲……"定居上海多年的名医邵亦群看到媒体报道，按捺不住激动心情，泼墨挥毫，书写了"徽调千秋""伏岭之光"两幅书法条屏分赠裕旺、佛来二宗亲，祝贺他们为伏岭争了光。

五　同文小学

同文小学在凝聚宗族信心、传承文脉、弘扬优秀传统文化方面，起到了承前启后的作用，功不可没。

光绪三十一年（1905），朝廷宣布废除科举。在一批文化精英倡导"改私塾为新式小学"的推动下，伏岭村掀起了办新学的浪潮。三门各自兴教办学：1913年2月，上门由邵渭文在横巷老屋创办"纹川国民小学"，聘邵裕庆任教员。采用商务印书馆出版的教科书，开设语文、修身、算术、唱歌、体操、图画等学科，对于年龄较大的学生，加珠算、书信、《孟子》、《论语》等课程，上课采用分级教授形式。同时期，中门由族人在四凤祠创办"迁善小学"，聘请当地文人邵培杰（郡庠附贡生）任校长，邵在友执教。邵在友自学成才，还能弹风琴，承担唱歌、体育等课教学。下门由当地乡绅邵一民在柏公祠（敦睦堂）兴办小学，故校名谐音称"东木小学"。三校相互竞争，对伏岭教育起到了促进作用。这三所新式小学的经费来源主要是祠产支撑、族人捐助、学生缴费等。

由于各门所办学堂均为初级小学，规模小，存在复式教学难度大、学生继续升学就读困难等许多弊端，1920年全县举行高等小学校联合运动会，纹川各校因未达"高等"标准，仅以"来宾"资格参赛，未免有失大村颜面。因此，广大村（族）民都有创办高等小学以适应新形势需要之愿望，并得到了旅外人士的响应和支持，内有以下知名乡贤：

上门邵华骐，字亦群，祖经商苏州，父法政优等生授五品蓝翎典史。其本人受过良好教育，后为沪上名医、杨浦区政协常委，关心家乡教育事业。

邵华澍，字雪奴，先后毕业于安徽第二师范和震旦大学，新文化运动时与周德之、唐子宗、程本海、程中一等以"研究新学术、介绍新思想、建设新绩溪"为宗旨，发起成立了绩溪学社，编印《微音》月刊，提倡新文化，普及新教育。精通法语，任职上海邮政总局。

中门邵名鹤，毕业于上海大夏大学。曾任国民政府中央教育部编审委员会主任、教育部次长、国家儿童教育基金会董事长。

下门邵一民，第一次国共合作时任绩溪县农工部部长。

1923年，在举族上下的热切期盼下，根据伏岭村邵尧卿（下门）、邵光恒（上门）、邵思明（中门）等人倡议，三门兴办的三所学校合并为一所完全小学，校址初定在四凤祠，取名为"同文小学"。根据清政府创办"同文馆"以学习西方文化、传播现代科学为宗旨而定名为"同文"，寓意"崇尚科学、学贯中西"，亦含"三门齐心，同延文脉"之意。

合并之初，学校仅两个班级，分初级班和高级班。学校成立董事会，成员由当地名流乡绅组成：会长邵尧卿，成员邵光恒、邵思明、邵亦群、邵叔伟、程信佛等。名誉校长为邵叔伟，校长由邵瞻涛担任，教师4人，学生110名。1926年，校长改由邵叔伟担任，学校迁至邵氏宗祠，聘邵狂涛为教导主任，学生增至130人，教师5人，3个班级，学校经费除学费外，其余部分由校董会和名誉校长募集解决。从1932年邵狂涛离任后，教导主任先后由方鹏万、胡守中、冯志立、邵瑾斋、邵之颜等担任。1939年，伏岭划归大鄣乡，学校管理体制也有一定的变动，校名改称"大鄣乡中心小学校"，实行"政教合一"，校长由时任乡长兼任，一直到1943年。在此之后，校长先后由邵之庭、邵之托、邵叔伟、邵萍友担任。1948年，学校更名为"纹川小学校"。1950年，学校改称"绩溪县纹川中心小学校"。1954年，学校更名为"伏岭下村小学"。

随着学生人数急剧增加，原有的校舍已不够用，族人便将同文小学如何发展纳入了村务议事日程并付诸实施。

1.建新校

1926年，校董会决定发起募捐建校活动，具体分工：邵尧卿任筹措款项总负责人，邵光恒为基建施工总负责人，邵渭文、邵一民负责设计校舍图样。通过实地考察和多方论证，最后确定建在村北头福昌寺和古戏台的西侧。1928年初，同文小学搬进新校舍，当年学生增至160多人，5个班级，教师6人。搬入新校后，扩建教室与附属工程的施工仍在继续。1926年至1932年，历时7年，耗资8165.33元，建成一所花园式新型学校。据民国二十二年（1933）学校概况表载，当时学校拥有教室6间、礼堂1个、教员室5间、学生办事室1间、图书室1间、商店1个、游艺室1间、寝室4间、厨房2个、便所2处、体育场2个、果园花园各1个，表簿20余种、教学用具40余种、书籍杂志400余册、体育器材20余种，达到了"硬件过硬、软件不软"的标准。

2.树新风

学校组建了与校容校貌相匹配的教师队伍,并制定了相应的管理制度:设定编制,组织校董会,推举校长一人掌理全校校务,下分教务系、事务系、教学研究会、特委会;编制分高级部(五、六年级)、初级部(一至四年级)和幼稚班,班级视学生人数而定单式或复式教学。

教师队伍:校领导和骨干教师中有不少人出身名门望族和教育世家,受过良好教育。同文小学教师能为人师表,团结一致,勤奋工作,是一支极具凝聚力的师资队伍。

教学管理:同文小学的基础教育紧随形势,遵循陶行知先生的教育思想,开展平民教育,鼓励女童入学。民国二十年(1931),同文小学的招生广告上明确提出:办学宗旨是"培养生长的新时代儿童,形成理想的新时代社会";收费时"女生减半,赤贫者免";学科"依照教育部颁发的为标准";教育教学面向全体适龄儿童,不让一个学生掉队。

从20世纪30年代起,学校就重视素质教育。具体做法有:

其一,推行"小先生制"。其二,老师和学生每周都要参加一次劳动课。其三,组织学生自治会,管理日常生活中的卫生、劳动、课外活动、生活秩序等,以培养学生的独立自治能力。其四,创办同文商店,由五、六年级学生自主打理,时间安排在中饭后及课外活动时。店员每次5至6人,任期一个月,每天工作内容是打扫商店卫生、货物陈列销售、记好每天进出账目、印刷描红本和六行格等。无事时练习打算盘,下班时关好窗户、锁好门,进行经商实习培训,培养理财能力。商店工作由一名老师负责指导。其五,在抗日战争时期,学校还成立戏班,宣传抗日救亡,演戏募捐,支援前线。其六,重视图书馆建设,拓展求知渠道。在校董会的募集下,旅沪同乡关心家乡的教育,捐赠小学生书库丛书近1000册,农业科技书100多册,另外还订有《中华少年》《儿童世界》《中国妇女》等期刊。到1948年年底,学校藏书近2000册,在当时仅次于绩溪县明伦堂。

3.育新人

虽然校长、教导主任、教师更换频繁，但同文小学的教育、教学管理始终没有丝毫放松，其教导方法是："依据生活需要分康乐方面、语文方面、科学方面、社会方面、政治方面、业务方面教育之；根据训导方针分个人行为方面、知识兴趣方面、人生理想方面、道德品性方面、公民资格方面训练之。"学校精神面貌焕然一新，教学质量在县域内名列前茅，为社会输送了大批人才。纹川中心小学的学生成绩是稳定的，从1949年到1952年，伏岭区每学期都要进行一次高年级学生统考，当时全区有完小8所，每次统考都是纹川中心小学第一。

同文小学师生合影

1952年夏，私立、民办小学转公办，因师资缺乏，政府决定由徽州师范学校在小学毕业生中招收150名初级师范生。当时徽州专署八县一市共2300多人报考，结果纹川中心小学被录取11人，占招生总额7.33%，是全专署的第一，学生个人成绩邵名元名列第二。

"同文"学子们遍布海内外，在各行各业里奉献自己的聪明才智。纹川同文小学在继承传统文化、教育和开拓现代文化、先进教育方面起到了关键的承前启后作用。

学校改名为伏岭下村小学（下文简称"伏岭小学"）后，其办学理念、管理模式、教风学风得到了很好的延伸和升华。1998年，伏岭小学成为绩溪县第一所市级农村示范学校。"同文"已成为伏岭教育的人文内涵和精神动力。愿"同文精神"永存。

同文小学领导班子人员变动表

年份	校长	教导主任	总务主任	备注
1923—1926	邵瞻涛	方子雍	邵盛申	
1926—1932	邵叔伟	邵狂涛	邵盛申	
1933	邵叔伟	方鹏万	邵盛申	
1934	邵叔伟	胡守中	邵盛申	
1935	邵叔伟	冯志立	邵盛申	
1936—1938	邵叔伟	邵瑾斋	邵盛申	
1939—1943	乡长兼任	邵之颜	邵盛申	1939年易名"大鄣乡中心小学校"
1944	邵之庭	邵之颜	邵茂深	1943年邵茂深任总务主任
1945	邵之托	胡松俊	邵茂深	
1946—1947	邵叔伟	邵之颜	邵茂深	
1948	邵萍友	邵之颜	邵茂深	1948年改"纹川小学校"
1949—1950	邵之颜	钱华瑞	邵茂深	1950年改为"绩溪县纹川中心小学校"
1951	章恒棣	钱华瑞	邵茂深	
1952	石秉根	钱华瑞	邵茂深	私立小学、私塾转公办
1953—1954	石秉根	钱华瑞	邵茂怿	1954年改"伏岭下村小学"

绩溪县私立同文小学招生广告

（1）宗旨　培养生长的新时代儿童，形成理想的新时代社会。

（2）学额　初级四十名，高级二十名。

（3）资格

〈一〉初级六岁足以上的儿童经考试后（进一年级者免）分别编班。

〈二〉高级考一年级，须有初小四年级修业证书，插班生须有学年相当的转学或修业证书。

（4）报名　八月三日起至考试前一日止。

（5）试期　八月十五日。

（6）考试科目　〈一〉党义〈二〉国语〈三〉算术〈四〉常识〈五〉口试。

（7）开学日期　八月十六日。

（8）纳费　〈一〉学费　高级　每学期三元；初级一、二年级每学期两元，初级三、四年级　每学期两元半。（女生减半，赤贫者免）

〈二〉膳费　每学期二十元。

〈三〉灯油费　每学期一元半。

（9）学科　依照教育部颁发的为准。

（10）校址　绩溪十三都纹川。

民国二十年八月

小学运动会中的舞狮表演

这是一场被历史淹没的盛会。对绩溪人来说，也许算不得什么，但对伏岭人来说，却是永远值得骄傲的一次盛会。

1951年，新中国成立伊始，全国人民迎来了新生活，正斗志昂扬地建设新中国，各行各业一派欣欣向荣。在这样的大好形势下，绩溪县政府、县教育局为了改变旧社会"重国文、轻算术，重读书、轻素质"的教育形式，推动社会主义现代教育，开创全县教育工作的新局面，决定对全县小学生进行一次全面考核，并举办绩溪县有史以来第一届小学生运动会。

当年春节刚过，绩溪县教育局就下发通知，要求全县各中心小学做好充分准备，迎接5月上旬全县小学生的全面考核和首届运动会的隆重举行。各中心小学除派出优秀选手外，各校还须送选最具自身特色、最优秀的节目参会。

时任伏岭中心小学校长邵之颜先生，是一个从旧社会私塾先生转化而来的新中国教育者。他从休宁万安中学毕业后，在宁国从事了一年的税务工作，就回乡教书育人，从私塾学堂一直到解放，一直热爱教育，具有强烈的使命感。一接到通知，邵之颜就感到责任重大，肩上的担子沉甸甸的，马上联系名誉校长邵增仁。邵增仁是上海大富贵酒楼的经理、老板。此人一向热心好公，凡村里的公益事业他都慷慨解囊。由于他热心助学，被伏岭中心小学聘为名誉校长。当他听了邵之颜的汇报，好公热血又涌上心头。毕竟是出门客，上海的大老板，见过世面，见多识广。他马上联想到大城市中各种隆重的活动场面，道："要搞就必须搞出排场，搞出特色，为伏岭这个大村争个面子，为村小学争光。"当即和邵之颜校长商定，成立一支腰鼓队（24人），一支铜鼓队（10人），一支洋号队（10人），另加一个指挥大铙，共计45人。各队配备统一服装。这些响器对于一所乡级旧式学校来说是无从谈起的。一切都必须从零开始，全部购办，而且时间不等人。两人立即分工，邵之颜校长在校负责组织队伍、培训选手，邵增仁名誉校长负责采办一应装备。他当即放弃春节一家人的团聚，立即动身回上海，采办全部响器，并承担全部费用。据说，这一趟采办，他花掉了半年积蓄，一只金元宝。采办完后，马上紧急托运到绩溪扬溪（那时伏岭没有公路），村里派人到扬溪接货，挑运回村。服装，邵增仁在上海购置了样品寄回村，村里请裁缝根据样品为小学生量身定做。

邵之颜校长在学校组织师生一边学习，一边起早贪黑地训练。当时伏岭中心小学有青年教师邵茂琛、邵茂璧，他们不但教学认真，而且书也教得好。许家华、方永清国文水平也是响当当的，放眼登源，也算首屈一指了。最让人敬佩的是文体老师章志武，他简直是全才，体育教得好，音乐、美术也内行。他接受任务后，在很短的时间内就寻来了"鼓点"和"乐谱"，根据小朋友的特点顺势宣导，教得认真，教得规范。短短的3个月，利用课余时间，披星戴月，硬是把从没见过腰鼓、铜鼓、洋号的乡村小孩教得有模有样，3支队伍打造得整齐划一，拿得出，打得响。

为了把绩溪县小学生运动会办得热烈，办出特色，分管教育的副县长葛剑寒到扬溪下车步行20余里，专程到伏岭村，要求伏岭中心小学徽剧"童子班"在县运动会期间，演戏3天，权作文艺晚会。

因当时县政府财政特别困难，葛县长提出演职人员的吃住开支最好由伏岭村支持解决。当时伏岭村党支部书记邵观芳、村主任邵炳六经过商量认为，伏岭小学能为村里争光，县政府这样信任他们，演职人员的吃住虽不是小数，他们就是募捐，也不能失这个面子，当即决定：演职人员吃住费用村里自理，自带行李、行头，随孩子们一块出征。

五月，红色的五月，风和日丽，百花争艳。"五一""五四"两个节日刚过完，绩溪县首届小学生运动会在全县老百姓的期待中如期举行。据伏岭退休老教师、徽剧资深导演邵茂深先生生前介绍，县教育局为营造热烈的氛围，要求岭南片各中心小学在城外集结，岭北片各中心小学在孔灵集中，依次入城。县妇联组织的秧歌队在最前面领路，因伏岭有非常新颖的腰鼓队、铜鼓队、洋号队，教育局安排伏岭中心小学代表队紧跟秧歌队入城。走在前面的是身穿黄色服装的洋号队，他们吹奏着"向前、向前，我们的队伍向太阳……"的乐曲领队；其后是身穿白色服装的铜鼓队，在大铙的指挥下，欢快、响亮；再是穿红色服装的腰鼓队，队伍整齐划一，鼓点欢快有致；运动员和参赛代表紧跟其后。各演职人员挑着行李、抬着行头和随队医生邵华佩走在队伍的最后。众多沿街观看的居民纷纷为伏岭队叫好。最后入城的是荆州中心小学代表队，因山高路远，小学生们经过两天的翻山越岭，艰苦跋涉，一个个拖着疲倦的身子，有的剃着光头号，有的穿着草鞋、背着冷饭袋（干粮），服饰各异，深深地感动着每一个人。

这场综合考核分为语文、算术、美术和优秀作业展览。运动会有赛跑、跳高、跳远、篮球、乒乓球等项目。伏岭中心小学由于准备充分，学生综合素质好，夺得县团体总分第一名的好成绩，个人总分第一名也被伏岭中心小学的学生邵名元获得。邵培尧、邵宗全两位同学分别在体育和文化考核中，取得了骄人的成绩。至今在伏岭小学荣誉室内仍保存着当年第一名的锦旗。

伏岭是一个以邵姓聚族而居的村庄，全村1000多人口，素有千灶万丁之称，是"徽厨之乡""徽剧"的发源地。徽剧在伏岭已传承了200余年，也培养了众多热爱徽剧的演员。伏岭村分上、中、下三门，三门各有独自的剧团，也有各具特色的剧目。伏岭业余徽剧团还有一个特点：演员清一色是少年儿童。因此，又叫"童子班"。到县参赛的小学生里，大部分都是"童子班"的演员。因此，三门剧团临时合并为伏岭中心小学徽剧"童子班"。

戏在县城胜利台演出，第一夜演出的剧目有《英雄义》《打渔杀家》《辕门斩子》。第二夜演出的剧目有《三打祝家庄》《南阳关》《贺后骂殿》。第三夜演出的剧目有《芦花荡》《四杰村》《空城计》。

三夜的演出，让整个县城都沸腾了。新中国成立初期，县城只有万余人口，数千人的广场挤得水泄不通，场场喝彩，轰动一时。

值得一提的是第一夜演的《英雄义》。剧中最精彩的场景叫"史文恭跌跤"，讲述的是武侠史文恭在祝家庄城墙上被卢俊义一箭射中，跌下城墙的剧情。舞台表现为重叠三张高台，外加一把椅子，约有3米高。小演员要在高台的椅子上后翻身跃下。这是一场难度很高而又危险的武功戏。上门扮演史文恭的是13岁小孩邵社贵，他长得猴精，灵活，善于跳跃，翻筋斗。因不熟悉胜利台的舞台结构，当晚演出，登上三重高台的椅子上，已接近台顶，后翻身跃下时不慎被舞台的顶梁碰了一下，本应前胸落地，结果失控，肚皮落地，重重地摔在舞台上。工作人员火速把他抱到后台实施抢救，避免了舞台歇场、"踏台"（喝倒彩），惊险无比。这个事故，表面上台下观众未看出破绽，但把伏岭人吓得不轻。庆幸的是，邵社贵经随队医生邵华佩的及时治疗，未出大事。

　　也许上门的《英雄义》演得太精彩，也许台下有部分观众看出了端倪，许多观众起哄，要求伏岭把《英雄义》再加演一场。这可难倒了伏岭剧团，扮演史文恭的演员邵社贵伤得不轻，无法再登台；拒绝加演，等于告诉观众伏岭徽剧团演《英雄义》失手，大失面子。经过商议，为了伏岭村的名誉、剧团的荣誉，同意加演一场。《英雄义》这出戏是伏岭的传统剧目，在20世纪30年代大庙汪村汪老允主办花朝会时，由邵华佩演史文恭，他高超的演技，高难的武功动作，惊退了多个专业戏班。一代代演员层出不穷，史文恭一角的前任恰巧是邵社贵的哥哥邵社富。他也曾扮演史文恭，因此，熟门熟路。邵社富也长得猴精，和他的弟弟十分相像，由他扮演史文恭，观众很难分得出真假。加演一场，仍同样出彩，大获成功。

　　这就是伏岭人，骨子里渗出的那份热爱家乡，为了家乡荣誉而战的拼劲，恰恰是我们徽州人"绩溪牛"的禀性。

第八章　口述与轶事

口述见闻与亲历记录是村史的重要部分。个人视野的体验感受和生活观察，真实、具体、鲜活、有趣，充满了思考的独立性和史实个性。因此，一些个案的生动叙述和生活经历的真实记录，可以让村史变得更为丰满、鲜活。

一　口述

1.邵培琦：村里的一些往事

我叫邵培琦，土生土长的伏岭下村人，今年99岁，经历了许多事。我一生喜欢书法、绘画，每天都坚持写、画一会，权当锻炼身体。现在时常有一些人找上门来让写幅字、画张画，很难推辞，我尽力而为。

小时在伏岭同文小学读书，15岁时到宁国狮桥周鼎新南货店当学徒，后又去上海、武汉、柳州等地菜馆酒楼就业。1948年归故里，在际川、石门外、纹川等小学任教，新中国成立初期参加土地改革工作队，在县政府工作，1952年调任礴头区副区长，继转任镇头区副区长及县血防站副站长等职，在县乡镇企业局退休。长子邵光颜，安徽医科大学毕业，曾任绩溪县医院主任医师。次子邵光荣，自由职业。三子邵光宇，蚌埠医学院毕业，曾任浙江淳安县医院副主任医师。我1983年退休，一直住在这里，和老伴周榴芬两个人生活，粗茶淡饭。榴芬今年100岁，身体还好。

邵培琦、周榴芬夫妇

旧时，伏岭最热闹的有两件事：一是舞狮，二是做大年会（又叫船会）。舞狮是上、中、下三门共同组织。舞狮的资金来源于三个方面：一是正月初三、初四上门跳狮收的"狮金"。伏岭的习俗，初三始，各门都要进行跳狮活动，以除祸消灾，喜送吉祥到各家各户。狮到谁家，主人必包红包奉上。红包里的钱叫"狮金"。狮金全部作舞狮费用。二是族人的捐助。三是三十岁值年人的赞助。

清末民初，伏岭下有许多年轻人在上海、苏州开馆子或做其他生意。这些人闲时喜欢看戏，一起商量把戏中的唱词和唱腔记下来，一个人记一个角色，回来拼起来就编成了一折完整的戏剧本。过年回家，不仅带来剧本，还买了许多做戏的道具。舞狮结束就接着做戏，开始是徽剧，后来是京剧，再后来也演话剧，越搞越精，老百姓越做越喜欢，演一场不过瘾，就接着演二场、三场。每年把这件事交给三十岁的年轻人主持，一下子名气大了。邵茂深写了一本《伏岭舞狮》，里面讲得很清楚。茂深在伏岭小学教了二三十年书，边教书边做导演，成立了徽剧童子班，剧本有一大箱，道具服饰也齐全。

再就是做会，有船会和观音会。船会由斋官组织，资金来源主要是丁口钱（按男丁摊收）。船会三年做一次，又叫大年会。船会时间长，要做几个月，正月荆州就开始了，许多村轮流做。主要是纪念唐朝的张巡和许远两大王，起到安民的作用。轮到伏岭下村已是五六月份了。船会设有斋官主持，斋官是自愿的。做斋官的人先前家中有难或亲人病重，许下重愿，只要能渡过劫难，愿意做一期斋官。斋官家要养一头斋猪，要养几年，这头猪要称"老人家"，用作祭礼。做会期间，先是定坛，要净街三日，家里也要搞干净，人要吃素，还不准到河里捉鱼。每家门前放一盆清水，点熏香驱蚊。伏岭下有五隅，一个船会下来要个把月。做会最大的好处是全村因此打扫得特别干净。五隅五个方向，要扎五帝架，我们是中隅，是白的，设唐太宗或其他神像。还要做一只龙舟，舟上有大王雷万春、小王南霁云两大将，当中还有顶轿，轿中有东平王，两边布置36个水手。龙舟是几十个人抬着游行，从头到尾要游好几天。最后是祭旗，祭坛设在丁家山下岭。五隅五杆大旗，村中一些年轻人两人一博，接力比赛，先到为胜，然后把龙舟、五帝架及一些祭品放到祭坛中一烧，把五帝架的铁条交给下一届斋官就结束了。

观音会全村一起做，也要扎轿子，抬观音娘娘，拜观音。时间不长，没有船会热闹，我印象不深。观音会湖村重视，非常热闹。

过去横巷老屋做"越主"，开祠堂门，我参加了两次，作为"斯文"领过两次宗祠发的胙肉。什么是越主？越主是一个宗族开祠堂门，整理祖宗牌位，逢近年有族人逝世，未进宗祠入座，而举行的入祠上座的仪式。一般宗族做越主三五年一次，具体时间在下半年冬至日。做越主是一个宗族的盛会，都很隆重，有"主祭"，为大赞，一般由长房长担任；有"副祭"，为副赞，由本族德高望重的人担任；有"礼生"，20至24人不等，由本族秀才和有文化的人担任；还有若干个"斯文"，过去"斯文"由本族的秀才后生担任，民国后没有科举，"斯文"由具有初中以上文化的后生来充任。越主的仪式：主祭（大赞）坐在祖宗牌位座前的高台上，面朝大堂，脚前是供桌。副赞在供桌前，两边各有10至12个礼生，整齐排列。供桌上有全只斋猪和斋羊以及其他供品。当主祭宣布越主开始，祠堂外鞭炮齐鸣，祠堂内锣鼓、唢呐同时奏响，大家开始进入紧张严肃的状态。大赞首先进香祭拜，念祭文，有时也由副赞念。祭文念完后，礼生们依次开始上香祭拜，然后是斯文祭拜，三拜九叩首。礼毕，副赞开始按顺序点名某某朝奉、某某府君就位。逝者的后人手捧牌位，安放在牌位座上。放好牌位后，在吹鼓手唢呐声中上香祭拜，并燃放鞭炮祝贺先人入座。全部牌位安放完毕，整个仪式结束。

仪式完成后,长房长按惯例分配胙肉。所谓胙肉,是把作为供品的斋猪剔骨,骨头肉由礼生和吹唱班以及帮忙的人打拼伙吃,其他的分给本族内60岁以上的老人和斯文人,数量按斋猪的大小不等,少时可能是一斤,肉多时也可能分一斤半到两斤。

我30岁那年刚好解放,因移风易俗,各家都未请酒,大家集体接了茶,除舞狗外,没有特别的活动。

旧时伏岭下出过两个举人,一个叫邵辅,另一个是他的孙子邵在方。小时候我见过邵在方的老婆,姓耿,我们叫她"举人婆",中等身材,胖墩墩的,四方脸,满脸皱纹,神态和蔼。她丈夫邵在方因一直在南京一带为官,不在伏岭,知道得不多。邵在方的大孙子邵名本是我同学,小孙子邵名彦年纪轻轻就得病死了。邵名彦娶了磡头王八村(胡家村)胡桂森的女儿,叫胡百时。结婚时送嫁妆队伍头已到伏岭下上村,尾还在竹山干。胡桂森家在汉口开饭店,家里很有钱。百时后来再嫁到了霞水村。

再来说说我家。我家属于纹川上门世德堂,曾祖父叫邵大奎,生子邵家镇(俗名和尚),半农半商,闲时收购土特产运到上海、杭州去卖,年纪大了后,眼睛不好,就在家务农了。我爷爷家镇生7男1女,只有我父亲读书。他在上海新约翰学校读英语,后来转到武汉大学读书,并在那里加入中国共产党。

父亲兄弟中,老大裕国,在上海开馆子店,开始是与同乡合伙开同义园菜馆,兴旺时有20多员工,有几十张桌子。

老二裕盛,小时出继给人家了,民国初年开始做信客,帮人带东西到上海,再从上海帮伏岭的生意人带钱、带信、带小件物品回来。抗战时又到大西南做信客,来回跑。如果收的东西少,走徽杭古道,如果东西多就需要坐船,走新安江到临溪,再挑运回伏岭。因信誉好,他儿子邵培爽也做过信客。做了一辈子信客,没有风险是不可能的,为了信誉,一般都不愿提起,一旦损失,赔人家也就算了。

老三裕颂,一生务农,农闲时也帮二哥做信客,跑沪杭线。

老四裕朋,经商在外,主要在上海、杭州,做家乡土特产生意。

裕介、裕恒，小时就夭折了。我有一个姑姑叫邵兰桂，嫁到石川。

伏岭家里老房子建在横巷老屋后，是爷爷家镇建的，坐西朝东，前后两进，三间两过厢，我家在后堂。前堂东厢是邵培柱家，西厢是邵云生家。现在是邵茂飞家居住。

2.邵之欣：徽州小倌学生意

过去讲"前世不修，生在徽州，十三四岁，往外一丢"，就是我们这一代人经历过的。伏岭人出门身上背着盘缠和冷饭馃，袋叫冷饭袋，还有菜筒、挞馃。这些都是备着路上用和吃的。我们这一带去杭州，步行过逍遥岩，到蓝天凹岭脚下村。岭脚下这个村庄都是绩溪人，村名后改为"永来"，是为了纪念被国民党杀害的两位游击队员，各取名字中一字合成的。永是灶永，来是观来。永来村过去是阴山阳山，属于昌化。永来与昌化相邻，两边土话都是相通的，当地人都会讲。

伏岭人在浙江做生意的多。安吉、孝丰那边多，我知道有个报福镇（吴昌硕故乡）都是讲绩溪话的。我们这边去的人，主要是开糕饼店、猪肉店，也卖南北货，店铺都不大。外出当学徒，3年白吃饭（不拿工资），4年当半作。所谓半作，就是拿老师傅工资的一半。7年才拿师傅工资。我的朝（祖父）在老余杭（现在叫临平，余杭区所在地）做事，那里绩溪人很多。

邵名琅的朝叫邵在宽，在杭州大观桥开店，店号叫"元隆南货店"。我的父亲邵在福，在这个店里当过学徒。这店规模不大，卖南北货。绩溪人出去学做生意，都是亲戚老乡关系介绍的。邵在宽有文化，主持编修了光绪版《华阳邵氏宗谱》。

邵之欣

后来，我朝拼股开了个店，位置在杭州卖渔桥，店号叫"乐味斋"，主营茶食、炒货、糕饼。店本都是绩溪人拼股的，邵之林也有一股，我岳父也有一股，伏岭上村许吉文也是股东。店里面的员工都是亲戚。店铺门面小，但后面作坊很大，作坊里面还请糕饼师做糕饼，生意好。绩溪人都是糕饼师傅，有七八个人，炒货的都是萧山人。我岳父叫胡培基，小名松涛，罗坑人，他也是继承了父亲的手艺。味乐斋还做爆竹，在五弄坊里。那时伏岭普遍都做爆竹，邵运德家也做。

我觉得自己家的味乐斋店铺太小，没有本村许吉文、程华桃工作的"仁号"店（百老年店）规模大，想在外面找工作。我父亲通过关系（胡梅溪，老家人称良勇，绩溪人，93岁去世）介绍我到杭州利康布厂当学徒，寄信叫我去上班。当时我在伏岭下老家，头天是村里舞狮，我是重要角色，不能缺席。舞狮结束后，次日跟着跑信客的万林去杭州。路上，碰到浙江马啸"赶吊"，戴个鬼脸壳，很吓人。"忙不忙，三日到余杭"，余杭到杭州还有20多里。到余杭不走陆路，因为余杭有船，坐"夜航船"，人力桨，便宜，到味乐斋、油泰猪肉店。当时绩溪老乡的商铺都有"一宿二餐"的接待规矩，店家德炎老板次日给我两块银洋让我继续赶路。这是给老乡绩溪人的待遇。正月二十三，老婆舅陪我包了辆黄包车去厂里。这个布厂在菜市桥东承路23号。到利康布厂后，我开始当学徒，要拜师，厂里的同事都是绍兴人。我刚去的时候主要做打扫卫生等零碎事。因为我高小毕业，写毛笔字时被厂里账房先生看到了，账房先生安排我发货登记，叫我发工资。那些绍兴同事也另眼看我了，都称我"邵老师"。这个厂开办时间不长，国民党败退，股东老板准备逃跑，叫我把布放到夹墙里。几个股东分散走了，其他职员也都走了，老板只留了我一个人。留守到最后的老板姓唐，有一天给了我5块银洋，我知道这是让我走。当年5月3日，杭州解放。

我回到父亲在卖渔桥的乐味斋店里。不久，我家边上有个"椿茂百货店"叫我去记账。公私合营后，我到景福店去了。1958年支援工业，有十八个厂招工，我选了杭州粮油公司罐头厂，报到后到宁波罐头厂培训。那时虚岁27岁，因为能讲绍兴等各地方言，厂里安排我做供销工作。

邵在宽一脉祖上出过不少名人，近的是邵作舟，再上去是浥人公。在宽、运衡合股经营南北货店，股东间有矛盾，所以败了。我的朝去世后，店盘给了人家，拿回300银洋，回家盖房子。

3.邵名琅：祖上在杭州开店铺

我叫邵名琅，伏岭人，现住县城柏枝湾。我大大朝（高祖父）叫邵伯棠，字静斋，号醉樵，是浥人公孙，鲁田公之子。浥人公在当时的徽州是德高望重的社会名流。乾隆版《华阳邵氏宗谱》是浥人公倡修的。竭头九江知府方体是他的亲家翁，方体女儿嫁给了浥人公三子邵鲁田。我家大朝邵运衡，官名作霖，又做官又做生意，可能在四川当过官。原来我家里有块红底金字刺绣寿匾，绣了一只仙鹤和松树，是送给我大朝的，抬头称呼是珙县知县大人。

清代乾隆年间，浥人公在老家伏岭下上半村大路上（原伏上大队部下）建屋，屋柱是"百（柏）、子（梓）、同（桐）、春（椿）"四种树。这房屋还在，两层三间三进，前后天井，连厨房杂屋花园，占地面积近一亩。木雕、砖雕都非常精美，现在还保存完整。

我大朝邵运衡在京城为官，清代咸丰年间他拿出本钱，给大家庭在杭州南星桥开店。家族共有三个"隆"字号店铺，我家是"元隆"号店，经营南北杂货，还经营茶叶、丝绸、土特产等，相当于现在的超市。前店后坊，店内有各种加工作坊，其中糕饼作坊规模大，一次进食糖要500包，一包100斤。我听父亲说，这些店铺每年要赚5万大洋。

我朝叫邵在宽，杭州元隆号店主要是他经营，曾主持修纂了光绪版《华阳邵氏宗谱》。

听父亲说，我朝身上有一块玉石挂件，非常漂亮。有一次他去饭店吃饭，被一个识货的人看到，说这块玉是个宝贝，我朝不信。他要了一碗清水，把玉放到水中，玉经水和光的照射，顿时折射出虹一样的光彩。结果这块宝玉被一个贼盯上了，尾随我朝一直到店里。我朝住三楼，晚上那贼来了，他用两支铁钉轮番插进砖缝里，攀爬上三楼，翻窗进入了我朝的房间。我朝睡觉时把玉放在一个篮子里，篮子里还有几本书，贼把玉和书一起偷走，发现书无用，把书还给了我朝，并写了一封信，意思是我朝是好人，他偷玉仅是卖钱果腹而已。后来这个贼在嘉兴被捉，我朝到嘉兴把他保了出来。此后他就以佣人身份一直跟在我朝身边。晚年，一次我朝生病，要到屯溪撮药，他从杭州到屯溪当天来回，跑路头上辫子都能飘起来。我朝临终时，同他讲这辈子他们有缘，要求他在自己死后另谋生路。当时我们家想留他，可我朝讲，你们还不配有佣人。我朝死后，他上了一炷香，拜了三拜，就走了。至今我们都不知道他叫什么名字。

邵之颜是我父亲，生于宣统三年（1911），殁于1970年。他11岁到休宁万安读书，17岁毕业回家，在宁国狮桥税务局工作一年。因不喜欢这个职业，第二年回伏岭下教书，一直到退休。他曾担任校长，桃李满园。父亲爱好徽剧，操一手好京胡，在徽剧艺术上有深厚的造诣。

因我父亲是教书的，不善经营，杭州的祖业店铺传给了之祜。第一，之祜是长子；第二，他善做生意，懂经营。因我家元隆号商店是家族企业，整个家族都非常团结，兄弟之间都是互通有无，挣的钱统一按需分配，因此传给之祜掌柜经营顺理成章。

之祜生二子，名驹和名鹤。名鹤上海大夏大学毕业，民国时曾任教育部次长。杭州店铺传给长子名驹经营。名驹算盘打得非常好，我们只知道"小九归""大九归"算法，他有一种叫"归归法"打法，伏岭只有他会打，再难的数字他一打就能算出来。名驹生二子，宗仁和宗义，兄弟二人也在店里做事。两兄弟小时自己把月饼做的拣馃一样大，自己吃。到民国时，因连年战争，兵痞匪患的干扰，商店经营出了问题，亏损严重。一生聪明的名驹，自感生不逢时，无力回天，犯了猪傻病（疯）后，店就关掉了。

名驹与我同辈，我们家族在杭州南星桥一块做生意，行商经营了四代。我父亲生前告诉我，新中国成立后，杭州店铺歇业时，营业执照登记证上是我父亲之颜的名字。因为我家店铺房产规模大，怕被定个资本家，不敢去重新登记，只得放弃。杭州店铺当时留了个亲戚看店，她是名鹤的女儿，也是我的侄女，叫邵绮琴。她丈夫是个桶匠，又是个杀猪匠，六亩坵村人，叫张汪铎。因我家族大部分人都有一定的社会地位，绮琴的哥哥邵宗浩是海宁县县长，对绮琴找了这样的丈夫有点不满意，但木已成舟，只得把她全家搞到杭州店里。以后一家人就定居在杭州江干区金镯岱巷。店产，她一家没有份。名鹤的二女儿叫文苏，嫁到南京，丈夫叫陈新勇，中学教师。新勇的哥哥也就是文苏的大伯叫陈扬，20世纪中叶担任过南京市委第一书记。

我们家祖上就重视读书。我朝虽做生意，但不忘教育后代要读书。兄弟中，运钧是个吃闲饭的，捐了个五品官，是虚衔。他在杭州街上摆摊写字画画。一次杭州知府家师爷要给知府小姐买个扇面，就叫运钧绘画，扇上还写了首艳诗，小姐十分喜欢，后被知府发现。知府讲此人心术不正，要将他赶走。师爷说，这人只是个落魄文人，懂些书字，可以用。后知府同意他在府衙搞收发。他经历过杨乃武与小白菜案，且因为这个案件受到牵连被辞退回家。

过去，家族中男的都在杭州做生意，女人小孩则在家。我家那个元隆店铺，除卖糕饼外，也卖茶叶等土特产。我朝还在石雉新坊和在炳、之余等同乡投资了一个炉坊，铸造锅铫。这个炉坊到我母亲手上才卖掉，我家的股份卖给了美吉家。当年的账簿一直留到多年以后，叫《子厚日记》，里面写有"秋盘大吉，开盘大利"。

1984年，我到银行筹资贷款5000元，去南京租店面开饭店，店名叫"徽州菜馆"。我的饭店，凡是绩溪人去吃饭都不要钱，这是徽商传统。因为那个店面恰好要拆迁，开到2003年就关掉了，开了近20年。现在小儿子邵宗贤还在南京城内钟鼓楼附近的交通集团大厦里承包了一个食堂，每天有几百人用餐。

4.邵昌后：我的家族

我曾祖父邵光琪，字玕斋，号渭清（可能是五行缺水），笔名姑隐子。有关我曾祖父及家族经商的事，我听我的祖母讲了一些。我祖母叫许全英，村里人叫她"全英保证"。"保证"是能说会道的意思。

　　我的家族实际上是书香之家。曾祖父不是"十三四岁，往外一丢"的，而是弃儒从商。光琪的曾祖父名家芳，生裕宽、裕康、裕甲、裕周、裕美五子，裕康幼殇，裕甲继嗣。一家最初在休宁经商，开始时在黄口经营水碓（粮食加工）业和养殖业，盈利后将余钱投资到各处。家芳公去世6年后，清咸丰九年（1859）由家芳孺人主持分家，先坐付裕甲读书100两银子和最好的一亩多田作为灯油田，然后将财产均匀搭配（含九处投资和数笔债权），分给诸子。黄口水碓业由长子裕宽继承。近年裕宽后代曾数次来伏岭寻根问祖，其中有屯溪区百鸟亭安置小区邵春生等6家，南通邵菲菲等数家（祖上是经营钱庄的），还有扬州、景德镇的族人未联系上。

　　因为重视教育，光琪祖父裕甲是秀才，在歙县磻溪读书。磻溪是个有名的"外甥村"，重视教育，培养的外甥都很出名，如胡宗宪、王茂荫、柯庆施等，胡宗宪小时候也在那里读书。1850年，裕甲随老师至宰相曹振镛女婿胡元熙（字篆农）家馆深造（裕甲自叙"先生转教休邑，胡篆农太老伯家馆设高枧，予仍负笈相从"）。1854年，"粤匪窜徽，辍学返里，设馆课徒"。1860年，"粤匪窜绩，迄无宁日，日食不继，备受艰辛，身遭两掳，幸皆逃回"。裕甲生五子：培元、培享、培润、培炯、培德。长子培元在杭州被太平军掳去未回，由培润顶继。培润1880年中秀才，毕生业儒，协修《华阳邵氏宗谱》，桃李满园，百年之日，送殡队伍长达数里。

　　光琪兄弟姐妹共10个，作为长子，为了分担家庭重担，不得不弃学经商，但仍不忘读书。曾祖父在杭州开震泰南货栈，是合股的，有糕饼坊、槽坊，门市加批发，股东推举他在店中担任协理（协理薪酬6元/月），生意最好时有员工50多人。他做生意讲诚信，经营理念好，勤进快销，还把附近寺庙和尚尼姑的一些活钱存在店里。农产品加工也做，多种经营，生意越做越大。店铺地点在杭州卖渔桥。曾祖父在杭州待了几十年，我的祖父也在店里，叫柏生，行名华梅。七七事变后，日寇兵临杭州城下，我曾祖父不食"倭粟"，回到老家伏岭下。祖父华梅则直接去淳安绩溪老乡店里做事。

　　光琪是个非常勤奋的人，也是个富有爱国心的商人。民国初，面对军阀混战，列强逐鹿中华，对我国进行经济侵略和武装侵略，光琪痛心疾首，写出以下文字：

提倡高歌一曲

说到提倡国货，教我心头难过。穿的呢绒棉布，吃的烟酒糖果，住的房屋窗户，走的汽车铁路，人生四大要素，全靠别人"帮助"。外加枪炮军火，不惜挥金如土。翻翻海关账簿，流出金钱无数。大家快快醒悟！要靠自己能做，快把洋货弃唾！快把权利拥护！倾销政策严杜！经济侵略打破！切莫五分热度！切莫铸成大错！今我心婆口苦，挽救亡国惨祸。

为了实业救国，开店之闲，他搜集各种报纸信息，剪纸编成《什录》。早在民国六年（1917），他就将搜集到的100余种适合我国国情的新工艺生产项目编成一册《工艺新法》推荐给国人，计种植类4项，养殖类6项，加工类15项，制造类40项，工艺类6项，其他类12项，每项都写明产品名称、用途、原材料配置及工艺制作流程、要领、注意事项等，并在首页中阐明提倡国货的重要性、必要性和可行性。他将《工艺新法》和新的经营理念、市场信息带回家中，与家乡邵献武等几位有识之士合伙承租了祠产土名水阳坑的一大片山场，种植香菇、银耳等。初战告捷，从而带动了一些乡亲，纷纷试产一些种植、养殖、加工、酿造等项目，收到了较好的经济效益和社会效益。这本书被保存下来。

1933年，热河守军不战而逃，热河被日军侵占。闻此国耻，全国哗然，他悲愤地抄下了《大饼歌》，抨击腐败官员，歌颂抗日健儿，呼吁捐物送粮，支援抗战救亡：

大饼大饼大大饼，制以国产大麦粉，直径二尺重十斤，大饼之中第一品。朔风吹雪关山寒，健儿转战饥且冷，得此大饼来充饥，且嚼且倾仇血饮。忽闻寇占热河城，主将潜逃无踪影，高官自有珍馐食，

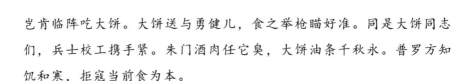

岂肯临阵吃大饼。大饼送与勇健儿，食之举枪瞄好准。同是大饼同志们，兵士校工携手紧。朱门酒肉任它臭，大饼油条千秋永。普罗方知饥和寒，拒寇当前食为本。

通俗易懂又极具感召力的《大饼歌》在伏岭传开后，在当时极大地促进了国人抗日情绪的高涨，激发了民众大力支援抗日军队的热情。次年，红军抗日先遣队在极端困难条件下奉命北上抗日，途经伏岭，而国民党反动派却想炸毁江南第一关栈道阻止红军北上，两者形成了鲜明的对照。因此，社会各界主动护路，使红军抗日先遣队兵不血刃过境，创造了"天险变通途"的奇迹。

为了生计，曾祖父返乡后就在村中心的黄金地段盖了一间50平方米的商住两用房，开了个小杂货店。

曾祖父于1943年撒手人寰，未能见到抗战胜利，遗恨绵绵。他去世后，祖父华梅便辞职在家子承父业。后来，又与献武、之铎、名庆等人在虹溪桥商业街上开店，店号叫"永安商店"。晚清民国时，虹溪桥村地理交通便利，商业比较发达，形成了一条商业街。永安商店卖杂货、猪肉，也卖糕饼、棺材，店后有作坊，糕饼是自己做的，生意非常好。1954年接受社会主义工商业改造，1956年虹溪桥的永安商店作价入股公私合营，后又转为集体所有，改名伏岭合作商店，属于绩溪县供销社的一部分，北村、石川都设有分店。

祖父1960年农忙时响应"各行各业都要支援农业"的号召，去农业社劳动，后因疲劳和饥饿在拔秧时一头栽在秧田里，救回家就卧床不起，没几天就去世了。邑贤程光宪赋嵌名藏头诗赞曰："华堂集庆毓龙文，梅不惊人气自清。柏木葱茏持劲节，生为君子殁留型。"

父亲茂深1942年毕业于芜关中学，即任教纹川同文小学，1943年开始兼任总务主任；1953年调城厢小学当教师；后先后被安排到湖村、石门、金沙等完全小学担任教导主任。

父亲虽未经过商，但1942—1953年在同文小学任教期间，因身兼总务主任，管理过同文商店，该店由五、六年级学生自主打理，时间安排在中饭后及课外活动时，店员每次5～6人，任期一个月，每天工作内容是：打扫商店卫生、货物陈列销售、记好每天进出账目、印刷描红本和六行格等。无事时练习打算盘，下班时关好窗、锁好门，进行经商实习培训，培养理财能力。商店工作由一名老师负责指导。父亲为保护和传承舞狮、徽剧等非物质文化遗产和徽州文化作出了贡献，受到多家媒体采访。

我祖、父两代均为单传，到了我们这一代，兄弟姐妹共8人，只是二哥与小弟幼殇。祖父去世后，一家9口人全靠父亲每月44.5元工资维持生活。1962年，我随父亲在石门小学就读六年级，并考取了绩溪中学，但家庭经济实在无法供我继续上学。于是年仅14虚岁的我，1962年国庆节到伏岭合作商店北村门市部做合同工。当时全店共五个员工，两个豆腐坊工人、一个饮食部厨师、一个旅馆部服务员，我占小学毕业的优势，站柜台卖烟酒杂货、豆制品及住宿登记、收费和管账等，是门市部的负责人，人称"小经理"。1963年3月，我想把户口转为"非农"，以顶祖父工职，岂料粮食部门说要到8月份才能入户供应"口粮"，吓得祖母和母亲赶紧把已迁出的户口放回生产队，生怕五个月的"口粮"没有着落。结果到7月份再次办理迁户口手续时，政策改变，不搞"农转非"了。1966年，因户口问题，我离开了门市部。

虽然"顶职"未成，但5年的经商生涯不仅分担了家庭重担，而且我本人也受益匪浅。当时刚好建设县城至北村的公路，修北村至大鄣的板车道，还有大鄣林区采伐，测量设计人员、施工队、采伐队、采购人员等聚集北村，门市部烟酒畅销，旅店餐馆生意兴隆。巨大的工作压力，迫使我练就了一手好珠算，能听懂多种方言，了解不同区域的风土人情和口味爱好，养成了一丝不苟的工作作风，也积累了许多为人处世的社会经验。

我家祖训是"各安本分，各守职业；勤俭谨慎四字刻刻铭心，荒淫奢侈四字时时戒鉴"。我要言传身教，把家风祖训和"徽骆驼""绩溪牛"坚韧不拔、吃苦耐劳的精神传下去，让子孙后代在风雨兼程的人生旅途上不迷失方向，勇攀高峰。

5.邵名农：伏岭下烧石灰

我1973年1月高中毕业后回乡务农，正赶上"烧春灰"（烧石灰）的季节。我所在的伏下大队向阳生产队是在1969年由石子、三塘、四凤三个生产队合并而成的，劳动力较多，每年至少要烧一窑石灰。生产队分配每个劳动力运灰料或斫灰草的任务，并定出计酬标准，按劳记工分。烧制石灰的人员也由生产队派工记工分。烧出的石灰除了本队农田使用外，其余的卖掉，作为生产队的副业收入。

先来说说运灰料。我父亲在外地工作，我下面有3个妹妹，我高中一毕业就成了家中的主劳力。我家里有一辆从大鄣买来的旧橡胶胎独轮车，这时就派上了用场。料师开工后，我们就从里半坑村外的黄莲坑灰料山往我队的石灰窑运灰料。各户运来的灰料在灰灶旁找地方各自分开堆放，待大家都运完了，再确定日期集中过秤登记，拢大堆（俗称"杠料"）。在我运灰料的同时，我母亲和大妹妹就开始砍烧石灰的柴草，俗称"斫灰草"。灰草一般在离灰灶尽量近一点的山上斫，以减轻运输的难度，若在灰灶附近没有本队的山场，就得买别队山上的柴草来斫，俗称"拼灰草山"。斫灰草均采用"一刀光"的斫式。所以，斫过灰草的山场几年都恢复不过来，故人们说："山怕烧灰。"年复一年地烧石灰，还有烧砖瓦窑以及厨房用柴，加之伏岭属风化花岗岩的砂石山体，水土极易流失，那时离村数里以内的山都是光秃秃的。"伏岭、伏岭，光山秃顶"，就是当年的真实写照。斫灰草时除了收工时顺带挑一担外，大部分都放在山上晒干（俗称"停山"）后再挑运，以减轻运输重量。等灰草晒干后，灶长确定日期，各家集中挑运灰草（俗称"盘灰草"）到灰灶旁过秤交货拢大堆。运灰料很苦很累，每天运两车灰料，推空车要走36里，推重车要走30里，一季灰料运下来，脚都磨出了老茧。杠料时算账，我平均每车有300多斤，这对于刚出校门的我来说确实了不起。运完灰料，我母亲和妹妹也完成了斫灰草的任务。

接着我又被生产队安排装灶和烧石灰。烧制石灰的灰灶（窑）是用条石、块石靠山砌成的，灰灶内部是一圆桶形，顶部是露天的圆形口，装灶时上半灶灰料和出灰时上半部石灰都从顶部圆形口出入。前有灶门，大部分用砖封住，只留一直立长方形灶口，人侧身可以进入灶内。灶口中部嵌入一块石板隔成上下两部分，下半部是进风口，上半部是进柴口。出灰时灶口中石板要抽掉，以利于出灰。装灶时将灰料环靠灶的内壁一层一层地堆码上去，到了一定的高度要合顶，合顶后灰料就实心地堆砌出灶顶。下半部内中空为火膛，灰草就在这里面燃烧发热，烟、火道就是灰料之间的缝隙。灰灶后有一条坡路上灶顶。烧制开始后的一天一夜不用急火，是为整个灶内的灰料预热，以免冷灰料遇急火造成大块的料石外面已经烧酥，里面还是料石的"皮焦里不熟"现象。这一天一晚的小火烧法称"焙冷灶"。我和队长在界公的儿子金彪被安排"焙冷灶"。"焙冷灶"虽然轻松，只需隔十几分钟塞一捆灰柴进去，但晚上在离村三里多路的山边，荒郊野外的，就我们两个不满20岁的小年轻，也是够吓人的。接下来要烧三四昼夜的急火，一把接一把地往炉膛里塞进柴草，这个过程称为"放紧火"。放紧火时只见灶顶上浓烟滚滚，俗称"煤烟滚筒"。这个过程必须两个人一班，一人添柴，一人搬柴，柴草堆较远的还需要其他人帮忙，两三小时要换一次班。放过紧火之后，掌握火候的灶师就要根据灶顶料石的颜色（称"看火色"）决定是否进入第三阶段，即用小火煅烧阶段，俗称"收火"。收火烧一段时间后，灶师根据火色就要进入停火阶段，俗称"刹灶"。停火时要在灶顶火红的灰块上敷上几寸厚的一层烂泥巴，叫"封灶顶"，同时要把灶的门洞用石块堵上再用黄泥糊密，以免漏风，为的是用灶内的余热继续焖着已经烧制好了的石灰，促其后熟。烧石灰时，烧灰的人都集中吃住在离灰灶较近的地方，一般在灰灶旁盖一茅草棚，我们生产队则在灰灶顶上辟一块空地盖了一间简易的砖瓦房，在地上铺上稻草，各人带条被子睡地铺。在屋外用砖头或石块垒一炉灶，集体焖饭，菜由各人在家炒好自带。一日三餐都吃干饭，由于体力消耗大、缺少油水，大家都饿得快。人多又抢食，故每人每日要吃两斤半米以上。灰灶在村边的也可以不集中吃住，按时赶来接班，但往往误时、误事，尤其是晚上。一季石灰烧下来，肩膀要脱去几层皮，脚板和手掌满是老茧和裂口，人也会瘦一圈。故俗语云：

"男怕烧灰，女怕打胎。"

那时缺粮，烧灰季节，从挑灰料、斫灰草开始，参加的人早上吃焖饭，中午带粽子或挞馃当中饭。而家里其他人早饭、晚饭只能喝粥，中饭才能吃点干饭。烧灰刹灶以后，烧灰的人还要聚餐，名为"吃辛福"，一来呈谢灶师，二来庆贺烧石灰任务圆满完成，三来乘机也慰劳一下自己。聚餐时，参加烧灰的人按份凑钱买酒、买肉、买菜，还要凑米或面，集中在一家烧。男子烧石灰可得到家里最好的伙食待遇，宁可家里人少吃节食，也要保证为烧灰的人增加营养。故人们会开玩笑地说："男子好吃烧灰。"

6.邵光端：伏岭信客之调查

伏岭信客起源于清末，最早的信客应是上门横巷的邵家镇。家镇又名和尚，生同治戊辰年（1868），亦农亦商。从清朝光绪年始，每年要跑两趟生意，上半年贩运一些当地的香菇、干笋到上海，下半年主要贩牛皮到沪杭，回来时帮同乡捎带一些信件、包裹之类。年长月久，虽不专行，但渐成信客的雏形。

随着伏岭在上海做生意的人增多，原来邵家镇一担土特产到上海，回程只为老乡作一点捎带，后来逐渐发展到去一担来一担，并且还要捎带金钱回家。逢年过节时老乡委托带的包裹甚至超过两担，乘船到浙江余杭后，还要雇人挑运回村。于是，家镇的二儿子邵裕盛正式接手父亲的生意，成了一名正式专行的信客。

邵裕盛，又名长生，上门横巷人，民国初年开始做信客，专跑上海线。新中国成立前伏岭人在外开店做生意，在上海和武汉都设有同乡会，但没有会所，集会一般在同乡人开的菜馆店中举行。杭州没有同乡会。他到上海可落脚其大哥邵裕国开的同义园菜馆，一些同乡寄东西随时可和同义园裕国联系，非常方便。伏岭经商鼎盛时期，全村500余户，在外开店经商的就有120余家。众多的客户，仅凭裕盛一人是应对不了的。于是，上门横巷的邵观全也入行其中，承担沪杭老乡的往来信件、物品的传递工作。即便如此，业务还是应接不暇。裕盛在家务农的三弟裕仲时常帮忙，后也加入其中，三人共同承担上海线的业务，你来我往，分错轮流。端午节、中秋节、春节，这三个节前是每个信客必须要跑的，因为此时他们带给家乡亲人的不仅是钱物，还有亲人的节日问候和祝福，"每逢佳节倍思亲"！特别是春节，几乎每一个出门的生意人都要寄东西回家，浓浓的思家之情融合在每一件包裹之中，两个信客同往还不堪重负。这种状况持续到1937年"八一三"淞沪会战，伏岭人在上海的许多菜面馆店或被炸，或被抢，或被迫歇业，一些老板只得随难民内迁大西南。因此，邵裕盛把上海的生意交给三弟裕仲和儿子邵培爽，本人则跟随自己老客户专跑大西南线，直到老了跑不动了才结束。上海线，邵培爽则一直坚持到新中国成立。

信客虽说是一个简单的行业，挣的是辛苦的脚力钱，但它对从业者有一定的要求。首先必须是本分小康人家，光棍是难以获得大家信任的；其次人品要端正，吸（鸦片）、喝、嫖、赌不能沾，老乡们辛苦挣来的血汗钱是不可能交给一个吸喝嫖赌之徒的。一个好信客，不仅要讲信誉守荣誉，而且能为客户保守秘密，徽州人喜欢财不露白，老乡们委托你带多少钱决不外露。另，还有一些在外业商的老乡禁不住大都市的灯红酒绿，纸醉金迷，失足堕落，信客回家也要三缄其口，报喜不报忧，以求双方安宁。因此伏岭的信客大多产生于原生意人之中，彼此都信任了解。如下门的邵增杰，他开始时在上海开粥店，生意不好时，才帮老乡跑信客；中门的邵助生，上门的邵华泽，他们在武汉菜馆店里打工，生意清淡季就帮老乡带东西带钱回家，兼业信客。

在战争和盗贼肆虐的年代，信客这碗饭是非常难吃的，时刻都伴随着风险，每一次上路都是负重前行，无不小心翼翼。为了降低风险，来回的旅途中要尽量减少独行，非万不得已，不住陌生的客栈。如果带的金钱多，还必须乔装商贩，把银圆藏于布匹或杂货之中，或藏在米担、油桶里面。如在平时，可走水路：坐船到杭州，换船，走新安江到渔梁，再换船，溯流而上到临溪，自己挑运回村。包裹多，雇人一起挑运。因乘船人多，这一路相对较安全。如时间紧，要赶在节前回村，则须走旱路：从上海乘车到浙江余杭，雇人或和伏岭"挑余杭担"的结伴同行，走徽杭古道回村，极少单行。曾听先父说，他年少时在淳安姐夫章福金（湖村人）店里学生意，有一次姐夫要他押运3000块银元回家，他们把银圆用油纸包好，藏于桐油桶内，再装桐油，雇挑夫乔装挑运桐油，以避风险。

练江古道路亭

信客有时也帮客户带人。所带的人一般是老板的亲属，或家乡一些出门学生意的小孩。带人责任重大，必须保证万无一失，但报酬颇丰，客户会付你两人的全部盘缠，那么信客这趟所带的信、物费就是纯利润。

信誉是信客的生命，一旦失信，就意味着信客生命的完结。"常在河边走，哪有不湿鞋"，如被盗被抢，就只能自认倒霉。为了信誉，信客大都忌讳谈起，悉数赔偿了事，以求平安。但也有赔不起的，如民国后期，西坑村程定照也跑沪杭线，据说他回程时路遇强盗，同乡要他捎回家的金钱全部被抢，他无力赔偿而致失信，此后不得不转业改行。所以信客这行业貌似光鲜，但很少有发财的。

每一个信客都有自己的路线：清末民国初，货量小，到沪杭一般走徽杭古道；返程如果东西多，则只能坐船到新安江，靠岸临溪，再挑运回村。1933年杭（州）—屯（溪）公路开通，到沪杭可走竹岭到歙县齐武乘车到杭州，再乘车或船到上海。1935年芜湖到屯溪的公路开通，也有走芜屯线的，从伏岭到扬溪乘车到芜湖，再乘船到上海。跑武汉线也走芜屯路，到芜湖乘船溯江而上到武汉。大西南线：走衡阳，进云南，再到贵州、都匀一带。

新中国成立后，随着国家邮电业的发展，伏岭信客逐渐消亡。

伏岭信客调查表

姓名	门派	从业时期	所跑线路	备注
邵裕盛（又名长生）	上门横巷	民国初年至抗战	沪航线和大西南	
邵裕仲（裕盛弟）	上门横巷	民国初年至民国中叶	沪杭线	
邵培爽（裕盛子）	上门横巷	民国后期	沪杭线	
邵在炎	中门	民国后期至20世纪50年代	沪杭线	伏岭最后一批信客
邵增杰	下门	民国中后期	上海线	自己在上海开粥店
方兆全（绰号老长辈）	新桥人，住西门岭	民国后期至20世纪50年代	淳安线	伏岭最后一批信客
邵助生（又名在度）	中门	民国后期至20世纪50年代	武汉线	伏岭最后一批信客
邵华泽	上门横巷	民国初年至民国中叶	武汉线	
耿金焕	鱼川	民国中后期	沪杭线	落脚大中华
耿庄生	虹溪桥	民国中后期	沪杭线	鱼川人

6.吴宜青：水碓加工的那些事

我1929年出生，娘家在石川后巷村，1949年嫁到伏岭村，丈夫邵林海在上海工作，我在家务农。

伏岭村一个自然村就有6座水碓。"盛金碓"是邵盛金祖上建造的，水碓地址就在村北离村约200米处，他家在水碓边建造了住房。"上碓"是邵灶灼祖上建造的，地址在河对岸离村200多米处，去水碓要过一座木桥，此桥就叫"上碓桥"，邵灶灼家也在水碓边建造了住房。"中间碓"是邵名厚祖上建造的，地址也在河对岸离村200多米处，因在上碓之下，宝花碓之上，所以称中间碓，去水碓要过一座木桥，此桥就叫"中间碓桥"，此碓边没有住房。"宝花碓"是邵灶培家族建造的，地址在河这边离村150多米处，因邵灶培过世比较早，后来水碓一直由他妻子宝花管理，所以大家就称"宝花碓"。邵灶培家也在水碓边建造了住房。"寺前碓"地址在河这边离村50多米处，因位于福昌寺前，大家就称"寺前碓"。此碓因水位落差太小，很多年前就废弃了。可地名还沿用着，碓碣的水还浇灌着一百多亩农田。"增义碓"是邵增义祖上建造的，位于伏岭村的水口桥——石纹桥的西头往南20米处，邵增义家族也在水碓边建造了住房。如今，邵增义的后人还在原碓址上开办了榨油厂。

管理水碓是一项细致琐碎并且非常辛苦的工作，大多由妇女担任，人们称管理水碓的妇女为"管碓嫂"。管碓的人要安排预约需舂米、磨面人家的顺序和估算出大体的接碓、接磨时间，这种预约称为"会碓""会磨"。上下家交接时，管碓的人都得到场，哪怕是雨雪天或半夜三更。

管碓人收取加工费叫收"碓份"，历史上相当长的时间，"碓份"都收实物，加工什么收什么。碓屋中专门备有一只用来计量的标准竹篓，俗称"下碓篓"，和一只竹筒量器，俗称"官升"。加工费收多少，各地不一，各个时期也不尽相同。到后来，用秤来称重，加工费以实物或货币支付皆可。再后来干脆就以货币支付加工费。管碓的人收取加工费也比较烦，白天可以在上下家交接前度量或称重收加工费。若交接是在晚上，则需要下家在白天就将需加工的稻谷或小麦运到碓屋，称重后放在竹篓里或堆放在碓屋的空地上，为了让加工户放心，管碓的也能撇开待加工粮食少掉的责任，双方都盖上印记。过去每家都有一枚用木头阴刻成的四五寸见方木印，木印只刻一个有家族代表意义的字，它也是家族权力的象征。直至如今老人逝世出殡时，家人还会用木印拍击棺盖，呼唤着要逝者回来管家。

伏岭村人不仅在本村造水碓，还到外地投资造水碓。邵天上（1788—1850）曾在歙县由溪建造水碓，从事粮食、饲料等加工。到1900年已近百年了，兄弟五房尚依靠它养家。还有邵家熙（1793—1844），在歙县黄口经营管理水碓，生财有道，后定居黄口。如今，绝大部分的水碓已经倒塌或被拆毁，伏岭的6座水碓一座都没有留下。留给后世的是一些地名和碓家形成的居民点。

7.邵之惠：水馅包里的爱与思念

水馅包，对于绩溪人来说都不陌生，可以说人人都是吃水馅包长大的。做水馅包吃，是绩溪民间沿传久远的四时八节的饮食风俗。

农历十月半，是家乡的下元节，家家都要做包吃。那天上午，我在上第四节课时，突然教室门被推开了，章老师一见来人便问："现在上课，你来找谁？"我一看是我堂姐，当她的目光还未扫视到我时，我便主动从座位上站起来向章老师报告："是我姐！"未待我喊她，堂姐却喊着我的小名大声嚷道："要下课了吗？第一笼包放下去蒸了，一会就好，妈等着你去吃包呀！"

堂姐的一句话，引得教室里一阵哄堂大笑！我不好意思地用手示意叫堂姐赶快回去。章老师走过去笑着对堂姐说："快下课啦！一会就去吃了，你先回吧！"说着，把门关上继续上课。

放学回到家里，我怪堂姐不该为吃包的事去教室打扰上课。母亲说："是我叫你姐去的，我看钟点差不多了，怕下课了你还出去戏，就叫她去喊你，她怎么跑到教室去叫你了？这女家也真是的。"又说："包蒸好了得马上吃，冷了不灌汤就不好吃了。"只见厨房大灶头上大锅盖的周边直冒热气，母亲自言自语说："气上顶了，包应该蒸好了！"说着，将一大笼包子从锅里拎到饭桌上。我一数，这笼包足足有38只。堂姐说，这是半大笼床，若大笼床装得更多，有五六十只哩！不过人少笼床不能大。听堂姐的话，我没领会是怎么回事。

笼床上桌，仍然热气腾腾。母亲生怕我不会捡包而烫着手，麻利地捡了4只放我碗里，要我慢点吃。我小心咬了一口包尖，轻轻一吮吸，哇！包汤直入口腔，其味极鲜，细细咀嚼包馅，既劲道又滑嫩，让人感觉美得不行！母亲说："先吃水馅包，等会还有菠菜馃和豆沙糖馃。"

这是我第一次听说这用面粉制作包皮的、呈半月形的、馅料饱满的"水馅包"的名字。母亲告诉我，水馅包的馅料是猪肉、豆腐加了点干笋丁、香菇丁，所以味道很鲜。我一口气吃了8只包，肚子似有点吃撑之感，以致后来蒸好的菠菜馃和豆砂糖馃只能每种尝一只。菠菜馃是以米粉制作的馃皮，以菠菜鲜肉糜为馅，做成中间高两端略低的、有如元宝的形状，豆沙糖馃也是米粉裹甜味赤豆沙，馃呈扁圆形。吃了3种包馃，我深深感觉老家节日的食品真是太丰富了！两种粉馃与水馅包的风味完全不同，粉馃太糍，而我更钟情于水馅包。不过，吃水馅包得掌握时机，如蒸好后停留十数分钟未食，包的汤汁就被馅料吸收了，吃起来就大大减味了。无怪乎母亲要急匆匆差堂姐去学校喊我回来吃包！

四时八节年复一年地过，水馅包也年复一年地吃。水馅包成了民间节日的代名词。然而，吃这包子看似寻常，其实并不那么简单。做水馅包，少不了的就是猪肉，这是主料，可是物资匮乏的年代，猪肉供应少，水馅包的质量自然也大打折扣。

20世纪50年代末，市场猪肉供应很少，我们村里平时几乎无猪肉供应，到了节日，食品公司一天也不过供应两三头猪肉，一个两三千人口的大村子，这一点点猪肉远远满足不了村民们的节日需要。母亲要做这顿无法避免的节日水馅包给我们吃，只好让自己少睡觉。她早上三四点钟就拿着小凳子去食品门市部排队等候买肉。天亮了，猪肉送到供应点了，却规定每人只能买2斤，卖完为止。所以长龙似的买肉队伍，常常是不到7点钟，便因肉卖完了而被斩去一大截。

曾听母亲说，做水馅包最好的猪肉是腿肉，因腿肉有韧性，做的包馅料就"作球"。再有，最好的水馅包的肉与豆腐比例是2比1，而肉的肥瘦比例则是1比3。可是，如此供应状况导致母亲买不到理想的肉材。2斤带骨、带皮、带肚巴的肉买回来，母亲经过精心取材后，仍然按她的做包用材比例，做名副其实的水馅包给我们吃，而她自己，基本上是吃蔬菜豆腐包了。

20世纪70年代，我们已在县城工作，每逢节日，父母都要提前寄信提醒，我们都要如期告假回老家过节日，享用百吃不厌的风味水馅包。那时，父亲已退休在家，但当时猪肉供应依然紧张。由此，父亲接了母亲的班，每逢节日由他去买肉。同样是生怕买不到肉，父亲便凌晨三四点就起身，遇上冬天，要冒着刺骨的寒风，拄着龙头拐杖，打着手电，高一脚低一脚地穿过还在酣睡中的两里古村街，蹒跚地行走近半个时辰，才从村北沿石板路一直笃到村南食品门市部，老人常常为争得了买肉队伍的前三名而乐此不疲。可能屠夫知道父亲曾是上海大厨师，抑或是见他如此高龄，又起得如此早，都尽量割2斤好肉给他。虽然肉的数量不多，但比母亲买的肉好，也就提升了这顿水馅包的品质。这是用几个时辰的工夫换来的啊！

后来猪肉实行计划供应，每人每月半斤猪肉，凭票供给。这票只发给非农户口，可是我母亲是农业户口，父亲虽是非农户口，但户口还在上海，他们都不是发放对象，所以要想吃到水馅包却遇到了尴尬，要吃还得等到过年自家杀猪才行。然而，父亲还是偶得了友人之助，让我们能在没到过年的节日里，如愿以偿地吃到水馅包。

父亲在上海工作五六十个年头，他有每天晨练做"易筋经"的习惯，退休回籍，依然坚持不辍。当时乡村还是公社制，有几位爱好健身活动的社直机关干部跟着父亲学"易筋经"，自然成了好朋友。当他们获知父亲买不到猪肉吃时，就把自己的肉票省点下来送给他。这些诚恳的帮助，让我们一家人十分感动，至今仍不敢忘记这一难得的施惠。

改革开放后，民众经济生活日益好转，社会物资也日渐丰富起来。买肉做水馅包，已不再让人发愁。父亲对做包馅料的制作，也越发讲究起来，技艺也回归了传统。在制作水馅包馅料时，他将鲜肉与豆腐除了按比例下料并加入笋菇丁及虾米提鲜外，再调入适量熬制的新鲜猪油，最后还要兑入皮冻。这皮冻是他用平时买猪肉时剔下的猪肉皮做成的，将猪肉皮处理干净后入锅炖烂，然后切成小丁。加皮冻的目的是让包更灌汤，成为名副其实的水馅包。这样的水馅包夹两只到碗里，包吃完了，碗底还沉有不少汤汁！

由于条件好了，父母准备的馅料也多起来，常常是水馅的一大脸盆，蔬菜馅的一大脸盆。父母准备这么多馅料的目的是，我们到家吃了包，回县城时还能再带上一大篮。有时过节，我们因工作忙而实在脱不开身回家，父母便要做上一大菜篮水馅包托人捎来。

按那时的条件，要带篮水馅包到县城也绝非易事。伏岭到县城足有20多公里路，每天从县城经伏岭到胡家只有上午、下午各一趟班车，逢节日，回家过节的人又更多，而返城时，人人都提着大篮小筐上车，成为一道节日的风景。每到这时，母亲就会早早地提着一菜篮包上车站找人央求代为捎带，有时找到熟人了，但见他自己也提着两个篮，上车又无序拥挤，要上去都很困难，母亲就不好开口叫他带了，只好从车上的窗口里扫视另寻熟人。有一次，公交车发动了，还未找到熟人，无奈之下，母亲只好强行将篮子塞进窗口给一位陌生的妇女，并匆匆说："拜托您送给我媳妇丽雯吧！她在县委招待所总台，篮子里有名字。"好在那时县城宾馆旅店不多，县委招待所又尚有名气，那位既不熟悉更不知名的妇女又很负责，加之父亲这位老"出门客"还细心，已事先用毛笔写了张地址、名字的纸条放在篮里，才使得这篮充满父母深情慈爱的水馅包安全、按时到达我们手中。当然，不现吃的水馅包已经不灌汤了，但已经不重要了！

每年过了腊八节，乡村中便拉开了家家户户杀年猪的序幕。父亲最希望猪杀倒后，老天能下点雪。一只上百斤的猪杀了，除了预备吃撒锅的、熬制猪油的、腌制猪肉猪杂猪头四足外，还要留下部分鲜肉用来在腊月底做水馅包吃。若下了雪，父亲就又有文章可做了。那时乡下还没有冰箱，为了让猪肉能够保鲜，他自做了土"冰箱"。所谓"冰箱"，就是用一只四斗坛，放到院子里晒不到太阳的墙角边，坛内存放一块块备做水馅包的鲜肉，坛四周堆上雪块，坛口用厚木板作盖，上面覆以装有雪的塑料袋。这点小发明还推广到周边邻里的十数户人家呢！腊月二十八九做包做馃，又是老家的一大习俗。这天做的包馃，不仅有水馅包、牛肉包，还有灶馃、菜馃、甜馃、蒸糕等。不仅品种多，数量也多，一则过年时亲戚邻居间要相送，再则正月初头用以自食，以图方便。

有一年腊月二十八做包时，见父母把水馅包都做成圆形的，我便问：

"今年怎么改变包形了？"父亲说："据老辈头传下来讲，这水馅包最早是供奉汪公老爷吃的，用圆形包作供献，代表圆满、团圆，寓意吉祥。后来才演变成老百姓的节日食品。到了明朝的时候，徽州绩溪大批男人出去做生意，留下在家的都是妇女和小孩，外出的男人短则一两年，长则三五年才能回家团聚一次，一年到头一家人都不能团圆，所以水馅包便做成半月形的，并捏上 12 个皱褶，表示在家妇幼老少月月思念在外为做生意而日夜奔忙的儿子、丈夫、父亲的意思。只是到了过年时，在外经商的男人们都纷纷回籍团聚了，才将水馅包做成圆形的。"

听了父亲的娓娓介绍，我感受到当年先人对水馅包包形的这一改变，充分体现了徽商家眷对贾食四方的男人们的无限眷恋之情！一只小小的水馅包，居然承载着如此沉重的、纠结的徽商妇们的情感煎熬，浓缩了人世间最美好的爱！

8. 汪彩元：伏岭下演戏的点滴记忆

小时候过年最大的快乐就是看戏。

我的家乡伏岭有"徽剧之乡"美称。从记事起，我就很难忘记伏岭的舞狲和演戏，这是我一直以来珍藏在心底的对童年生活的美好记忆。

"前世不修，生在徽州，十三四岁，往外一丢。"生在贫瘠土地的绩溪男丁，从蜿蜒曲折的徽杭古道奔往上海、杭州等地求学求艺来谋生。众多徽商在成功之后，故土难舍，他们鼎力支持伏岭的舞狲活动，给修建戏台筹募资金、添置戏服、收集剧本，为徽剧的发扬光大做出了很大的贡献。

村子里邵姓人氏居多，分成了上门、中门、下门三个门派，而且各有自己的宗祠。

伏岭有一个远近闻名的习俗——"做三十岁"：就是家庭里有到 30 岁的男子，在而立之年，主持舞狲活动。"狲"是伏岭人自创的一个字，是传说中的凶猛异兽。舞狲是伏岭古人驱邪的一种祭祀活动——四个壮汉分别钻进两头狲里。舞狲活动期间，到村民家或在戏台上做着各种凶猛的动作，以示驱邪。舞狲、游灯结束后就要演戏，三门派各派节目上台摆"龙门阵"。

虽是娱乐，以前也从不评奖，但争强好胜、勤奋努力的各门派人为使自己的门派演出出彩，都使出浑身解数，所以伏岭的舞狮活动远近闻名，现场人山人海。

为了在台上一展自家门派的演出风采，排演节目从腊月就进入倒计时，而之前的选剧本、选角色，各门派的导演已经酝酿已久。

我家属中门。父亲姓汪，叫社云，老家在凹上。伯父汪社元一家就在徽杭古道入口处开设茶亭，供过往行人喝茶、歇脚甚至住宿。父亲25岁时与我母亲邵荷榴成家后就在伏岭定居。原先我外公在上海的绩溪人开的徽菜馆跑堂，但1937年上海沦陷后就无影无踪，舅舅早早夭折，外婆就剩我母亲一人与她相依为命。幸好父亲的到来，撑起了孤儿寡母这个家。

父亲当过兵，聪明能干，于1963年以他极强的耐力和人格魅力，完成了对破烂不堪的旧房改造，造了一栋三间宽大的两层木楼。据说当天"起房"的时候，我父亲在浙基田的朋友几乎全村出动，一人一根椽，半夜三更出发，走徽杭古道，下"江南第一关"，赶在造房师傅上工之前送到我家。这事当时轰动了整个伏岭村，村民们都羡慕我父母有这么多肝胆相照的朋友。

我家新造好的大木房，堂前可以摆10张方桌，于是隔壁邻居家逢有红白喜事，我家成了摆桌首选地。当然，我家也成了排演戏的最佳场所，因为我父亲母亲都是忠厚老实又不厌其烦的人。其实原先排演节目是在离我家10米左右的大队部"举人婆"家。"举人婆"家堂前开阔，也是当时生产队的队址，不知什么原因，有好长一段时间，排练节目转到了我家来。

每当腊月半左右，村干部、导演就上门了。没等他们开口，父母总是"没问题没问题"先开了口。村干部总是例行公事地客套几句，然后就在昏暗的白炽灯下聊天，还分享父亲自种的旱烟。父亲每年都种一大块烟草，小时候我最怕父亲让我扯烟草的那根硬筋，因为烟草的味道很难闻。父亲那已经磨得光溜溜的旱烟筒，在大伙儿手中轮番转。大家一边吧嗒吧嗒地抽着旱烟，一边嗑着母亲刚出锅的香喷喷的南瓜子，说着当年的收成、儿女的婚嫁、戏曲的内容等。

之后导演就带着"演员"——被选中的中小学生，天天晚上上我家排练节目。冬天的乡下，天黑得早，母亲会早早烧好晚饭，让我们一大家子吃好，再洗净灶台，烧几大瓶开水，沏一大壶茶水，就静等排练了。

当时主导演是正值壮年、才华横溢的邵茂深老师。他是一名小学老师，更是一名徽剧导演。他浓眉大眼，身材魁梧，嗓门洪亮。我印象中男演员是调皮的邵新溪、邵茂车、邵宗郎等人。他们都是十五六岁的英俊少年，也正是调皮捣乱的年纪，所以平时温文尔雅的邵茂深老师，有时也会瞪大眼睛，扯着粗嗓子喊："过来，这个动作这么摆！"看到邵老师一脸怒容，他们才乖乖就范。

女演员有邵秋琴、邵春时、邵彩宣等人。邵彩宣是我漂亮能干的大姐，一副天生的俏模样，加上一副天生的好嗓子，十里八村都有名。大姐参演了《红色娘子军》《磐石湾》《两亲家》等演出，至今还有老人称赞大姐把《红色娘子军》里的吴清华演活了。在大姐的感染下，三姐邵玉红、四姐邵彩红都加入了这个业余的演出。后来妹妹汪彩萍也被邵老师看中，出演黄梅戏《打猪草》。那婉转的黄梅调"小女子本姓陶呀子依子呀……"至今还在我脑海中环绕。二姐邵玉宣和我估计嗓音不好，没有被邵老师选上，但成了他们的铁杆粉丝，天天晚上在家津津有味地看排练，真正的近台楼水先得月。

跟我们一样喜欢看戏的还有许多人，有老人，有中年人，还有我的同伴。我家的整个堂屋只留下中间一个小圈圈排练，四周都被观众"占领"。没有那么多凳子，大家基本站着。演着演着圈子越来越小，邵老师不得不挥舞着手中的剧本，大叫"往后退往后退"驱赶观众，可刚刚退后的人一会儿又围上来了。

当年农村不仅物资匮乏，精神食粮也缺乏：有些人一辈子没读过书，有些人一辈子没走出过大山，看演戏就成了他们唯一的乐趣。

每晚排练节目从天黑下来开始，一直到晚上11点左右大家才陆陆续续散去。有的孩子早已在妈妈的怀里睡着了，而我父亲一直在角落的八仙桌旁边的八仙椅上，吧嗒吧嗒地抽着他长长的旱烟筒。陪他聊天抽烟的几个烟友早已哈欠连天了，毕竟免费的旱烟也挡不住瞌睡虫的侵袭。母亲刚开始也是不停地沏茶水，给父亲的朋友，给导演，给大茶壶——那是给小演员们喝的。时间长了，后来也坐在窗户下一个扁平的垫着草垫子的石头凳子上打呼了。等全部人都走了，父亲母亲才起身整理收拾，吆喝我们姊妹关门睡觉。我们家的夜晚才安静下来。

有一年，我家突然热闹起来，楼上的房间都住满了人，还在地板上打了地铺。原来是屯溪京剧团下乡演出来了。以前，我们演出的大多是《四郎探母》《水淹七军》《龙虎斗》等传统的徽剧剧目，他们带来了各种剧本，包括革命现代京剧样板戏、黄梅戏等。那些京剧团的演员个个青春靓丽，走到哪儿都有小孩追在后面，咿咿呀呀跟着哼唱。我们姐妹几个，更是春风得意，因为京剧团里的人就住在我家，是我们的尊贵客人。大姐更是如鱼得水，如饥似渴地学着，进步很快。"百花齐放，百家争鸣"的新理念如浪涛般汹涌澎湃。

后来的伏岭戏台上就有了《红色娘子军》《智取威虎山》《洪湖赤卫队》《红灯记》等革命样板戏，还有黄梅戏《打猪草》《夫妻观灯》等。邵之彩演《智取威虎山》中的坐山雕，当年可以说是"名震四方"，真人走到哪里，村民直呼"坐山雕"，到现在我都觉得他不比电影、电视里的演坐山雕的演员演得差。

到戏排练得差不多熟练了，表演能不能成功的关键人物"闪亮登场"，他们就是给演员配乐的琴师。鼓、钹、京胡、唢呐、笛子都有人会，特别是打鼓的核心人物邵灶桃让我印象很深刻：他居然可以在两个手拿鼓棒的同时，左手还拿鼓板！鼓棒、鼓板在他手里就像舞动的精灵，随时跳跃，"哒哒哒""点点点"的声音，令人如痴如醉。当时我就很惊讶：这些山野村民，每天脸朝黄土背朝天的，他们哪来这么多的绝活？有了音乐的伴奏，演员的表演越来越投入，也越来越精彩了。我家的夜晚更是人头攒动，热闹非凡，锣鼓声、唱曲声、欢笑声齐聚一堂。

而三十岁值年的人每晚轮班照应，他们协助邵老师维持秩序，他们的家人则轮流做夜宵——煮"菜粥"。菜粥相当于腊八粥，说是菜粥，却十分讲究。而且吃的人还会比较谁家的菜粥好吃不好吃。更重要的是家乡人淳朴善良，他们觉得导演和孩子排练本身很辛苦了，大家都没有一分钱的收入，还在上台演戏的时候给伏岭人长脸，因为四里八乡的亲戚朋友都会赶到伏岭来看戏。所以轮到谁家做菜粥，谁家都要把平时积累下来的舍不得吃的腊肉全部端出，加上豆角干、蕨菜干等，还有赤豆、板栗、黄豆等。一锅菜粥，也可能是这个三十岁值年者家几年的山珍积攒。

　　轮到做菜粥的人家从头天起就开始浸泡该浸泡的干货，到了第二天傍晚，把干货洗净切好，和腊肉一起下大锅炖，要炖好几个小时，这样肉和干菜才出味，起锅放木盆里，再把洗干净的米放大锅里煮成半熟，然后倒入混杂的菜，最后温火慢慢炖。到晚上八九点钟，菜粥的香味飘溢整个屋子。这个时间点是肚子有点咕咕叫的时候，但一般没有人先吃，煮菜粥的家人会静等演员们来。先完成演出任务的演员迫不及待地到做夜宵的人家去稀里哗啦吃菜粥了，最后到的是导演。第二天有剩下的菜粥，主人会给左邻右舍送上一大碗。我家是少不了的，那菜粥的美味至今犹留舌尖。

　　紧张排练近一个月，大家期待正月舞狲的到来。在大家的翘首企盼中，舞狲活动正月十四正式开始。头天，三十岁值年者已经把戏台布置好。搭戏台、挂布幕、摆桌椅、拉电线，许多男人热火朝天地忙了一天。怕不懂事的孩子破坏了，影响第二天的演出，三十岁值年者还派人晚上值班看戏台。寒风中，值班人就裹着一条破棉絮坐在椅子上一整夜。

　　在正月初十以后，伏岭村里人口就猛增，街上、家门口都是喜气洋洋聊天的人：嫁出去的女儿，拖儿带女回娘家来了，亲戚呼朋唤友也来了。他们在伏岭提前驻扎，耐心而又兴奋地等待舞狲的到来。伏岭沉浸在一派祥和喜悦之中。

　　那些天，我们家也是高朋满座，离伏岭近五六十里的浙基田朋友也来了。他们不仅带来了腊肉、玉米粉，还有我们小孩最喜欢吃的山核桃。山核桃在当时，那是相当珍贵的零食。房间不够住，也要在二楼木板上打地铺。冬天冷，父亲早早把一捆一捆的稻草，晒得暖暖的，铺在下面。虽然忙碌，但父亲母亲脸上洋溢着幸福的笑容，真是"客多主人乐"。谁家客人多，说明主人人缘好啊！

邵氏三门派在正月十四下午3点左右，工作人员、演员就陆续开始吃晚餐——绩溪"浇头面"，那是绩溪一大美食，尤其以伏岭更具特色。浇头菜主要是肉、笋干、豆腐干，这些食材都要切成丝，再精心烧制，非常鲜美。然后一帮人忙着给演员化妆，一个主角的化妆要花好长时间。另外一帮人给化好妆的演员穿戏服。穿古老的戏服很讲究，因为戏服陈旧了，而且烦琐，要小心翼翼，从头到身再到靴，来不得半点含糊。我记得导演邵茂深老师的儿子邵辉明演《野猪林》中林冲"怒发冲冠"那段戏时，低着头，把那个长长的辫子绕圈圈甩来甩去，一直没掉，十分精彩，台下看戏的高叫"好！好！"。如果台上演员把装扮的辫子、髯口甩掉了，好长一段时间，都是村民们的笑料，真的是"胡须掉下戏台了"。导演、演员觉得丢人，连门派都觉得没面子。

祠堂里同时进行的是游灯准备。灯由竹篾糊制，有各种动物的造型，尤以十二生肖中的动物最多，中间可以插蜡烛。参加游灯的大多是兴致勃勃的小孩，有的小孩太小，则要父母抱着驮着。等舞猊开始，这些孩子已经在祠堂里上蹿下跳几个钟头了，一点不知疲倦。

5点左右，夜色弥漫之时，激动人心的舞猊正式开始。各门派先选一个年轻力壮的男子，挑着一个燃着松明的火篮在游灯的队伍前面照明。上门的先从自家的横巷老屋祠堂出发，与中门朴斋公祠出发的在村子中间的竹马坦汇合，两支游行队伍再游到塘磅上塘与柏公祠出发的下门汇合。三门汇集，游行队伍顿时浩浩荡荡起来。锣鼓声、鞭炮声、欢叫声震天动地。游灯队伍在伏岭的主要街道穿梭，街道有的地方比较狭窄，游灯队伍就像一条在黑夜中穿行的蛟龙。我们小孩儿高举彩灯，一蹦一跳地行走在古石板路上，像跳跃的音符，从路旁观看的村民中穿过，无比兴奋，无比快乐，给古老的乡村夜晚带来了活力。

游灯到了戏台前结束，有各门派三十岁值年的男子，在戏台前接灯，然后交于下届三十岁值年的人放祠堂保管起来。

伏岭戏台在伏岭村的村头，按徽派古建筑格式，坐南朝北，下面有个高高的墩，上面是木质结构的两层，很是壮观。台面分为三间两走廊，正中为演戏台面，东西两厢的正面嵌以月宫花瓶花廊，作为锣鼓乐队人员操刀之所；东西两厢边的走廊，为演员走台之用。戏台前的广场是长方形，很宽阔。对面是古寺庙的大雄宝殿和土地庙，在那儿也可以直接看戏，只是隔得很远，只能看到人影。

在游灯人来之前，可容纳五六千人的戏台下早已人山人海。戏台中间摆放着自家的"看戏凳"，这可不是一般的凳子。平常的凳子高0.3米左右，可以并排坐三四人，一抬屁股人很轻松地坐下。看戏凳的腿却有1.5米甚至更高，人怎么坐上去呢？聪明的伏岭人在凳子两条腿之间钉了一根长木条，相当于加了一个台阶，踩着长木条才能坐上去。我们小孩个小，几乎是爬上去的，但看戏时就很舒服了，因为这样可以"鹤立鸡群"地观看演出。这样的长凳子可以坐七八个人，家人、亲戚多的也不用发愁。这应该是专属伏岭的特色品牌了吧？这种牢固的特制看戏凳，伏岭家家都有，我记得父亲就请木匠做了两条看戏凳，至今还在。游灯一结束，"在哪里啊？""在这里！"这样寻找自己家看戏地盘的声音此起彼伏，戏没开场，戏台下已是热闹非凡。

正月初十左右，小孩子为了抢占最好的看戏位置，就把看戏凳请到了戏台下。如果一个人扛不动，招呼好朋友几个人一起抬着去。你帮我家抬好，我帮你家抬，大人不参与，他们只是笑着看。其实，他们也想在看戏的时候看个痛痛快快，所以早早"按板凳"，大人是不会批评我们"幼稚"的。

虽然我们人小，但"按板凳"的讲究我们已经轻车熟路。凳子不能紧紧靠近戏台。经验告诉我们，前面是看戏时没有凳子人站的地盘。亲戚家里没有那么多的凳子，附近村民大多也不可能带凳子，所以靠近戏台前面的地方是站着看戏的好去处，一般人不会去那里"按板凳"。

我们把自家的看戏凳选个自认为最好的位置摆放好，有的直接放大雄宝殿的走廊上，虽然远一点，但不怕风吹雨打。凳子摆中间的小孩儿就要紧紧盯着，因为后面来摆放看戏凳的小孩儿鬼精灵，趁人稍不注意的时候，轻轻地把别人家的凳子往旁边挪一点，把自家的往中间摆放。这当然没人答应，所以有时还会闹纠纷。我记得我和几个好朋友，常常在暖暖的戏台下，一边跳房子，一边眼睛斜视，盯着自家的看戏凳，生怕有人挪动。从安放凳子到演戏结束，"看着戏凳"是我们小伙伴的职责。

戏台四周卖东西的人很多，卖得最多的是甘蔗，这种甘蔗大多是邻近伏岭村的鱼川、岱下、安川村民种的，细细长长，十分甘甜。卖甘蔗的有的下午就来了，挑着一个担子，担子两头是专门用来放长长的甘蔗的甘蔗笼。甘蔗分长短粗细来卖，粗长的也就一毛钱一根，短细的三五分。但就是这个价，那个时候的我们，有时也只能眼巴巴地望着。

卖得多的还有就是伏岭当地非常有名的臭豆腐了。卖臭豆腐的用炭火和菜籽油煎臭豆腐，香香的味道弥漫着整个戏场。外村来的客人，下午时间或看戏的时候必然买来品尝，因为"过了这个村就没有这个店"了。我家隔壁的邵玉俊是做臭豆腐的好把式，他的臭豆腐摊前总是排着许多人，一晚上要卖许多臭豆腐，好像一分钱一块，还可以蘸着辣椒酱吃，但我们小孩也基本上只有闻的份。

演戏在开台——三十岁值年的人集体上台亮相后，在万众瞩目中开始了。先是跳狮，在锣鼓喧天中，两只由人扮演的狮子在台上或摇摆，或跳跃，或爬屋柱，或抛绣球。各种惊险的动作，引得台下人尖叫声不断。跳狮最出色的是伏岭的邵社富和他的3个儿子，这个"父子档"远近闻名。"社富精"人小机灵，翻跟斗那是伏岭一绝。

跳狮后就进入舞狍的高潮——演戏。在伏岭流传着这么一句话："锣鼓响脚板痒"。锣鼓一敲，气氛就来了。在锣鼓喊喊锵锵的伴奏下，戏台上的演员们咿咿呀呀地唱着，一板一眼地演着。戏台下却"暗流涌动"：左边站着的人群，想看清楚戏台上演员的精彩演出，尽力把中间的人群往右挤，右边的人群也极力往中间挤，形成了人浪一会儿往右去，一会儿往左去的"人群大移动"。我们叫"倒人陈"。你推我搡的奇特景观，在没有警察维持秩序的当时，竟然没出现踩踏事故，真是奇迹！坐在高高看戏凳上的人，心里乐开了花，他们可以心花怒放地观赏演出，也可以开怀大笑地观看

"倒人陈"。整个戏台下就是欢乐的海洋。在当时台上就几个扩音器的音响设备下，演员们唱什么并不重要了，"看热闹"，开心就好。物质匮乏，但精神丰富就好。

人实在太多，有些小孩因为看不见戏台上的演出，急得嗷嗷叫，大人就让他们骑在脖子上，有的大人也干脆直接站在矮凳子上看戏，挡住了好不容易坐上看戏凳的人，后面坐在高高的看戏凳上的人会大叫："砸甘蔗杪啦！砸甘蔗杪啦！"甘蔗的顶不甜，没人吃，这时却成了威胁别人的武器。有时效果不错，骑在脖子上的，站在矮凳子上的，都乖乖下来了。戏太精彩的时候，甘蔗杪也失去威力，只好"吃"一个甘蔗杪——后面有人对着前面挡住他的人把甘蔗杪真的砸过去，当然不会太疼，只是警示。

现在想想，这种对戏曲空前的热爱盛况，如非亲眼所见，真的难以想象。以后绝无仅有了，只能藏在我们经历过的人的记忆中。

看戏中途有路远的陆续离开，但很多的人都会冒着寒冷看完，才兴致勃勃地议论着归巢，等待下一场的演出。

第二天一大清早，我和几个约好的隔壁小姐妹们会准时出现在冬日晨曦的戏台下，要趁着三十岁值年的人没来清扫战场前，用一根小棒或直接用手在满地的甘蔗皮中"淘宝"——淘看戏"倒人陈"中被挤掉的纽扣。我们把捡到的各色纽扣用棉线穿一串，再打个结，组成一个"纽扣石头"，用来跳房子。其中也不有意外的惊喜，可能就找到了那么几分钱，这可比现在捡到金子还高兴。

社会在飞速发展，电视、电脑、手机已经让大家可以随时随地、随心所欲地观看戏曲、电影、电视节目，乡村社戏早已退出历史舞台。但我还是非常怀念那些年看排练、看演戏的美好时光，伏岭轰轰烈烈的舞狮盛景，伏岭老一辈人豁达、善良、质朴的品格都永远定格在我心中。

9.邵名琅：满城争看伏岭人演《十五贯》

1956年，为响应中央号召，绩溪县委决定排演《十五贯》，以迎接绩溪县第二届人民代表大会的召开。当时县黄梅剧团因剧种问题，难以承担这项任务。县委经过筛选，想把这项任务交给伏岭业余剧团。当时的县委书记梁考常亲自找到伏岭乡副乡长邵观华，问伏岭能不能演《十五贯》，邵观华说"能"，梁书记说："不是只能演，而是要演得好。"邵观华面露难色，伏岭剧团毕竟是业余的，能演得多好呢？这时，时任县委宣传部副部长的邵培雄也应邀而来。邵培雄是行家，他是伏岭徽剧团的第一任团长，担任过徽州地区徽剧团的团长，年轻时曾跟上门老艺人邵裕旺学过打击乐。他很清楚伏岭的徽剧艺人，基本没什么文化，他们的技艺都是上代传下代，口传身教所得，演好的确有难度。他问是否有剧本？在座的文化局局长说："在地区徽剧团搞到一个剧本，但没有曲谱。"邵培雄和邵观华沉思良久，推荐了邵思明和邵之颜。

接到任务后，邵观华步行40多里当天赶回伏岭（那时没有公路），一到家就叫邵思明和邵之颜晚饭后到他家商谈演戏的事。观华向他们传达了县委书记的指示，讲了接受任务的过程。思明和之颜听了很受鼓舞，决心尽力而为。三人经过商讨，认为要排演成功这出戏，必须举伏岭上中下三门之力，成立一个工作班子。经协商，工作班子由以下人员组成：上门，邵裕井、邵华玉、邵培植；中门，邵观通、邵之千、邵名助、邵灶炎；下门，邵盛圵、邵盛海。伴奏：笛子，邵之瑜、邵佛来；三弦伴奏，邵之颜；武场（锣鼓）用中门班子。次日，邵思明和邵之颜就着手谱曲，虽然过去中门曾演过这出戏，但那时叫《见都访鼠》，剧情不够完整，曲牌和唱词均对不上，无可借鉴，必须全部重谱。二人工作非常认真，一丝不苟。时而一块商讨，时而分开构思。每谱成一段曲，都要唱给观通、之千、盛海、盛寅、华佩等"戏精"们听，请他们提意见。

第四天，邵培雄也步行赶回伏岭，到家放下行囊，茶未喝一口，就赶到邵之颜家向邵之颜和邵思明转达县委的重视，梁书记对伏岭的信任。大家暗下决心，一定要把这出戏排好。当晚在邵思明家召开了会议，村班邵炳六和村支书邵观芳也赶来给演职人员鼓劲、打气。会上有上、中、下三门导演和一些戏曲爱好者，大家济济一堂，气氛热烈。会议由邵观华主持，邵培雄作了动员讲话，他首先讲了当前的形势以及县委书记的指示，要求三门演职人员摈弃门派成见，精诚团结，齐心协力排出精品，力争进县城一炮打响，为村争光。接着邵之颜介绍了《十五贯》剧情，邵思明介绍了各个角色的性格以及如何刻画，大家听得鸦雀无声，私下思忖自己适合的角色。

经过讨论，角色分配如下：况钟——邵名助，于葫芦——邵华玉，娄阿鼠——邵灶炎，过于执——邵裕井（上门主要导演），周沉——邵增定，苏戍娟——邵宜娟，熊友兰——邵淑萍（邵宜娟闺蜜，女扮男装），秦古心——邵之彩，中军——邵之永，邻居——邵培植和邵美玉，捕快——邵华玉（兼），刽子手——邵盛太和邵金牛，门子——邵盛龙。按分工邵盛丑连夜抄曲，把各个角色的唱词、念白抄录好发放给演员。唱曲谱好后由盛丑刻蜡纸，盛海油印装订成册，导演、演员和有关人员人手一册。

伏岭人演戏自始就是没有报酬的，凭的是一种爱好，拼的是一股热情，讲的是一份奉献。虽然大家都是老演员，但伏岭传统戏是徽剧，现在要改唱昆剧《十五贯》，完全是不同体系的剧种，对大家来说是一种挑战，困难不少。但伏岭人硬是凭着一种吃苦耐劳的精神，认真学习，刻苦钻研，克服了一个又一个难关，用蚂蚁啃骨头的方法，硬生生把全剧啃下来。全体演职人员白天劳动，晚饭后都主动到邵之颜家或邵思明家学曲，对白见缝插针，小场排练因地制宜，全剧排练在横巷老屋。主导演邵思明非常谦虚，遇到问题总跟三门导演商量，请他们提意见。他常对演员们说："你们不能学我的一举手一投足，死搬硬套，要自己揣摩自己演的角色性格，设计出合乎角色的动作。"大家都这样做，互相讨论，相互学习。演娄阿鼠的邵灶炎，他就按剧中娄阿鼠的性格，自行设计了许多动作，都是导演没有想到的。在"访鼠"一场中，况钟和娄阿鼠同在一条长凳上，况钟坐一头，娄阿鼠蹲在另一头，况钟说："这被盗的人家可是姓尤吗？"娄阿鼠顿时惊得从凳子上一个倒跟斗向后翻了下去，然后从凳下面爬出来，仰头看看况钟，站起来走到台角，做思考状，想了一会，走过来对况钟说："先生，你在江湖行走，我在码头跑，这套江湖窍你就别骗人了，人家姓什么你怎么猜得出。"况钟说："有个道理在内。""什么道理？""那老鼠不是喜欢偷油吗？"

"对!"娄阿鼠一拍大腿,然后一蹦,仍蹲到凳子上,作老鼠偷油状,"老鼠偷油,老鼠偷油……"。灶炎把娄阿鼠演得惟妙惟肖,非常形象。几年后,《十五贯》电影出来,邵灶炎演的这一节跟电影里一模一样,惊得导演们都拍案称奇。

根据剧情,大家认为苏戌娟小姐属花旦,应该穿绣花鞋,伏岭三个剧团都没有,为难之时,在座的苏戌娟扮演者邵宜娟提出自己制作。一个不愿吐露姓名的群众拿出一块珍藏的大红"纨绮"料给宜娟。经过宜娟精心缝制的绣花鞋,鞋面头上有两朵漂亮的丝绒球,绒球中间嵌着一颗明亮的珠子,灯光下闪闪发亮。这双鞋为演出增色不少。经过一个多月的排练、打磨,戏已相当成熟了。但要做到精益求精,总觉得差点什么。这时中门的导演邵之千提出该彩排一下找差距。果然不排不知道,一排吓一跳。府官穿的"红官",县官穿的"蓝官"都不配。原来伏岭三门剧团都是"童子班",行头都是按孩子身材订购的,虽然也有一些大人的行头,但不多。现在大人演,孩子的行头怎穿得上呢?当时已是农历十一月下旬,离正月初四到县城献演还有一个多月,情况紧急!此时在上海大富贵当厨师的邵华成刚好在家休假,他听到这个消息,主动跑来说,上海工人文化宫有一个京剧票友联谊会,是大富贵常客,他们常演戏,也有行头出租,为此事他可放弃休假,赶回上海操办。邵华成回上海后,没过几天,邵观华就收到华成的电报"事已办妥",大家一直提着的心总算落下了。半月后戏衣寄来,崭新又合身,而且不要村里一文钱。邵华成的举动感动着每一人,正如一位哲人所说,一出戏的成功,背后定有一些人默默无闻地无私奉献。

县演出时间定于1957年农历正月初四、初五两晚。年内,县领导召集了伏岭方面培雄、观华、炳六、观芳和文化局、剧场戏院负责人开会,研究演出事宜。县里经济困难,没有经费,工资费用要自行解决。邵炳六讲:"我们伏岭人出县演戏,从没有要报酬的念头。为排这出戏,我们花了大量的人力、物力,当然是为响应党的号召,我们图的是荣誉,争的是伏岭人的面子。但我们到县演出,总不能背米出来,吃宿你们总要解决吧?"剧场负责人讲:"这个问题我们想到了,你们来的人员要尽量压缩到三十人左右，我们在血吸虫防治站安排了三十个床位。伙食由我们承担，费用采取售票形式解决，政府工作人员也要购票进场。"县领导连说："好好，我正有这个想法。票价怎么定？"剧场负责人说："我们商讨过，前排座定二角，后排座定一角五分，两边走廊站票定一角。如果票房满座，许多开支都能轻松负担。只是猪肉供应要请政府帮忙（因当时猪肉是配给制，人均每月四两肉）。"此时观华说："我有个大障的朋友，年内要杀一头猪，本打算全部腌制，我曾跟他讲过，剧团要到县里演出，能否卖给我们半边猪肉，六七十斤，他爽快地答应了。"话音刚落，县领导和剧场负责人就欣喜地拍手鼓掌，一切问题全部解决。

新年一过，初四一早，伏岭剧团《十五贯》的演职人员就步行上路，年轻的挑行头道具，年老的以及女人们各拿各自的用具，激情满怀向县城进发。四十多里路，下午一点多钟到县城，匆匆吃过中饭，就到戏院走场，直到下午四点才稍作歇息，晚上七点准时开演。第一场演出，因大部分是机关干部，余票不多，开窗不到一小时，就销售一空。伏岭剧团果然不负众望，一炮打响，轰动整个县城。伏岭《十五贯》的演出成功，如同刮起了一股旋风，全城上下，街头巷尾，到处讲《十五贯》，谈《十五贯》。第二天天一亮，戏院售票窗口就挤满了人，真正到了一票难求的地步。剧场没办法，只得骑自行车跑到街上躲开人群售票。一时间，民众中发出了许多埋怨声，县领导立即采取措施，找到伏岭剧团，要求伏岭剧团增加下午场，以解民怨。本来只有两夜两场戏，结果演了四天，七场戏，场场爆满。附近旌德县专门组织人员前来观看，歙县也有许多观众慕名而来。如不是剧团要赶回伏岭参加舞狗，恐怕短期难以脱身。

这是一段真实的历史，这是伏岭业余剧团一次璀璨的闪光，这是伏岭村戏剧水平的一次精彩展示。

二　轶事

1.世贞娘娘传奇①

西子湖头事捡沙，捡金未得得容华。不须更结千丝网，玉貌天成入内家。

聪慧如来是性成，唐诗千首记分明。独将红叶闲题咏，惹得君王自动情。

乍别慈颜朱邸开，思亲酬答意堪哀。暮年却喜孙枝茂，继体还从兴国来。

民间生长未知愁，只道宫中胜外头。却忆空悬明月处，莫教选女下南州。

以上四首七言绝句记录了伏岭邵氏后裔——明世宗嘉靖皇帝祖母邵娘娘的传奇人生，也是伏岭村近千年来的历史见证。

邵处士避乱登源，赖布衣指点迷津

两宋交替时，"胡元北侵，高宗南渡"，为避战乱，宋处士邵百二举家自淳安徙歙南井潭，后又迁绩溪登源隐川。百二次子文亨、孙四七逆登源河而上，来到伏岭之下，因爱此处山水秀美，于此定居。岂料定居后人丁不旺，先来伏岭居住的成、丁、程、周、许诸姓，或日益败落，或迁徙他乡。四七公亦单传一子。四七公便求当时任南宋评事的兄弟四四公，请来著名地师赖布衣勘查伏岭地理环境，看看是否适宜居住。

赖师经考察，认为伏岭确属风水宝地，定当地灵人杰，可惜风水遭到人为破坏（斩了龙脉），致使对面山中石狮、火虎摆脱约束而作祟，宜用传说中的神兽狷克之。并为邵家迁了阳基。赖师还告诉四四公，村北西坑坞有一处山湾，形同"金盆"，作为墓地穴居，则成"美女坐金盆"，后代要

①由邵昌厚撰稿。

出贵人。至于出何贵人，或许是天机不可泄露，赖师未曾明说。

世师公穴居"金盆"，"评事宅"基奠宝地

1190年，四四徙与四七同里。二公遵赖师指点，组织村民扮狐游行，以祈消灾降福。而赖师所迁之穴，按旧时堪舆理论"左青龙，右白虎，只可青龙高一丈，不可白虎高一拳"的说法，显得有些匪夷所思：穴居白虎首，且白虎高于青龙。只是四四公出于对好友的信任，死后葬"美女坐金盆"。

自从进行扮狐游行后，邵姓人丁逐渐兴旺起来，随着人口的不断增加，伏岭邵姓分为上、中、下三门，世师公为上门始祖，四七公后代派分两支，分别为中门、下门。三门各自在赖师所迁阳基建香火堂奉先，上门香火堂世德堂又叫"评事宅"，俗称"横巷老屋"，是赖师所迁风水宝地。

为感谢神灵庇佑，明正统年间，族人在村北头建福昌寺，占地3亩余，有大雄宝殿、汪公庙、土地庙、太尉庙等庙宇，并在福昌寺前建万年台，登台舞狐演戏酬神礼佛。三门开始单独组织舞狐活动，不断增加内容、扩大规模，暗相比赛，互争高下。

认义父贫女出彩，选妃嫔邵氏入宫

元末明初，伏岭有十余支邵姓子孙外迁发展。其中上门的一支，顺着世师公墓所朝方位，经徽杭古道至浙江昌化定居，其后裔中有一名叫邵林者，漕卒出身，家境贫寒。妻子杨氏梦凤凰仪庭生下一女，长得花容月貌，但命运捉弄人，"年十四，聘者七人皆死。一指挥聘之，已上马迎矣，坠而死"。杭州镇守太监得知部下有此奇女，容貌美而八字硬，绝非常人，故有收邵氏为女的意向。虽然邵林、杨氏对女儿十分疼爱，有些舍不得，但为了女儿有个好前程，便让她认杭州镇守太监为义父，接受良好教育。经调教，邵氏琴棋书画样样精通。天顺四年（1460），朝廷选妃嫔，邵氏应试入选。邵在方《邵氏族望考·邵林传》卷一，记曰："昌化伯邵林者，吾里评事世师公后也。林祖自吾里纹川迁昌化，嘉靖初，邵氏贵盛，大封。崇其祖世师墓，墓门架石阙，刻龙凤，甚壮丽。其后削爵而衰。族人惧，毁阙，夜负土掩之，其墓遂不可见者二百六十余年。嘉庆中，吾宗绮园，字棠，议茇之，穴土三丈余，乃见墓，而刻石纵横墓前，召匠甃之，不识其制，多错乱，今所谓枫亭墓者也。余纂邵氏，自南宋后不载，以林出于吾里，故特详录其本末，使吾宗修谱者有所据依焉。"

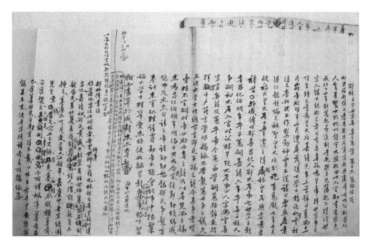

《邵氏族望考》书影

红叶诗打动君主，金玉言赐名世贞

由于出身贫贱，宪宗闻之曰："杭州兵家子耶？"故邵氏入宫初始只能"居外院，不得进"，冷清度日，消磨青春。一天夜里独自赏月，有感幽怨，随口吟《红叶诗》一首：

宫漏沉沉滴绛河，绣鞋无奈怯裙罗。曾将旧恨题红叶，惹得新愁上翠娥。

雨过玉阶秋气冷，风摇金锁夜声多。几年不见君王面，咫尺蓬莱奈若何。

正巧明宪宗成化皇帝月夜散步解闷至此，闻而异之，遂召应侍寝。相传"世贞"之名为成化皇帝这晚所赐。

成化皇帝朱见深的童年颇具传奇色彩：出生时闷胎，不会哭，因这是英宗正统帝的长子，在场所有人都不知如何是好，一位名叫万贞儿的鲁莽宫女自告奋勇"我会治"，并按民间的处理方法，倒提着新生婴儿，在屁股上拍打两下。这可把太医吓得不轻，打太子该当何罪？这时孩子哭出声了，万贞儿不仅未遭责罚，反而被认为带孩子内行，由宫女升为太子保姆，万氏亦恪尽职守，悉心照顾太子。

正统十四年（1449），英宗御驾亲征，讨伐瓦剌，结果在土木堡被俘，史称"土木堡之变"。国不可一日无君，英宗弟取代兄长帝位，为明代宗，改年号景泰，立自己儿子为太子。瓦剌原想将英宗作为人质要挟朝廷，见代宗即位，再扣留英宗已无意义，便放回英宗，英宗又被代宗软禁达七年之久。万氏怕代宗要斩草除根，寸步不离保护朱见深，还作了万不得已时与幼主一起"赴难"的打算。景泰八年，代宗病重，徐有贞、石亨与宦官发动"夺门之变"，拥立被软禁的英宗复位，改年号天顺，朱见深也恢复了太子位。

天顺八年正月，英宗病逝，享年38岁。朱见深即位，为明宪宗，年号成化。宪宗为了报恩，想册封比自己大18岁的万贞儿为皇后，钱、周两位太后不允，宪宗无奈，遵太后懿旨立吴氏为皇后，封万贞儿为贵妃，吴皇后见皇上对万妃言听计从，心生嫉妒，借故命宫女将万妃打了一顿，惹怒宪宗，废了册封还不足一个月的吴后，另立王氏为新皇后。

宠幸邵氏这晚，宪宗心中还是念着万妃，在梦中呼唤"贞儿、贞儿"，邵氏不知何故，急忙应答："万岁何事？"宪宗醒来，怕邵氏吃醋，自我解嘲地要邵氏与万妃像姐妹一样处好关系，万妃长为大贞、邵为小贞。邵氏心中五味杂陈，当然不甘居"小"，但又不能抗旨，情急生智，便奏道：邵氏为"王侯世家"（燕世家），始祖召公奭与周公"周召共和"辅助文王管理周朝，是四朝元老，勤政爱民，获"甘棠遗爱"美誉，在此家风熏陶下，邵氏世世代代忠贞报国，且自己是"世师公""世德堂"后裔，祖籍方言"世""小"同音，称"世贞"，音不改，既表念祖之情又含"世代忠贞"之意。宪宗一听，龙心大悦，自然应允。

忠义心匡扶社稷，姐妹情感化贵妃

当时，万贵妃想登皇后宝座的梦想因年龄关系而破灭，生下儿子后期盼母凭子贵，无奈幼子夭折而希望落空。因此心灵扭曲，害死柏妃、纪妃和皇子祐极，后宫有妊娠者"皆治使堕"，新任王皇后不敢得罪万妃，听之任之。后宫腥风血雨，是中国历史上宫闱斗争最为惨烈的时期。

邵宸妃出身贫寒，心地善良，知书达理，做人低调。处此环境中，为了大明的江山社稷，也是为了保护自己，巧妙地周旋于两宫太后和各妃嫔间，并暗中配合两宫太后保护了纪妃所生的皇子朱祐樘（当时万妃曾指使太监张敏设法使纪氏流产，张敏下不了手，故幸存）。邵宸妃对树敌过多而成了孤家寡人的万贵妃，既恨其凶残，又哀其不幸，经常陪万妃看昆剧听昆曲，伺机进行心理疏导。

直到朱祐樘6岁时，有一天，张敏为成化帝梳头，见万岁因无后而愁白了头发，才忍不住跪告成化帝真相，立祐樘为太子。万妃想到自己已不能再孕，加害太子已不可能，便金盆洗手，干脆放开让众妃嫔为皇帝生下若干皇子作为朱祐樘的竞争对手。邵娘娘也生下朱祐杬、朱祐楡、朱祐檀三子，明江山社稷后继乏人得以解决。

万侍长进谗易储　邵宸妃奉旨省亲

万妃在宫中的地位仅次于皇后，号称侍长，在邵妃的影响下，后宫专权有所收敛。纪妃所生的儿子朱祐樘，在两宫太后的庇护下，未能被斩草除根，而且被立为太子。在祖母的关照下，凡万妃给他吃的东西，都推说"不饿"，让他喝汤，祐樘竟童言无忌地说"怕有毒"，此言让万妃不寒而栗，杀母之仇不共戴天，太子小小年纪，就如此记仇，长大登基，不知会怎样收拾自己，这事成了万妃的心头大患。

成化二十一年（1485），万妃在宦官梁芳、韦兴撺掇下，要宪宗废朱祐樘，改立邵妃长子朱祐杬为太子。基于各方面考虑，宪宗答应不日即颁诏易储，就在诏书拟好行将颁布的前夕，东岳泰山地震，撼及京师。钦天监说此兆应在东宫，宪宗以为废太子违了天意，不敢再提易储之事，保住了朱祐樘的太子之位。

宪宗皇帝开了金口却不能兑现，不免有些尴尬。万妃在易储不成后，整日闷闷不乐。邵妃本无立自己儿子为太子的奢望，却无端背上"有野心"的黑锅，更觉烦恼。于是宪宗皇帝建议邵妃回娘家散散心。邵妃自思当贫家女时，倒还自由自在，如今身为皇妃，却整天提心吊胆，自然萌生思亲愁绪；更重要的是，娘娘了解到自己能入宫，似乎与祖籍风水有关。既然皇上主动提出，何不"明修栈道，暗度陈仓"，借省亲机会到伏岭暗探祖籍风水玄机，今后好见机行事。

于是娘娘离京，由运河直抵杭州、昌化省亲，并派心腹到伏岭安排省亲祭祖事宜和铺筑"金街"（青砖竖排铺筑意为金砖铺地）。

意浓浓族亲迎驾，情切切孝女祭祖

省亲祭祖安排是件极复杂的事，娘娘在"风口浪尖"上奉旨省亲，凡事要小心谨慎，不能出任何差错。恰好此时淳安侯溪宗亲联系收族修谱事宜，因此，叙伦堂、世德堂核心人员与娘娘使者商量了一个万无一失的方法：不惊动官府，以邀请昌化、淳安部分宗亲举行一次修谱联宗活动为名，行娘娘省亲祭祖之实。

活动开始之日，娘娘一行作为修谱联宗人员在昌化起驾，徽杭古道沿途的一切迎送活动都以外松内紧的原则进行，昌化的宗亲和马啸的民众玩滚灯、载歌载舞将省亲队伍送至皖浙交界处，早有伏岭邵氏宗族代表在临时驿栈恭迎（特为娘娘所设，至今该处仍称栈岭）。稍事休息，继续西行，沿途经浙溪田、岭脚下、上雪堂、下雪堂、黄毛培、虹溪桥等处，这些地方都有邵姓族民居住，他们提壶携浆，自动在各处设置供茶处，供"姑婆"（称"姑婆"一来显得亲热，二来起保密作用）及随行人员歇息、解渴（后发展为茶亭文化）。感受父老乡亲的热情，欣赏轿外的山川美景，娘娘早已将宫闱争斗的烦恼抛到了九霄云外。省亲队伍到离伏岭5里路的岩口亭时，只见穿着盛装的接驾队伍迎了上来，锣鼓喧天、鞭炮齐鸣，随后两支队伍合成一支，浩浩荡荡向伏岭进发。

这日的伏岭，万人空巷，都齐集在村头福昌寺前恭迎娘娘。接驾仪式后，仪仗队前导，进村前往"评事宅"拜祭祖先，来到"金街"，娘娘下轿步行，只见新竣工的"金街"，由清一色的优质青砖铺筑，这些砖烧成后经过桐油浸泡，路面上发出金灿灿的光芒。娘娘行在"金街"上，面带微笑不露齿，轻移莲步不露足，果然是端庄万仪，气度非凡。

来到世德堂，喝过宗亲奉上的茶水，娘娘顾不上旅途疲劳，便按仪程沐浴祭祖。虽贵为宸妃，但在先祖灵位前，娘娘仍十分虔诚，毕恭毕敬地行大礼拜祭，并默默祈祷祖先保佑其全家及大明江山。礼毕，分赐礼品。

进晚餐时，娘娘感到十分意外，乡亲们精心烹制的菜肴味、香、色、形、意俱备，与御膳房相比，毫不逊色，赞叹之余，建议："何不设馆营利谋生？"饭后族中长辈向娘娘介绍了其祖上当年迁浙概况，并以娘娘为宗族争光感到自豪。娘娘对父老乡亲的盛情接待表示感谢。

当晚娘娘下榻评事宅西侧的春晖堂。在"血浓于水"和"寸草春晖，情深意长"的氛围中，娘娘了解到祖籍父老乡亲为人多田少、怕旱易涝所困，因此再次鼓励族亲不妨经商谋利，故族人遂"儒而好贾""亦儒亦商"。

次日，娘娘一行在族长的陪同下，祭扫世师公墓。随娘娘来的皇家地师，穴居白虎首，而白虎高于青龙，兆在旺女，且观其来龙、朝山，祥瑞之征方兴未艾，地师将探察结果暗暗奏明娘娘。得知风水地理玄机，娘娘长跪墓前虔诚祈求先祖庇佑，并在心中萌发一定要报答乡亲的誓愿。

探知"兆在旺女"的祖坟"祥瑞之征方兴未艾"，娘娘心中对自己前程充满期望的同时，也因没有为祖籍作相应贡献而感到内疚。午后，又在族长的陪同下，到宗祠祭拜了列祖列宗，并兴致勃勃游览了全村。拳拳游子心，浓浓乡梓情，难以言表。

是夜，伏岭家家户户张灯结彩，上门横巷老屋搭台演戏，三门的童子班和请来的昆班演戏（族人听说娘娘喜爱昆剧，特从苏州请来名伶）。恰好娘娘身边的宫女，受主子的影响，精通昆曲者不乏其人，也即兴登台献艺（自此昆曲引入徽州，与地方戏融为一体，形成徽戏）。娘娘久居深宫，多年未如此开心过，与父老乡亲们看戏至深夜，尽欢而散，仍下榻春晖堂。当时锦衣卫不离左右，安保慎密，以致后来一直流传春晖堂数百年不失窃、无火患，是"姑婆""前门拒贼盗，后门防火烛"之故。

第三天上午，在司礼太监的催请下，娘娘才依依不舍地挥泪惜别祖籍地伏岭，乡亲们自然是送了一程又一程。

晋贵妃宪宗归西，封藩王祐杬赴任

娘娘回到京城，宪宗见她心情有较大改善，终于放下心来。成化二十二年（1486），宪宗见到一幅宋人《子母鸡图》，心生感触，便亲自设计图案，为邵娘娘烧制了著名的"斗彩鸡缸杯"作为两人的爱情纪念。图案设计理念：第一，宪宗鸡年登基；第二，助推娘娘入宫的"美女坐金盆"风水宝地在绩溪，"鸡""绩"谐音"吉"，代表吉利、吉祥；第三，两人共育三子（图案为一公鸡、一母鸡、三小鸡）。

2014年4月8日，上海刘益谦以2.8124亿港元在香港苏富比拍卖会上将这只高3.4厘米、口径8.3厘米、足径4.3厘米的明代成化五彩鸡缸杯收入囊中。

成化二十三年（1487），邵宸妃晋升为贵妃。同年，万贵妃卒，成化皇帝也因悲伤过度驾崩。太子朱祐樘登基，为弘治帝。邵贵妃的三个儿子也渐渐长大，朱祐杬封兴献王，朱祐榆封岐惠王，朱祐檀封雍靖王。

明代帝王信道教，十分相信五行相生相克理论，除朱元璋外，其余皇帝取名都分别含金、木、水、火、土旁，如：天顺帝朱祁镇、成化帝朱见深、弘治帝朱祐樘……因世师公墓为庚山甲向兼西卯，来龙为癸酉，庚、酉属金，甲、卯为木，癸为水，合金生水、水生木。朱祐杬名中带木，故邵贵妃为大儿子朱祐杬选了湖北安陆（现为钟祥市）作为封地，因该地较富庶，且湖有水、北属水，安陆意为平安地（土），有土有水方能长木。

弘治七年（1494）九月十八日，18岁的朱祐杬起程赴湖北安陆就藩，朱祐樘与朱祐杬虽非同母所生，但两人关系极好，临行时弘治帝亲自送朱祐杬出宫门并赠诗一首：

　　　　殷勤步送出宫门，骨肉情深不忍分。

　　　　别后相思何日会，燕山荆树隔重云。

明史载，朱祐杬"嗜诗书，绝珍玩，不蓄女色，非节日不设公宴"，一生恪守祖训，报效朝廷，"忠谨而臣事两朝"，屡受褒奖。

排众议力挽狂澜，定巧计进京继统

正德十六年（1521），武宗崩，无嗣，张太后与大学士杨廷和定策，并以武宗皇帝遗诏的形式拟圣旨一道，迎立朱祐杬的儿子朱厚熜进京继承皇位，诏曰：

> 朕绍承祖宗丕业，十有六年，有辜先帝付托，惟在继统得人，宗社生民有赖。皇考孝宗敬皇帝亲弟兴献王长子厚熜，聪明仁孝，德器夙成，伦序当立。遵奉祖训兄终弟及之文，请于皇太后与内外文武群臣，合谋同辞，即日遣官迎取来京，嗣皇帝位，恭膺大成。

岂料驻京边军总督江彬、吏部尚书王琼不轨，与寿定王朱祐楷、汝定王朱祐棒勾结逼宫，提出诸王谁先到京者谁继承大统。邵贵妃当然希望自己的孙子坐上皇帝宝座，遂当仁不让，维护张太后与杨廷和的决策，坚持按"兄终弟及"祖训办事。一边利用争论拖延时间，一边派人催促朱厚熜火速进京，并定下妙计。明里朱厚熜放出风声，说自己正为父亲守孝，进京尚有待时日；暗中朱厚熜穿囚衣、戴镣铐、坐囚车扮作钦犯被日夜兼程"押解"进京，这样既可麻痹政敌，预防途中遭人暗算，也可避免沿途官民迎送耽误时间。

正德十六年（1521）四月二十三日，朱厚熜抵京，进城之时，厚熜以"继统不继嗣"为由，不愿以太子身份从东安门进宫到文华殿暂住，而是以皇帝身份走大明门进奉天殿。

久别离祖孙团聚，大礼议君臣交锋

朱厚熜登基，年号嘉靖。这时邵贵妃已老，多年盼儿孙导致视力极差，祖孙久别重逢，悲喜交集，便把已做皇帝的孙儿叫到跟前，从头摸到脚，倾诉离别后的思念之情，还叮嘱孙儿要以江山社稷为重，关心黎民百姓，并举例娘家祖籍人多田少，怕旱易涝，虽乡亲们辛勤耕作，"山有一丘皆种木，野无寸土不成田"，但生活仍较困苦，须恤之。娘娘认为自己的荣华富贵系"美女坐金盆"的"风水灵气"孕育而成，应回报祖籍乡亲。

祖慈孙孝，嘉靖皇帝望着双目即将失明的祖母，心中感到很难过，想今后仅仅以物质生活来补偿是不够的。因此，在即位的第五天，就要封父母兴献皇帝、兴献皇后，封祖母为寿安皇太后，结果遭到大臣们的强烈反对，认为此举已越旧制，结果引发明史上重大事件"大礼议之争"（或称左顺门事件）。这场君臣之间的较量以皇帝胜利告终（下狱134人、待罪86人），尊祖母为寿安皇太后。嘉靖元年（1522）十一月，太后崩，谥孝惠太皇太后，葬茂陵。

太后生前常说："女子入宫，无生人乐，饮食起居，皆不得自由，如幽系然。以后选女入宫，毋下江南，此吾留恩江南女子者也。"太后在宫闱凡五十年，庄顺自持，不私其家。每诫诸子侄曰："吾家起行伍，赖祖宗积德，荷国恩至此，汝辈慎位保身，毋负国恩。"

沐皇恩丹书铁券，绵世泽族繁姓隆

祖母去世，嘉靖悲痛欲绝。据说他迷恋炼丹，缘于想练成一种药治好祖母的眼疾。为了报答祖母的恩情，追封太后父邵林为杭州指挥使，造邵王坟；封太后弟邵喜昌化伯，赐丹书铁券，三死罪不刑。对太后远祖，则"世师公葬里北坟亭，明世宗遣官赐坛祭"，授邵仕斌"忠勇校尉"衔。

嘉靖中，世宗特派巡按直隶监察御史刘、陈两位大人察验农事，排解伏岭竹山干数千亩农田灌溉水利纠纷，并于嘉靖三十年（1551）九月签订《竹山干六广灌溉放水公议合同》，至今仍执行六广轮灌制度。

嘉靖皇帝以"孝"著称，开"许民间皆联宗修庙"之先河。这时，伏岭邵姓已成绩溪望族，号称"千灶万丁"，出于祭祀祖先、追宗念族和敬宗聚族、执行祠规的需要，同时也为了彰显宗族荣誉、教育子孙后代和举行重大活动，举全族之力建祠堂，除宗祠外，还建支祠九座，创一村（姓）十祠记录。

上门在香火堂原址上建支祠，原名"世德堂""评事宅""横巷老屋"不变，造型奇特：三进两天井，中轴线左右对称布局，祠坦前一排旗杆墩和左右侧两口井及祠坦所铺小卵石，恰似龙齿、龙眼和龙麟，与祠堂主体建筑构成龙状。祠堂建筑宽44尺，长99尺，寓意"四四阔、久久长"。祠中有"金街存故址,铁券铸前勋""铁券丹书,伯锡浙江昌化;子孙派衍,族繁徽郡华阳"柱联,祠东侧金街西头门圈上有"金街故址"四字。

宗祠里有"曰伯曰侯昌化黎阳双建国,惟忠惟孝子春公丑共成家"楹联。万历间,明廷又将徽杭古道两侧自岩口亭至栈岭40余里的山场拨给伏岭邵氏宗祠作为祠产,以救济本族贫民。

明世宗嘉靖、明神宗万历两位帝王凛遵祖训,解决了伏岭邵氏宗族族民的一些基本民生问题,圆了世贞娘娘报答祖籍父老乡亲的心愿,彰显了帝王体恤民情的仁心、皇恩浩荡的爱心、敬宗念祖的孝心和信守诺言的诚心。

2.文绣公轶事①

文绣公,字朴斋,号月塘,纹川邵氏第十三世崇俊公的四子,生于明隆庆庚午年(1570),殁于清顺治丁酉年(1657)。文绣公博学多才,一生执教40多年,曾在休东一金姓府上坐馆任教,学生中出了许多名士,金家公子还中了状元。文绣公祠正堂照壁柱上有一抱柱楹联:"教育英才四十年主宾相得,图成吉壤二千里信义同符。"这是对文绣公一生功绩的总结。

文绣公还有一则轶事被他的后代们口口相传。金公子中了状元后,声名显赫,童仆成群。有一天文绣公到休宁金府去看望状元公,恰巧状元公不在府中,有书童接待,两人谈起心来。书童自言姓邵,老家是绩溪(绩溪邵氏都是百二公的后裔),两人谈得很投机,文绣公见这书童长得眉清目秀,聪明伶俐,非常喜欢,有怜悯惜才之心,就问他愿不愿意回老家成家立业。书童说:"那当然是想的,但就我现在这个样子,哪有钱赎身。"文绣公说:"这个你不用担心,等会状元公回府,我与状元公坐定后,你即送上两碗茶来,我自有办法。"一会儿状元公回府,两人寒暄后入座,书童用托盘献上两碗茶来,第一碗当然是献给客人(又是主人的老师),当书童双手捧茶献上时,文绣公即毕恭毕敬地站了起来,用双手接着茶碗,第二碗放在东家面前的桌子上,书童即退了出去。状元公说:"一个童仆来献茶,

---

① 根据邵明浩《寻梦绩溪》整理。

你何必那么毕恭毕敬地站起来。"文绣公说:"不瞒你说,这个书童也姓邵,算起辈分来还比我长一辈,应是我的叔辈,不站起来怎么行呢?"状元公一震,心想恩师的叔当我的书童,对恩师有点不恭敬,让恩师拘束也不好,不如送个人情给恩师,就对文绣公说:"恩师啊,那就请你把他带回去成个家吧。"文绣公在休宁住了几天后,把书童带回了伏岭。刚巧,西门岭有一户人家在物色承嗣人,文绣公就出面玉成此事,后又帮他成家立业。这个人家庭建设得很不错,并年年到文绣公家来拜年,表示感恩。有了儿子后也带着儿子一起来拜年,年年如此成了惯例。后来,文绣公不在世了,他还带着儿孙们到文绣公后辈的代表人物家拜年。最后他老了,给后辈们立下一个规矩,规定后辈们每年正月初三要派代表到文绣公派下的头面人物(作为代表)家中拜年,如此年复一年,代复一代,一直延续了几百年。据祖父说,我的曾祖父(邵运圃,子鸿祥)在世时,这些拜年者是到曾祖父家拜年的,曾祖父去世后,拜年者到运模公家拜年(运圃和运模都曾是文绣公祠的管理者)。

抗战胜利后就未见此举了,但每逢过年拜年时老辈们还讲着这个故事。祖宗表示感恩,立下规矩要后人们执行,后人遵循祖训,延续几百年,真是不容易!东南邹鲁,礼仪之邦,感恩之情不衰,确实让人敬佩。

3.侠义讼师邵老四①

邵老四(1756—1833),名棠,号绮园,排行老四,人们亲昵地称他邵老四,尊称四先生,登源上节伏岭下人。自幼聪敏好学,博览群书,思维敏捷,早年入庠,曾任奎文阁典籍,因不满官场腐败,愤世嫉俗,辞归故里,绝意仕途。他为人豪放洒脱,刚正不阿,疾恶如仇,同情劳苦大众,能言善辩,随机应变,尤擅于诉讼词文,在当地和浙西徽杭道上,都流传着他为老百姓排忧解难,申辩冤屈,惩治豪强和勇斗贪官的故事,称他为"侠义讼师"。现列举一二。

① 根据伏岭老人口述,并参考程光宪《邵绮园二三事》、邵华昆《邵老四的传说》综合而成。

一鸣惊人

有一年徽州大旱，庄稼歉收，民食恐慌。徽州知府从江西购买一批粮米来赈济灾民，不料运到两省交界处，赣方官吏以"灾荒之年南粮不许北运"为由，予以扣阻，几经交涉，未得解决。知府邀请下属各县名士共同商讨对策，邵老四父亲邵德辉乃绩溪名士，也在应邀之列。不巧邵老先生身体不爽，难以远行。他又不便拂其诚意，进退维谷。邻老撺掇："令郎绮园虽尚年少，却卓有才华，不妨让他代父与会，借此也让年轻人长长见识。"辉翁颔首，同意老四赴会。

会议商讨结果，由各县乡绅联名上京"告御状"。当场推举博学之士起草诉状，然后请大家过目，提供意见。传阅了状纸，无可挑剔。这时，一位十四五岁的少年却彬彬有礼地起立发言："诸位前辈，诉状写得很好，但依小辈之见，最好再添两句，也许更为有据、有力。"众人为之一怔：这一乳臭未干的少年，竟敢口出大言，不知何许人士？要添哪两句话？原来这少年就是绩溪代表邵棠——邵老四。他从容不迫地回答：

"列国纷争，尚且通粮通票；大清一统，何以分北分南？"

知府和众名士听了面面相觑，叹服不已。后来御状一告就准，问题解决。少年邵老四也因此一鸣惊人。

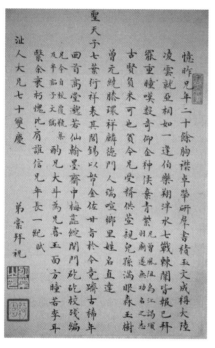

《半痴子小影》册页中邵棠手迹

仗义扶危

邻村有妇人胡氏，丈夫病逝，遗下一个五六岁的孩儿，孤儿寡母相依为命，家无恒产，单靠村后那片桃树山度日。此山的桃子个大、味甜、产量高，惹人喜爱，同村的张财主觊觎已久，三番五次要强行购买未能得逞。

张财主一向为富不仁，横行霸道，此番乘人之危，对无依无靠的寡妇软硬兼施，要将久已垂涎的桃山据为己有。寡妇以桃山为母子养命之源，不肯出卖，又慑于威势，难以拒绝，身单力薄，无人替她做主，因而坐在门外伤心痛哭。恰巧邵老四路经此村，问明情由，深表同情，为之不平，决定想法制服财主，以解寡母孤儿之危。他悄悄告诉那妇人一计。

不日，财主再来逼卖桃山，胡氏答应以12两银出卖，并请来邵老四做中人，代写卖契。财主如愿买得了桃山。

第二年桃子成熟，不等财主上山采摘，胡氏出其不意将桃子摘个精光。财主得知，立即兴师问罪。胡氏却理直气壮，申言桃本是自己所有，如若不能，可到县堂评理。财主气急败坏，面对寡母孤儿又难于强下毒手，就一状告到县衙。

审案那天，胡氏请了邵老四同往作证。堂上，胡氏哭禀："桃树是我母子的命根，哪能出卖！我卖的是桃山，有卖契为证。"财主呈上原来的卖契，上面写着："立卖契人胡氏，因生活所迫，自愿将屋后桃山一座桃树一根不卖，折价十二两银，卖与×××。"

邵老四又从旁作证：卖契为生员代书，当时言明以12两银出卖桃山，桃树一根不卖。

县官看了状纸，又听了邵老四的申辩，心想：一方是寡母孤儿，一方是财主，久闻此财主倚财仗势，横行乡里，今日倒要给他点颜色看看。遂以"诬告孤寡，欺压良民"之罪，重责财主20大板，逐出堂去！

原来在写契时，胡氏按邵老四的指点，暗将身边的儿子拧得痛哭，又假意诉说孩子因卖了桃山今后没桃子吃而啼哭，哀求财主留一根桃树不卖。财主不知是计，又怕把买卖弄僵，答应了请求，也就落入邵老四的圈套。

替人解忧

北村程石匠的两个儿子已成家分灶，老大务农，娶妻生子；老二传承父亲的手艺，娶了媳妇。父母先后病故，遗下两老住的两间厢房和村头路边一个旧屋场尚未析产。老大提出，两厢房和旧屋场各为一股，抽阄为析。老二同意，让老大做阄。两个阄揉成纸团放在桌上，照例做阄的后抓阄，老二抓起一个，打开是"屋场"二字。老大说："你得屋场，我自然是厢房。"也不看阄，随手将它丢了。

老二回房，告诉老婆抓阄分产经过。老婆一听很不高兴："屋场哪有现成的厢房好。"又说："老大做阄定有圈套，分明两个阄都是'屋场'，故不让人看阄。"逼着老二找老大重抽。老大听了老二的要求，自感理亏，同意再抽一次。火暴性子的大嫂却吵叫起来："好汉阄上死！谁叫你当时不看阄！"老二心想，也怪自己少个心眼，不曾当面检查，自认倒霉返回房来。老二老婆可不是省油灯草，唠叨不休，争吵起来，提出要到县里打官司。老二是本分人，认为因这点小事打官司伤兄弟和气不值得。忽然想起伏岭下的邵老四，此人有才学，又肯帮人解决难题，就跟老大商量，同去伏岭下请邵老四来解决。

邵老四听了兄弟俩的述说，耐心分析："根据两家的情况，抽的阄、分的户十分恰当。老大儿子很快成人要结婚，厢房正好适用。老二结婚不久，住房暂时够用；你是石匠，正需要一块场地当工场，平时多存些石料，加工石器备售，生意好赚了钱，就在现成屋场上造新屋，不必再求人，不是很好吗？"

老二和老婆听了，佩服邵老四的远见。老大夫妻自然心里高兴，主动协助老二将旧屋场清理成了工场。兄弟、妯娌又和好如初。

惩治商霸

一次，邵老四从歙县深渡乘船赴浙江淳安访友。民船准备起航，来了一位肥头胖耳、衣着华丽的商人，后跟脚夫挑着木桶上船来。船家随口问他挑了什么？商人神气十足地回答："漆。"接着反问："两个人船钱多少？""三两七。"船家作答。商人一听暗地高兴：到淳安只收"三两漆"岂不便宜！

离淳安城不远。船家向客人收船钱，轮到漆商，他不屑一顾地说："拿只碗来，倒三两漆！"船家连忙解释："船钱是三两七钱银子，不是三两漆。""上船时不是说要三两漆吗？怎么又改口反悔了？"商人趾高气扬，接着说："告诉你，赶紧拿碗来倒三两漆，不然上了岸连三两漆也休想！"

邵老四见漆商蛮不讲理，起身劝解。漆商大为恼火，气势汹汹地叫旁人休管闲事，否则到淳安城一起收拾。邵老四心想：此人定系淳安一霸，任他如此胡作非为那还得了。叫船家拿来纸笔，迅速写几行字交给船家，悄悄嘱咐一番。下了船，邵老四陪同船家扭着漆商去县衙评理。

县官升堂，船家呈上状纸，陈述了事情经过，打开状纸，上面写着：

> 船费银子三两七，漆商偏说三两漆。
>
> 字虽同音事两码，岂可昧心图利益。
>
> 如果船钱一串七，就得收他一船漆，
>
> 商霸如此欺良民，还望老爷明冤屈。

县官到任不久，对淳安城这商霸的劣迹早有所闻，今日有人告他，状纸写得有理有据，正好趁机灭灭他的嚣张气焰。于是，厉声斥道："大胆商霸！竟敢讹诈良民，把船钱银子三两七说是三两漆；如果船家只收钱一串七，你就得给一船漆啦！如此霸行岂能容，给我责打20大板，以儆效尤！"

漆商挨了打，乖乖付了船钱。船家出了怨气欲谢写状的先生，邵老四早已扬长而去。

智服师爷

邵老四在杭州多次帮助徽商打官司，讨回公道，连连挫败"绍兴师爷"，轰动了杭州城。有位资深的绍兴老师爷不服气，要到徽州会一会邵老四，比个高下。那日行到于潜县城投宿，邵老四也从杭州回绩溪，两人正巧同宿一店。晚上，闲谈起来。老先生得知这位中年书生是绩溪人，就扯到邵老四在杭州打赢官司的事，透露此行就是去绩溪与邵老四见识见识。邵老四觉得此人来意不善，立即改口相告："敝人正是邵老四的学生，闻知家师已于日前去庐山游玩，一时恐不能回家。老先生如不嫌弃，不妨让晚辈先见识一下。"老师爷心想：既是邵老四学生，挫败他也可煞煞邵老四的威风。两人商定，老师爷年长为父，邵老四当他儿子，以"父子纠纷"为由，上县堂比试高下。

第二天，"老父"扭着"儿子"来到于潜县衙告状。老师爷呈上昨夜费尽心机、反复推敲而成的状纸，泣不成声，涕泪交流地诉告逆子如何不孝，殴打亲爹。县官看罢状纸，听了老头子哭诉，勃然大怒，大声斥责逆子，就要动刑。邵老四连喊"冤枉"，并说："小民有苦难言，请赐笔墨。"县官颇觉奇怪，倒要看他写些什么。只见邵老四拿笔在两只手掌心上各写一句话，高高举起。县官俯身一看，见两手分别写着"妻有貂蝉之美""爷有董卓之心"，顿时恍然大悟。原来这老畜生老不收心，轻佻乱伦，简直是衣冠禽兽。"来人！给这个有罪却反诬儿子的老家伙拉下去，重责四十！"行刑后，县官训斥："自己做的事自己清楚，以后切不可再胡作非为！"

老师爷糊里糊涂挨了40大板，还不知做错了什么，也不知邵老四的学生在手掌心上写了些什么，就不明不白输了官司。既然连邵老四的学生都胜不了，自己哪里还是邵老四的对手？于是灰溜溜地回去了。

斗倒贪官

有一任绩溪知县，平日贪赃枉法，鱼肉百姓，民众怨声载道。知县老娘病故，知县遂大办丧事以敛财，命令下属赶制一副四斗的柏树棺材备葬。急着要砍偌大的柏树，一时难以选到。知县听了下属的回话十分恼怒，灵机一动，想到了学宫旁边明伦堂前院那几棵合抱的古柏，决定派人砍伐。消息传到县内文人学子耳中，大为震惊：此乃圣殿之树，已有千年历史，岂能为做棺木而毁于一旦？随即联名具文，上告到徽州知府。

知县得到府官来文查询，临时心生一计，禀明砍伐古柏并非别用，乃崇敬当今皇上，精制太上皇的万岁牌供于学宫中。知府与知县本是同年，有意袒护，据此理由，就将该案不了了之。告状的文人们难忍这口恶气，却苦无对策。恰遇邵老四进城办事，于是找他商量。

邵老四略一思索，说："学宫乃圣殿，明伦堂的树属圣树，砍圣树做棺木已罪不可恕；拉太上皇作虎皮玷污太上皇更属欺君罔上。既然府里告不准，那不妨上告到省。如此罪名看他如何担当得起！"马上起草呈文，交众人传阅签名，上送省衙。

臬台打开呈文，见上面写的是：

绩溪知县死了娘，遣人前往明伦堂。砍倒千年老柏树，制作棺木装死囊。伐砍圣树罪非小，犹说制牌供上皇。明敬上皇暗做棺，险恶居心已昭彰。玷污上皇罪当诛，知府竟然作虎伥。祈求老爷悬明镜，秉公为民作主张。

阅过呈文，心想这个小小知县竟然如此肆无忌惮，砍伐圣树，亵渎圣殿，还拿皇上做挡箭牌，玷污圣上，罪责难饶，立即批文，革除绩溪知县官职；徽州知府治政不严，袒护下属，予以训斥，仰其知过则改。以邵老四为首的绩溪文士终于取得民告官的胜利。

第九章　著述与文书

登源伏岭邵氏一族，人文底蕴深厚，俊杰翘楚者众多，故史上著书立说青史留名者甚。由于时间久远，社会动荡，著述文书纸头幸存者十之一二，今依族谱及新近发现的资源等大致梳理，择要录之如下。

一　个人著述简介

邵士长（1692—?），名振翔，批注《四子书》一部。

邵国荣（1744—1829），名树基，字子仁，号沚人，著有《覆瓿集》四卷、《半痴子小影》一卷。

邵敦皓（1756—1833），名棠，字绮园，著有《闻见晚录》二卷、《徽志补正》二卷、《黄庐纪游》二卷、《大鄣山辨》一卷，俱载入府县志。

邵大震（1783—1856），字雨辰，著《寄蜉堂家传》。

邵伯棠（1806—1864），字静斋，著述甚多，大部分毁于战火，惟《见闻录》《守岩日记》《劝农诗》尚存。

邵清斋（1808—1862），名辅，号太朴，著有《周易私说》、《春秋衷候》、《虫吟稿文内外集》、《葭陇图籍问答》、《否庵读易》二卷、《书小笺》二卷、《春秋征》一卷、《葭州纪略》一卷、《草秋编》二卷、《否庵文集》三卷、《候虫吟稿》四卷等，共二十一卷。

邵班卿（1851—1898），名作舟，行名运超，著有《邵氏危言》《军凡》《政纲目》《人道纲目》《论文八则》《公理凡》《班公文稿》《丙丁记事》《中国铁路私议》《虑敌》《治河策》《诗文集》等，编有《拙庵诗草》《静斋公诗剩》《退佳公诗剩》等。

邵石卿（1859—1884），名作藩，行名运庆、在方，著有《邵氏族望考》。

邵振华（1881—?），女，光绪年间著《侠义佳人》，商务印书馆出版。

邵棠著《闻见晚录》书影

二　重要古籍目录

1.《邵氏家传》目录①

卷一（先太仆公纂）

邵氏谱累序　迁绩世系说　宗望公传　奠安公传　晋美公传　贡士公传

卷二（作舟续纂）

鲁田公传　退佳公传　静斋公传　太仆公传（附象乾）　勿斋公传　坎乡公传　特卿公传

卷三

右岐公传　蕊园公传　质夫公传　宝夫公传　玉堂公传（附懋华、运采）　开信公传（附履庄）　奕泉公传（附午亭、晓亭）　巨川公传（附

① 原件由邵晓晖收藏。

运升公）

卷四

晋美公派别本末表　纹川邵氏家庙记　纹川风土记　纹川溝洫记　纹川杂祠记　邵氏世系考　邵氏家传比次记

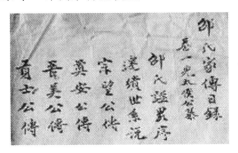

《邵氏家传》书影

2.《半痴子小影》目录①

九孙伯棠拜识

方体谨题

方元泰拜题

程瑶田拜祝

达原程宏诰拜祝

煦堂潘步云拜稿

栗斋潘同章未定稿

健斋许焕拜草

进斋许焯初稿

藻溪方鉴拜稿

门生方汝梅拜稿

姻晚胡璧拜草

弟棠拜祝

半痴子自题

《半痴子小影》书影

---

① 原件由邵名琅收藏。

3.《邵氏危言》目录①

《邵氏危言》卷上

一、总论上

正本

穷敝上 穷敝下 知耻

二、总论下

2. 异势

忧内 纲纪 定治

用人

（1）官敝上 官敝中 官敝下 修身 任官 肃刑

《邵氏危言》卷下

三、学校

科举 译书 习艺

四、行政

除忌讳 广延纳

五、理财

势狃 厚赋 冗食 国计 薄敛 东南

4.《徽志补正》目录

徽志补正序

徽志补遗

徽志正误

大鄣山辨

跋

---

① 薛玉琴、徐子超、陆烨编：《中国近代思想家文库·马建忠邵作舟陈虬卷》，中国人民大学出版社2015年版。

5.《绩溪邵班卿文诗存稿》（二卷）目录①

五亩之宅申郑义（议）

辨古今论地脉诸说

释咸丰十年中俄和约第一条珲春界约

骏再醮不得为继妻议

论黄河挽回故道

郑州决河私议

难毛私河春秋兵制三等义（议）

论钱币得失

论事物各有消长试求其正变公例代

祖考鲁田公家传

伯父退佳公家传

仲父静斋公家传

记休宁妇

陈孺人小传

双溪桥记

《绩溪邵班卿文诗存稿》（二卷）书影

三　珍藏文书选录

1.方体《邵沚人亲台暨夫人程氏七十双寿序》

余不见沚人又十年矣。忆自少时，同应童子试，沚人褎然为高选。慧中而秀外，自顾弗如也。暨余读书安田山馆与障山文社，诸友较艺于纹川僧舍，沚人已轩然称老宿。与倚梁云溪，时时为文酒之会，制艺而外，旁及于诗赋骚雅，亦惟沚人为最工。其时，余年十七八岁，稍有志于经史古学，别去就业于嘉禾郑诚斋宫赞，从学于紫阳山院者九年，家遂中落。乙

①原件由邵晓晖提供。

巳，余为日下之游，人窃嗤之，独沚人与云溪诸友剧［俱］无，以壮其行，举觞赋别，义形于色。丙午，幸与乡荐，次年冬归，遂订婚姻之好。至庚戌，余始通籍，供职秋曹。鱼雁升沉，疏契阔者十六载。嘉庆九年甲子，余以秩满，擢任浔阳，告假回里，而沚人已幡然一老翁矣。沚人虽累世青缃，家故单弱，至是三子皆成立，十二孙、三曾孙环绕膝下，而太夫人以九十耄耋之年见七叶衔祥之庆，萱堂待养，子舍课孙，上蒙龙赐之恩，家集麟趾之瑞。回想少时纵酒射艺之事，岿然如灵光一赋，犹见当年风景，可不谓盛欤？夫人犹树也，心犹田也，根深而枝叶茂，土膏而花实蕃，凡物皆然，而况于人乎！世之求富贵利达者不蓄之以道义，而养之以诗书，而驰骛于势位富厚，以为夸世震俗之荣，本实拨矣，枝叶从之，尚祈其发荣滋长而见苗之秀实乎？呜呼！此唐［�］花也。今沚人自幼孤以至期颐，体益强，家益盛，功名日益宏达，子孙日益蕃衍，而推其致福之原，皆由沚人之事亲孝而待物厚，盖其用心已收数十世子孙之福而昌之于后，其德泽岂有艾哉！沚人三子鲁田，余婿也，今年冬为沚人暨夫人七十双庆之辰以图索序于余，因为叙两人交谊并述其蓄德养福之故，俾世守其训，永承勿替，是则余之所厚望也夫。

嘉庆十八年岁在癸酉十一月冬至日

诰授中宪大夫前刑部郎中总办秋审律例馆提调会典馆纂修官现任九江府知府署饶州府护理广饶九南兵备道习理九江关税务丁卯科江西省乡试提调加五级纪录十次姻愚弟方体谨题

2.邵作舟答胡传论台湾海防书①

铁华仁长兄大人执事：

月初，虎兄（编者注：即绩溪宅坦人胡宝铎，时任军机章京、总理各国衙门行走）处交下购惠台湾地图一部，拜领之际，惭感莫名。旋奉手书藉审东渡后苤履安和，经涉山海数千里，蛮烟瘴雨动辄中人而无纤芥之患，固由尊体素强，然冥漠之中亦若有隐相之者。展诵数四，作至难言。承示台湾之抚番与琼州之抚黎，名是实非，如出一辙。尊意欲汰防军而治水师，内为息民之谋而外为固圉之计，此正魏默深所谓古今奇策，必与庸论相反者，非胸罗宙合而又亲临其地、洞见其情者焉能及此？然天下事发之固难，收之亦复不易，珠厓之捐，轮台之悔，察几致决，智勇兼全，而固难望之于常人也，独是水师之创正未易言。

弟在津十载，北洋创兴海军目所亲见，近馆精台议兵筹饷，日与海军从事讨论西制粗悉崖略。盖海军之设，必有铁舰、钢快船以为战，炮舰以为守，练船以储人才，运船以利转输，又当有雷艇以佐其进攻，炮台、雷营以助其退保，有船坞以利其修，有机器局、船械局以储其械，始能成军与敌争锋，旷日持久而不可败，一有不具，则如五官之偶缺而即不可以为用焉。一铁舰之成费当百五十万金，一快船费当百万，炮舰二十余万；练运船，船当十余万，而船坞之至少者费当百余万，机器诸局亦数十万。北洋经营十六七年矣，胜敌之效茫如捕风，而舰艇坞局营垒之属已二千余万于此，而岁饷之需二百余万者尚不在其中，此殆非他省之力所能具也。台

---

① 邵晓晖的点评：这封信共11帧，系高祖邵作舟1892年所书，至今有130多年。原件系胡适收藏，现保存在中国社会科学院。这是一封：①名人之信。乃同属"晚清绩溪三奇士"的邵作舟写给胡铁花（胡适之父）的信。②感人之信。是信传承有序，保存完好，得感谢胡适先生当年悉心收藏，从此妥存中国社会科学院。③学人之信。如非中国社会科学院学部委员耿云志著有《读邵作舟与胡传论台湾海防书》，此通信札哪能从浩如烟海的文献中走进你我的视野？④高人之信。此信预言北洋海军"胜敌之效茫如捕风"，提醒胡铁花"倭人垂涎台湾，梦寐不忘"。⑤仁人之信。在台湾其时"蛮烟瘴雨动辄中人"的情况下，规劝胡铁花作为君子，"所任虽艰，必守君命焉逃之义"。⑥书人之信。虽信笔所之，然是真正的文人字。郭因老誉之"无意求工，而功力凸显"，胡竹峰兄文赞"士气秀色"，秦金根兄评曰"峻拔刚健，情深调雅"。

湾苟治水师，从其至简者而言，亦当有铁舰一艘，钢快二艘，雷艇二艘，练船运船各一，又小轮艇三四艘，乃可成为一队（钢快炮力不足敌铁舰，故仅能冲锋而必有铁舰以为之主。台湾先有海镜运船，近复送回北洋），船坞纵不能造，亦当于鸡笼（编者注：今基隆）或沪尾（编者注：今淡水）创一机器小厂，外为炮台泊岸以设之，约计其费，至省当在六七百万金以外（此资本也。另岁饷及杂用，每年又当需三十余万），非独台湾之力难遽及此，而愚虑抑更有进者。北洋海军之效已可睹矣，台湾人才未必过于北洋，使竭十载之力，糜巨万之饷，一旦有事终不能战；若前者马尾、镇海之为则其震全局而涣人心者，患乃甚于无船无炮，亦安用此纷纷为也。以鄙见诊之，台虽四面边海，而兵轮之足以逞者，不过数处。每处有新式炮台二三座，水雷一二营，别有陆军以助之，宜可自守。一炮台约费十余万，一雷营之设约费万余，全台三四处，不过百万，以汰防之费转而事此，期以三载，可告成功。岁饷既大省，则筑台设营之后，以其所余，徐为增置炮舰快船之举，亦未尝不可也。闽台两省势本唇齿，自师船歼于马尾后，至今不增一舰，有识寒心，诚欲为大局计，似宜合闽台为一，共成水师一军，举所谓六七百万者分年以筹之，就闽厂成基以备修船，有事则游奕邀击于闽台之间，而东入台北，西入闽厦，以为休息归宿之地。水师任战，闽台任守，苟兵精食足而将得其人，敌势虽强，当可支拄。特恐无心，精力果识，渐见远之臣，以图之事权，不专思威，不恰志睽，势涣畛域。横分说虽可行，亦仅徒托空言耳。迂疏之论，无当事理，偶承询及，遂敬妄陈，幸勿为外人道及。

台地道里形势一经详示，乃如暗中得烛。红头、火烧二屿，周各百里未入版图，倭人垂涎台湾，梦寐不忘，将来恐如吞并琉球之举，而效英人之经营香港、亚丁者，以为窥台之计。榻旁卧虎，患宜预防，未审可从容招谕、令其举岛内属否？

执事赴台本出奉调，窃谓事愿虽违，未宜轻言内渡。晚近巧宦见利则趋，见害则避，暮楚朝秦，不啻市侩。君子则不然，所遇虽蹇，必扩委以任运之怀；所任虽艰，必守君命焉逃之义。进退去就之际，谅贤者衡之熟矣。

天津新印中国海道岛屿及长江运河全图，乃英国海部近年测绘之本，最为精详，已代觅得一部，欲以奉呈台览，而图凡百四十幅，卷帙甚巨，道远难寄，台地倘有妥友赴都往返（台南盐务总局设于何城、何街，乞详示），务求嘱其过津时，持函惠顾，以便托带为祷。

弟于六月六日辰刻获举一男，即名之曰在辰。内人自乳儿，甚肥健。家慈安吉，三舍弟陶卿来津一载，近于九月初旬南归，顷得其书，已安抵武林，足慰爱注风便，尚希时惠好音，手此（天津海防支应局向有幕宾两席，弟承局中见招，辞不获命，所处乃幕友，非委员，亦非文案也。续蒙惠函，但请书天津海防支应局可矣）。

敬叩勋安，伏惟起居珍重。

小弟 作舟顿首

十月十八日

《邵作舟答胡传论台湾海防书》（部分）

3.邵作舟《双溪桥记》

浙水出郸山东浙岭下，逶迤出逍遥岩，西南流十余里，而受坛石川；又十里，过甘山之麓，则半坑、大石门诸水南来入焉，是曰双溪口，徽杭间孔道也。水自此西南出峡至龙川，两岸山相束若隘巷。旧道循东岸行，苦潦。

道光之季，湖村章氏凿西岸山为新道，凡十里，行者便之。而自北川趋新道，必渡双溪口，夏水涨辄阻。章氏欲为石梁以通之，顷凿石置水旁。会粤寇至，不果，往来所通，徒扛而已。石既久，多为沙所没。霖潦时作，则群流暴奔而争壑，雷激电骇，至于转巨石、拔名木、漂牛马，虽有善游者，莫能度也。乡人久欲为石梁，而绌于力者有年矣！

光绪十四年秋，乃会而定议，创建石桥于双溪口。且以上游坛石川上旧有桥亦毁于水，议并成之。富者醵财，贫者醵力，人竞于公，若趋其私。逾年，坛石桥成，独斯桥工巨，三年，址始就。伐石于七姑山及甘山之麓，经用不足，或作或辍，又四年乃成。桥下皆深沙，没水而畚之，欲依磐石以为桥址，卒不可穷，乃下巨松列筑而实之，甃石其上，为桥两弓。又于沙中，往往得章氏所为石梁，则复甃址于桥西而庋梁焉，以泄盛涨。为亭西阪之上，行旅若织，以憩以涉，狎波而讴，若履枕席，忘前之艰，是役也，凡用五千余金，阅七年而后成。总其事而始终之，晨夕风雨无所间者，实唯程君众勋，佐之者章君调梅，协心同力则乡之士大夫与吾族诸父兄也。夫好治津梁道路、饰亭舍，有一不便，则其乡之人引以为耻，斯固吾徽之俗，无适异也。独是桥，建于粤乱凋敝之后，土瘠而民贫。众勋诸君不爱其力，不恤其劳，必使前贤之所未举者获成而后已，是则其难也。善作者固贵其成，善始者要于善终，吾父老既作而成之矣！则夫桥之穹然于此，虽风雨所袭，波涛所泐，蛟龙所窟，而常相续于无穷者，岂不有望于后之君子也哉！功既成，乃刻当事诸君及醵资者姓名于石，使后之人得以览观而兴起焉。

光绪二十一年秋九月，里人邵作舟班卿氏记

倡首：邵陶卿、邵晓山、邵雨廷、胡竹君、邵芸阁、邵仲卿、张明义、耿镇洲、汪养源、张仞翔、张俊兴、汪鸿发……（共19人。部分姓名字迹不清，略去）后学许振锦谨书。

4.邵在方试卷①

汉文帝减租除税而物力充羡武帝算舟车榷盐铁置均输而财用不足论

立国之道贵强，而强之本在富，若是乎富之不可不重也。虽然欲国之富，而不持之以节俭，施之以宽仁，惟徒事乎刻剥朘削以掷，诸锋刃战斗之间，则国未见其强，而穷困贫窭之形且不旋踵而至矣。吾观文帝之世，天下之民怡然有仰事俯畜之乐，而无兵连祸结之患。武帝之世，则财耗于内而兵疲于外，亿兆之众困转输死锋镝，天下愀然有离散怨叛之心，是何其不相侔耶？无他，文帝寡欲而武帝多欲故也。文帝以为欲国之强必先使国之富，然后其强足持其威，足振，故减租除税藏富于民，优游博大以养之，谦恭朴厚以积之，及其卒也，物力之充羡至于粟红贯朽又且惴惴焉！惧眇身之不克善其终，非处不得已之势，不欲动干戈而事兵革，而四夷百蛮亦常怀德而畏威，盖寡欲之效也。武帝则不然。以为使国之富不若使国之强，是以敝敝然从事于开疆辟土，猛将战之于北，使臣通之于西，耗数千百万之资财而不顾，掷数十百万之头颅而不恤。府库益虚，聚敛益急，于是算舟车、榷盐铁、置均输，常苦其不足，而计臣酷吏同时并进，土木神仙巡幸之举纷然杂出，国内虚耗而民不堪命矣，岂非多欲之过哉？且夫为人君者，不务富国而务强国，而虽战必胜、攻必克，犁庭扫穴，无不如志如始皇符坚之势，亦可谓盛矣。然不能救宗社之亡，何则穷兵黩武，其国贫也，若期富而不期强，屈辱贬损、和亲结好，如唐肃宗之于回纥，宋仁宗之于契丹，亦可谓弱矣。而卒能转弱而为强，何则其国虽

邵在方试卷首页

① 原件扫描稿本由邵晓晖提供。原件保存于安徽省博物院。

弱，宽仁简俭之志可恃也。由此观之，武帝之好大喜功不减于始皇，符坚使无输台一诏惕然悔悟，则国愈贫而青苗手实之法不必始于宋矣。文帝之仁厚明哲过乎肃宗仁宗，故不烦带甲而尉佗服不事穷追而胡虏却。盖其恩威之盛，蓄积之殷，有以慑之也。是故以言乎文帝之才则不如武帝之雄俊刚毅，以言乎文帝之将又不如卫霍之英锐果敢，而何以一则蠲赋晡而元气充实，一则掊克聚敛而元气损伤，一则兵不接刃而四夷宾服，一则喋血千里而海内困穷充羡于彼，不足于此盛衰异辙功效相殊，此何故哉？盖文帝寡欲武帝多欲，多欲则国贫，寡欲则国富，自然之理也。若夫先王之为国，则取之有制，用之有度，故国殷实富厚于内而威震乎万里之外，其下者取之未必有制，用之未必有度，而可以振天下之势，则国虽贫而犹不至于弱，若取之既无制，用之既无度，而又不能振天下之势，则不特有愧文帝抑亦见哂武帝矣！

中外刑律互有异同自各口通商日繁交涉应如何参酌损益妥定章程令收回治外法权策

中国通商以来，受外人之欺凌鼓弄，不公不平之举，可忧可愤之端，固非一事。然其为患最深，为谋最毒，蚀蠹人国于隐微轻忽之中者，莫甚于治外法权。夫国，吾国也。地，吾地也。通商者，通商于我之国也。以彼国之民处吾国之地，则其管辖判断之权，固宜操之于我，非他人之所得于此，欧美之通例也。乃今独行其治外法权于亚细亚，此固日本不得辞其咎矣。何以言之？日本当幕府末流之际，敌扰于外，国乱于内，不考外情，不察外事，视治外法权无甚重轻，贸贸然！从而许之西人既得行其志。于日本又复施之于我，至于今日其患害更有不可胜言者，谓非日本始作之俑乎？夫所谓治外法权者，盖治理其民于通商之地，本国所治之外而仍有行法之权也。其法治于土耳其，土耳其当日苦通商之纷纭，烦扰遂令各国自理。其民固非逼于威劫于势，而与之立约者也。今西人则不然矣，逼我以可畏之威劫，我以不得不从之势甘蹈不公不平之讥，而不讳计毒心险，盖已甚矣。若不设法挽救之，则中国之权将不能用于中国之民，虽欲令收回治外法权，安可得乎？吾观条约之言曰："领事与地方官会同公平迅断，姑无论其公与否也，即令其明察，如尧舜执法如皋陶，而以外人殴杀吾之民，各交其国领事按律定罪。则英律只禁狱三年，法律只禁锢百日罚百佛郎，美律只徒刑八十日，俄律只徒刑一年，兰律只徒刑三十日而已。而我国殴杀外人则必抵命，抵命不已又复偿金。罪同而刑律不同，彼轻我重，彼喜我忧，宜乎？士民之愤怒而仇教疾外之事，重见叠出而不穷也。是则中外刑律相异而不相同，于我固有害于彼亦未见其甚利也。虽然欲参酌损益妥定章程，使彼此交涉两益而不偏枯，则非倡自外人不可。何则彼强而我弱，彼众而我孤，强而众者恣所欲为，弱而孤者动辄得咎，此泰西之所谓强权也。夫彼既行其治外法权于中国，便于私、安于利固已久矣。又乌能使之俯首帖耳任我更改变通以就我之范围也哉？然则治外法权果不能令其收回，而遂束手蹙额一听其所为乎？曰：必不得已。莫若取各国通行之律译而刊之，仿日本之法设大审院以判断之。以彼之法治我之民，各国虽暴安能置喙？夫如是，则轻重相等刑律相同，无益于彼，无害于我，士民怨愤之气可以少泄，而仇外之心亦因以少衰，此亦制其治外法权之一策也。吾读日本之史，亦见其常患治外法权之不利矣。然以大久保、伊藤诸人劳心苦思、两次渡洋卒不能补救于万一，不得已乃取现行条约解之苛义，雷厉风行束缚而困苦之，使外人自愿其改正其术，可谓巧矣。中国苟有其人未始不可行也，此又制其治外法权之一策也。合中外而观之，近百年之大势，皆强国有权，弱国无权；强国有利，弱国无利。然中国不及此时励精图治以求自强，而日复一日则交涉愈窘，强敌愈狂，治外法权卒无术以令其收回。异日者必将以数万里之地，四万万之众而与西人其治而同理。呜呼！吾言不中，则善矣！不幸而中，则天下将被其祸，而吾获知言之名悲夫！

人之言曰为君难为臣不易如知为君之难也不几乎一言而兴邦乎

天生民为之置君，以养治之。饥者求食，寒者求衣，贤不肖者求别白以安其身，如其求则治，否则乱，治乱之机间不容发。呜呼难矣！昔定公求兴邦于一言，盖不知其难也。孔子引人之言曰："为君难，为臣不易。"又申其说曰："如知为君之难也，不几乎一言而兴邦乎？"孔子之意深有望于定公者也。定公之时，季氏擅权，阳货为乱，国势盖岌岌矣。使定公之为君之难，则无论理乱而皆不免于忧。其理也惧，不克善其终；其乱也惧，不能胜其任。时时以兢业为心，则自不敢玩忽，不敢骄矜，不敢逸乐，不敢燕游。夫不玩忽则修省，不骄矜则恐惧，不逸乐则戒慎，不燕游则勤敬。修省恐惧以击其心，戒慎勤敬以将其事，微独祖宗之鸿业可绍，即三五之遄轨可追，然则孔子望定公之意，岂不至哉！当此之时，使定公聆孔子言，懔然知为君之难，女乐不纳，桓子不任，旁求俊乂以访持变扶危之策，制侵凌迫协之心，而又勤抚百姓如保傅焉、如乳哺焉、如师之教导焉！不数年，国势大定。其邦必浡然而兴，岂非知难一言之效乎？惜定公不能行其言，泄泄宪宪，玩岁愒日，是以东畏于齐，南迫于楚，疆土日蹙而日削，财用日耗而日控。国内愁怨常若不安，其生盖愀然患为民之难矣。夫民之所以患其难者，由君不知其难，不为其难以致之也，定公岂得辞其咎哉？后之为君者，苟能以孔子之言取为鉴戒，则邦虽弱，兴可立志也。

5. 雍正四年《邵、汪两造竹山干引水纠纷案查勘看语抄录》[①]

　　江南徽州府绩溪县十三都石纹川农民邵永高、邵伯荣等冤控恶棍汪汝睛、汪国文等违禁结党，霸截官河，坑农陷课，反敢啸聚成郡，逞凶降杀一案，感蒙青天县□□□爷燃犀照察，审勘确实，至公至明。谨将金参看语抄录刊电，以垂不朽。

　　卑职□□同两造亲诣竹山干地方逐一验看，约计干、丙、流、不、盛等字号田共有三千七百七十余亩，所种田禾并无池塘浇灌，全赖山河出水，有官堨一道，自上至下设为六广。有水之时流通浇灌，遇□□年分日轮放。汪睛、文等田亩在头广、二广、三广之内，势处上流；其四广、五广之水系众姓田亩，引流浇灌；惟邵姓田亩势处在下，系六广分□□。验戴家堨离岸数丈，地最低下，不能引水上流。大概情形如此。审看得汪汝睛控"邵永高霸水绝命"一词，蒙宪台批查，遵拘犯刑讯，据汝睛供称：官堨原系五广放水浇灌田亩，议有合墨，与永高等无分。邵姓田亩系戴家堨出水浇灌。等语。据邵永高等供称：各村田亩皆须官堨放水，分作六轮广放，

---

　　① 原件由邵昌厚收藏。

伊等亦属有分，议有合墨。等语。卑职查明，阅汝睛等五广议墨，系康熙十八年间所立。邵永高等六广议墨，系明嘉靖年间所立。两造各执己说，证佐各自偏祖（祖），俱难凭信。惟验戴家塥离地颇远，势处低下，断难逆流上灌，何见而谓邵无分？揆情度理，六广放水以为公平，壅截不使行下，邵永高等末干田亩必致枯死无救。查水为塥，非汪汝睛等所得私有，汪可浇灌，邵亦应浇灌。如照汪汝睛等五广议墨，设遇干旱之时，上流嗣后应照嘉靖年间合议，自首至末，分为六广，昼夜轮灌，周而复始。如有强霸截等弊，许即指名禀究。此案控告争水情由事经，在未断议以前，相应逐释免究，是否允协拟合，备具查验，供情粘连，原奉批词其详复。

雍正四年四月二十二日发

房于（如）若有人恃强霸截，即时挖稻，随即指名禀究，此谕。到案。

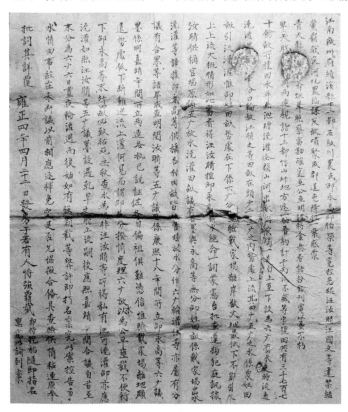

邵永高、邵伯荣等控汪汝睛、汪国文等案现场勘查看语抄录

6.寄蜉堂、桂馥堂阄书《序》[①]

寄蜉堂主盟母邵许氏阄书序

闻之，修德者必获报，行仁者后必昌。吾家自高曾以来，修德行仁，历有七世，汝等宜食其报，俾炽尔昌也。当予之始归也，太祖母恨已谢世，越二年，太父即亦弃养，吾且不及事翁姑，则其先人又何从而知之。然于汝父，吾见其待人接物及一切行事，其心纯厚于仁，兢兢焉，惟不德是惧。居恒，曾语予曰："吾家数世书香，所得不耕而食，不织而衣者，皆由'作善'二字有以致之。吾是知乃祖家风一本于善，迄汝父无或有间，则汝等可不益力加勉，继志述事，以期获报无穷，永昌其后乎？"

回忆汝父之初任家政也，年仅念四，奈丁斯时粤乱甫平，田地多就荒芜，庐室半遭回禄，器具货财荡然如洗，若欲恢复旧业，颇非易事，而汝父矢慎矢勤，晨昏罔懈，匪徒善承，兼能善创。予亦勉体其志，佐理其间，数十年来，不知耗几许精血，劳几许心力，始得堂构重新，田园增廓，所遗资产分授汝等，若不浪费，庶无冻馁之忧。呜呼！汝父生平，其施于外事，凡足令人称颂者，不胜枚举。吾不能备悉。其治家有道，皆吾目睹，知之甚详，诚可谓能迪光前代，垂裕后昆者矣。汝父共三昆季，不幸二叔范卿公于前清咸丰季年剃发匪阵亡，三叔锡贞公亦壮年弃世，皆未有后。而汝父性笃友，于悲雁行之折翼，歌棣萼而伤心。幸汝兄弟亦三人，爰祧次子培鋈为二叔嗣，三子培杰为三叔嗣。无如祸遭不测，至光绪乙酉岁，鋈儿忽幼殇，汝父念弟愈切而痛子愈深也。迨为汝等皆婚娶，各有儿媳，即将佳儿次子光煦、杰儿长子光照双祧鋈儿，以奉二房之祀，因谓予曰："所以双祧者，将来析产仍作三份匀分，合二房一份，俾照孙煦孙如执其半，以昭平允。"

今儿辈幸已成名，克自树立，再俟将寄浮堂旧屋重新竖造，吾所欲为之事俱已了愿，始可优游息肩终养天年矣。孰知（汝父）天命不佑，享年五旬有八，遽忍弃予而溘然长逝，不诚可痛也哉！当易箦之时，除嘱汝等如何为

[①] 原件由黄永江收藏。

人如何治家外，即谆谆命予仍要总理家政，越数年后再行析产，以便汝等诸事历练，俾不至茫无头绪，亦可谓无虑不周矣。予于是谨遵遗嘱，益勉于勤，经营家务，悉仍旧规，量入为出，幸未稍有蹉跌。至光绪壬寅岁，始行析爨。汝二人颇仗义，唯予所命，并不争多竞寡，是以未浼亲戚，自将祖遗及父置所有屋宇田地产业，概行楅搭均匀，肥瘠相兼，除另坐立先太父清明及长子长孙读书膏油租外，编作仁、义、礼三阄，对祖焚香拈执，复将义字一份匀派为二分，为智、信两阄。现予坐作养膳后，归照、煦二孙各执，迄今已十有八年，幸各善承父志，勤俭治家，孙辈共有七人，长、二、三、四已皆婚娶，阖家两十口籍，叨祖荫尚堪饱暖无虞，尤喜兄弟妯娌之间一团和气，曾不闻诟谇之声。现予年逾古稀，别无事事，惟有抱提幼孙，含饴娱弄。自顾半世辛劳，差慰老景无忧，不遗余力，亦云幸矣。

爰立阄四本，合佳儿并煦孙两份，即命杰儿缮写。合杰儿并照孙两份，即命佳儿缮写，以凭征信，自无退有后言。然予所以不惮娓娓者，欲俾后人知吾家世，皆能积德履仁，既已固其本根，犹愿自兹以往勿违予言，克绳祖武，汝以是传之子，子以是传之孙，以及世世相传，励行不怠，则天必报德，而昌大其后，夫岂有艾耶？予不胜厚望焉。是为序。

时中华民国八年岁在屠维协洽二月上浣谷旦

主盟母邵许氏

长男：培佳（押）　　三男：培杰（押）　　命三男亲笔（押）

（阄书正文略）

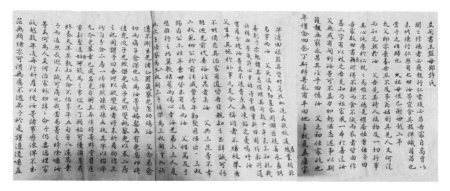

《主盟母邵许氏序》

桂馥堂友立阄书主盟父友伯氏自序

夫创业难，守成亦不易。予父筱山，生予兄弟三人，予居长，次培銮，三培杰。缘予德配程氏，纯孝性成，对翁姑愉色和气，曾不闻诟谇之声。幸叨祖庇，所生四子，长光烈，次光勋，三光煦，四光点。忆予与弟析爨时，家资尚在中人，数十年来，克勤克俭，女嫁男婚，艰苦备尝矣。其次子光勋幼殇，阴配章氏，尚未立继，扒流字号土名杨培前大小买田一亩三角，归

《桂馥堂阄书》书影

长、四两男分执，以作各承祭祀之需。其三子光煦，娶汪氏，与三弟之长子光照，双祧二弟培銮公为嗣，不幸于民国十一年忽又去世，未出有后，所有銮公屋宇田地产业合一半，另立阄书载明，现时归汪氏执管。至于三男一脉，将来应为立继嗣续，毋得忍任失传。而长、四两男，幸俱婚娶成家，现共有孙三人，本拟大被同眠，一堂济济，无奈年届古稀，命运颠倒，讵期程氏享年六旬有九，忽感痾症，医药不灵，匆忍舍予而溘然长逝。予亦精神衰敝，惹大家务难以支持，爰凭亲弟将祖遗及父置合予屋宇田地产业，除坐长子长孙外，品搭均匀，编作福、寿两阄，命长、四两男对汝母灵前焚香拈执，当立阄书两份。合长男一份，命四男缮写。合四男一份，命长男缮写，以征凭信。自分之后，各执各业，毋得竞短争长，有关骨肉，将来资产虽分，仍敌一气，则庶几门闾光大，守非难，创亦非难，此予之所厚望也。是为序。

民国二十三年岁在阏逢阉茂巧月下浣谷旦

立阄书主盟父邵友伯

长男光烈（押）　　四男光照（押）　　命长男亲笔（押）

7. 邵有为作《清代绩溪邵棠研究·序二》①

我十几岁离开伏岭下老家，一直在外工作多年。平时很少回老家问事。只记得，小时住的祖屋庭院很大，里面有棵古桂花树，枝繁叶茂，花开季节，满屋飘香。有关我祖邵棠的事迹，过去略有耳闻。最近老家族人修谱，才知道邵棠颇为传奇的一生。这也勾起了我这个邵氏子孙极大的兴趣，触动了我内心深处的乡愁。

我的故乡伏岭，旧称纹川，属于绩溪岭南，是个宋代建村以邵姓为主的古村落。绩溪母亲河登源河就发源于伏岭一带的大鄣山脉。过去，这里土地贫瘠，农耕自然条件极差，为了活命，男人往往"十三四岁往外一丢"，走商学艺成为谋生的常态。印象中，这里的人外出做厨师的较多，因此后来便有了"徽厨之乡"的美誉。

伏岭邵姓始祖是百二公，子孙又分上中下三门。从邵棠算起，我应是其第五世孙。先祖邵棠一脉可谓"读书人家"，但多因怀才不遇绝意仕途。邵棠承继了家族遗风，一生多半在家乡闭门读书或在外游学，为人和气友善，偏爱匡扶正义、打抱不平，日久天长，名扬在外，以至于死后一百余年，在杭州及徽州一带，仍流传着他脍炙人口的传奇故事。

本书中口传故事的主要收集整理者邵华昆、邵华昌是我本家，他们兄弟俩从小耳濡目染，比我更留意家族长辈口传。这种家族代代相传的故事，更加客观真实，细节更加亲切动人。从这些口传故事可知，邵棠为人豪放洒脱，一生急公好义，生前修桥铺路，造亭建桥，施贫救急，做了许多功德无量的善事好事。他足智多谋，为民解难，为友申冤，不畏强权，智斗贪官污吏，成为为四邻八村排忧解难的好帮手，乡党族人心中正义的象征，其意义远远超出了"刀笔讼师"的荣誉。

从本书中可以看出，邵棠生活的年代，正是清王朝由盛转衰的时期。由于社会动荡，国力衰落，封建中国遭受深重的灾难，于是官逼民反，白莲教首领姚三官、林青、王聪儿等先后起义。与此同时，西方列强乘虚输

---

① 方静：《清代绩溪邵棠研究》，安徽师范大学出版社2019年版。

入大量鸦片，致使社会危机不断加深，民众处于水深火热之中。处于内忧外患之时，邵棠早已体察到清朝统治的黑暗、官场的腐恶和民不聊生的惨状，因此，终生绝意仕途，把徽州老家作为一个世外桃源，也作为他施展才华、体现人生价值的一片天地。

徽州乃"程朱阙里"，素有"东南邹鲁"之谓。社会重文崇教，宗族自治历来已久，乡绅贤达在社会管理体制中起着十分重要的作用，他们一度成为官府治理的重要补充，对保一方安宁，正一域风俗，承一脉文化，起了不可替代的作用，这就是所谓的"乡贤文化"。邵棠就是非常典型的一例。作为绩溪著名乡贤，邵棠有史可查，有碑可树，是伏岭邵氏宗族的荣光，他用他的一生为绩溪纹川邵氏写下了精彩而传奇的一笔。

方静先生历经数年，在各大图书馆寻找资料，走街串巷进行田园调查，研究梳理"邵棠现象"，整理编纂此书，让我们邵氏后辈子孙看到了一个真实、丰满、鲜活的"四先生"，让"文苑"精神光芒永固，这是非常值得赞赏的。借此书正式出版之际，作为桂花树下的邵氏子孙，诉说一下内心话，借以纪念这位大智大勇、名垂不朽的邵氏先贤。

邵棠第五世孙邵有为写于上海

2018年4月

8.绩溪伏岭民国五年立《告示》碑

七等嘉禾章五等金质单鹤章署理绩溪县知事方　为示禁事案，据十三都纹川公民邵大魁、邵天性、邵洪昌、邵大富、邵开修、邵家协、邵洪千、邵洪殿、邵洪国、邵作勋、邵定祥、邵琳、邵运镜、邵鸿祥、邵鹏云、邵树定、邵运佳、邵玉琳、邵佑臣、邵在宽、邵彦彬、邵凤嗜、邵凤雌、邵培彦、邵宗昌等禀称：窃民族祖遗十三都山业之起源，实因童濯无主之地，明万历间清丈时，招民祠承领，纳税管业名田五排，载在家乘，专为救济本族贫民，任其自垦自种，以锄种为界，但不得私租私顶，据为己业。若垦种这人荒废三年，则听本派他人继续垦种。栽养杉木出拼之日，以三成归祠，弥补纳税，故又名曰"救穷"。历经纳税执业无异，是民族祖遗此项

绩溪伏岭民国五年立《告示》碑拓片

山业，纯属慈善性质。无如历世久远，族民昧厥本原，难保无私相变卖，或被人侵占情事。念祖宗之流传，顾主权而莫保，无兹遗泽，能不疚心。兹经按照税册赴各该山详细调查，明确理合，开单具禀，叩请鉴准，核恩备案，给示勒碑永禁，以保祖业而永流传，实为德。便计粘单等情，据此，除批准备案外，合行出示晓谕。为此，示仰该山附近居民知悉：尔等须知邵姓公有簿字、息字、渊字、澄字、馨字、斯字、盛字等号山业均有定界，凡属毗连各业户，不得侵越界址，其在该山分外之人，尤不得籍端霸占。至该姓派丁应遵旧例，不得私租私顶，尤不得私相变卖，并荒废后三年及熟地四旁未垦荒山荒地，均听他人继续垦种，不得异言。若载养杉木出拚之日，按照树价以三成归祠，弥补纳税。倘有违犯旧例者，一经呈明，定即一体究惩，决不宽贷。自示之后，务各遵照毋违。切切！此示。

计开各字号山业：

薄字号：现经执业，土名大障马头岭起，至大岩坑、中岩坑、北培横岩下、野猪党等处，共计山十八亩六分四厘。又山荒业，土名干塘湾二亩二分、下塔湾二亩半、大尖下一亩八分、下塔二亩三分、蟹钳二亩半、米坑二亩一分三厘、大潭后二亩二分、金刚产三亩、九号岭一亩半、上下小坞四亩，共计山二十四亩二分三厘。

息字号山：现经执业，土名蛇墓坑、班肩坞、恩基外、油麻培、筲箕土等处，共计山二十亩三分。

渊字号山：阴边起，土名大逢坑、石岩等，里外中茶、排步、前轮坑、桥下湾、千灶、鹅颈湾、马头岭、花黄泥舍、峰桶岩、横湾山、下歇堂、牛皮石坦、滥湖田凹，止阳边土名王阳背、石起将凤凹、施茶亭、上下狮旗黄泥岭、破片地、里外黄毛培、水井湾、水阳坑、苗龙坑、茶落坞等处，计山百十二亩六分二厘。

斯字号山：土名金家屋、苦竹桥、上庙塔、启明尖、马黄沟七十二九，共计山八亩。

馨字号山：土名养牛石、坐后石、岩下、石尖头共计八亩。

盛字号山：土名赤石坑、直坞、横坞，共计山二十四亩八分六厘。

澄字号山：自三百六十七号起，至五百十三号止，共计山八十亩六分八厘。阳边，滥湖田凹起，至浙溪田枫树得、象形桥头，上边，石柱下湾起，至栈岭桥头止，土名石柱下、猫儿石、大坦、漆树湾、社公塘、庄坞、打木尖、石壁前、后犁壁、岩上、下龙门、杨家塔、川坞、轮坞、土地堂、羊子坞、石龙前、馒头尖、里外东枝坞、庄园、龙门上、九龙石脚、班竹湾、舍坞、龙坞、石屋前、结阳山庄、后晒湾、后头湾、麻尖石、庄屋后、路亭背后等处。

以上各字号山业土名甚多，不能尽载，粮税扒入各甲各户完纳。登源洞岭茶亭产业量字号八百六十二、三、四、五、六号，大买小田一亩计税八分。土名黄荆坞量字八百四十七号，大买田半亩计税四分。土名石洞前量字七百五十一号，计税四分九厘。土名黄荆坞又量字号山税四分九厘。土名同处淡字等号大买田四亩三分，计税四钱三分。毗连大小七丘土名阴山培淡字等号，大买小塘一广计税七分。土名阴山培，淡字八百三十七号，山税四分五厘。土名犁足湾，纹川捐各字号，土名大买田租四十六秤，计税六钱三分七厘。以上共田税一两二钱无份柒厘，山税一钱四分三厘，广济户完纳。其山并大买田归歇亭人旅业，大买租归邵叙伦堂代收完粮，仍交歇亭人施茶。施茶亭产业：如字号大买租四大秤，计税四分。土名祠堂前，佃人邵之美又大买租四大秤，计税四分。土名全处，佃人邵炳宣又大买租八大秤，计税八分。土名全处，佃人邵炳善流字号大买租十大秤半等，计税一钱四分。土名晏下，佃人邵定祥又大买租七大秤半，计税一钱。土名仝处，佃人邵培如馨字号大买租六大秤，计税八分。土名小阜街，佃人邵在佳共计税五钱。施茶亭户完粮。石纹桥茶亭产业：如字号大买田三角，计税六分。内完宗祠租谷六十斤。土名同处台上大买小田三角，计税六分四，又名牌楼前田一亩，计税八分。土名西岸又山半亩，计税二分。土名桥头共计税二钱二分，归歇亭人执业、施茶，粮归广济户完纳。

中华民国绩溪县署

民国五年岁次丙辰五月　日吉立

（黑石。碑高124厘米，宽55厘米，嵌于伏岭下邵氏总祠内）

大事记

北　宋

有丁、成、周、程、戴、唐、许、祝诸姓散居。

靖康初秋冬，岳飞统兵进剿杨么起义军得胜，命名成功山。

南　宋

绍兴四年（1134），邵氏先人百二公为避战乱从浙江淳安迁至歙县井潭。

绍兴五年（1135），百二公迁至绩溪隐川。

乾道三年（1167），文亨公率子四七公迁至佛岭下定居。

绍熙元年（1190），上门始祖四四公徙迁佛岭下。始有原始舞狮活动。

嘉定十年（1217），四四公建评事宅，为上门祠堂横巷老屋世德堂前身。

元　朝

至正十年（1350），邵再琦倡建石纹桥。

至正十七年（1357），朱元璋率将邓愈、胡大海进攻徽州路经佛岭下村。

明　朝

元末明初，华阳邵氏世杰公后裔蕃居纹川三之二，迁居四出者又十余支。

永乐年间，邵文愈、邵文敬率里人造永济桥凉亭。

正统年间，建福昌寺。

天顺四年（1460），朝廷选妃嫔，旅居临安、祖籍伏岭邵氏世德堂邵林之女入选。

正德七年（1512），邵槐作《纹川谱记》。

嘉靖元年（1522），嘉靖帝尊祖母（世贞娘娘）为寿安皇太后。

嘉靖三十年（1551），签订《竹山干六广灌溉公议放水合同》，规定永不破此。

万历元年（1573），始建邵氏总祠叙伦堂。

万历年间，岩口亭至栈岭徽杭古道周边山场划归邵氏宗祠。

崇祯元年（1628），邵应份在杭州开设"邵日生商号"经理盐务，为已知最早开设商号的伏岭人。

万历三十二年（1604），邵继康中武进士。后官升挂印总兵，宦归省先人墓。

清　朝

雍正四年（1726），宪台批查，县长范龙威亲临竹山干查处水利案，颁给勘复竹山干水道有功者邵永高、邵正钟等"力农务本"匾额。

乾隆二十八年（1763），邵振翔作《纹川记》，收入《华阳邵氏宗谱》。

乾隆二十九年（1764），邵联遹、邵运衡与石川洪秉裕、湖村章宗杰等人合伙在新坊创办永泰炉坊，铸造锅铫。

嘉庆年间（1796—1820），舞狮改由上、中、下三门分别轮流主持一个晚上，火把游行后，各门在各自祠堂里演出简单戏剧。

嘉庆年间（1796—1820），邵绮园、邵承方捐建棕荐岭石洞、登源洞茶亭、横溪石桥。

嘉庆十八年（1813），乡贤邵沚人夫妇70双寿。嘉庆帝恩赐九锡寿礼，并御书"七叶衍祥"匾额相贺。社会名流方体、方元泰、程瑶田、程宏诰、潘步云、潘同章、许焕、许焯、方鉴、方汝梅、邵棠等恭贺并赋诗，遗有

《半痴子小影》册页。

道光元年（1821），中门为舞㺃筹资，成立永例会，置田立租谱。

道光十年（1830），选址在福昌寺前建戏台。

道光二十四年（1844），邵辅乡试中举。同治元年（1862），经吏部侍郎王茂荫保荐，被皇帝召见。同年冬，邵辅战死陕西陇州赤延镇，朝廷震惊。诏赐太仆寺卿，世袭云骑尉，赐赙银四百两，有司获丧归葬。敕令陇州暨凤翔府建立专祠春秋致祭。

咸丰、同治间：太平军多次过境。

同治二年（1863），里人修岩道，建"江南第一关"关隘。

同治十一年（1872），邵培余在苏州阊门内泰伯庙桥头与人合股开设添和馆。这是伏岭人开设最早的旅外徽面馆。

光绪元年（1875），三门均成立舞㺃童子班，延师教习徽剧。

光绪四年（1878），邵棠因著有《徽志补正》《黄庐纪游》《闻见晚录》《大鄣山辨》，获朝廷礼部嘉奖"文苑"匾额。

光绪八年至二十年（1882—1894），邵作舟受邀天津支应局两江制军，为李鸿章幕僚，著《邵氏危言》，成为名扬于世的思想大家。

光绪二十八年（1902），邵在方乡试中举。

光绪三十三年（1907），邵玉琳、邵凤雍总修，邵在宽主笔并作序，续修《华阳邵氏宗谱》。

中华民国

民国六年（1917），绩溪知县方以南颁发逍遥岩山道周边山场权属告示，立碑于邵氏总祠内东墙。

民国十二年（1923），废旧学改新学，合并成立同文小学。由当地名流组成董事会，会长邵尧卿。

民国十三年（1924），邵在雄在上海创设民和楼、民华楼徽馆，推出"和菜"营销模式。

民国十五年（1926），大庙汪村花朝会，瀛洲首富汪老允当斋官，邀伏岭徽剧童子班演戏四天，盛况空前，轰动绩歙两县。

民国二十二年（1933），邵之林领头徽州商帮联合宁波商帮在上海老西门开设沪上最大的大全福酒菜馆。员工160多人。

民国三十年（1941），改建戏台。

中华人民共和国

1950年，伏岭分为石龙村、怡敬村、西门村三个行政村。村人捐资（折合85担谷）为同文小学购置铜鼓、腰鼓、铜号及服装组建鼓号队。

1957年，成立东风人民公社。1959年，改伏岭公社。

1960年，伏岭成立"绩溪县徽剧团"，公社宣传部部长胡运恒任团长，邵盛铎、邵观通任副团长。

1978年，绩溪县城至伏岭公路通车。

1979年，重建戏台。

1983年，文化部组织的"全国徽调皮黄学术研讨会"在绩溪县召开。伏岭剧团表演徽剧，获"老树奇花"奖旗。

2008年，伏岭获"中国民间文化艺术之乡"称号。

2008年，伏岭舞㻬被列入安徽省第二批省级非物质文化遗产名录。

2016年，伏岭被列入第四批中国传统村落名录。

2013—2017年，续修《华阳邵氏宗谱》，总编邵之惠，执行主编邵千鹏。

2021年，徽菜烹饪技艺被列入第五批国家级非物质文化遗产代表性项目名录。

后　记

徽州地域文化体系完整而灿烂。绩溪邑小士多。经过近两轮纂修县志，绩溪地方文史的挖掘、整理与研究需要提升到一个更高的层次。这个想法一直萦绕在我的心头，重点应该关注那些触碰不多的大村落，譬如荆州、尚田、临溪、伏岭等。于是，伏岭进入了我的思考与研究视野，即有了编著村史的想法。

在绩溪县徽学会圈子中，我的想法得到了积极响应。我们迅速组织了专门团队，拟定了撰写计划，"广种薄收"，启动了相关资料线索的征集工作。这个过程有点漫长和烦琐。跑村走访、沟通意见、收集资料、提炼纲目、明确分工，林林总总的稿子在我的手上来回了无数次。随着书稿思路的明朗、篇目架构的清晰、聚焦问题的集中，我们的信心也在增强。本书得以出版，得益于背后有两位强有力的邵氏宗族支持者。一是中门邵作舟玄孙、安徽省广播电视台副台长邵晓晖先生，他关注书稿进展，积极提供了邵作舟、邵在方、邵振华等人的珍贵史料。另一位是中门二十七世孙，合肥工大地基工程有限公司副总经理、总工程师邵忠心（原名邵宗兴）先生，他是中门二十世荣鉴公之后，其二十二世祖邵开宝因避洪杨之乱逃到大石门乡白村（又名排村）。他父亲邵名清（1934—1996，中门二十六世）生前任安徽省宁国县甲路中学校长，是宁国县著名的教育专家。邵忠心先生，1984年毕业于合肥工业大学，是国家注册土木（岩土）工程师、一级注册建造师、高级工程师，当选为中国土木工程学会地基处理和桩基工程两个学术委员会委员，以及中国地质学会桩基无损检测委员会委员，是国家级岩土工程专家。邵忠心情系家乡，弘扬祖德，不仅倾情参与了本书编纂全过程，而且竭力筹集出版资金。

我们建立了编纂微信群，完成了写作分工，先后组织了五次集体讨论会，邀请了徽州古建筑专家姚顺涞、朱志忠、汪顺飞及绩溪邵本磊、王兆鹏等专家参与讨论，提供意见，帮助绘制村图、勾勒狮图、素描古亭。全书分工如下：第一章，山川形胜，章锡其；第二章，登源望族，邵名农；第三章，千灶村落，邵光端；第四章，徽厨之乡，唐延军；第五章，舞狮赛会，丁德君；第六章，乡土人杰，邵本武；第七章，文脉教泽，邵昌后；第八章，口述与轶事，方静、邵光端；第九章，著述与文书，方静、黄永江。分工不分家，邵光端、邵名农、邵昌后还参与了一些专题调查撰写。本书收录了邵之惠、汪彩元的文章，参考了邵茂深《伏岭舞狮》、邵明浩《寻梦绩溪》、邵之惠《绩溪徽商》、方静《清代绩溪邵棠研究》、程尚远《徽杭古道传奇》《绩溪亭阁文化》等资料，最后由方静、程志斌、张哲三人统稿。与此同时，丁晓文、章恒全、章晓璇、邵天顺、唐祖怀、黄永江、邵名新、程斌、洪璟等提供了大量照片及文书资料。在此一并致以衷心谢忱。

回首写作过程，伏岭村800多年的村史鲜活、丰满而精彩，登源邵氏一族自强不息的进取历程艰辛而伟大，以舞狮为主线的村史充满独特的审美魅力。她的形成、发育、成长与发展，是徽州村落文化的典型。隐居、耕读、经商、现代经济的振兴，点点滴滴，让人感慨万千！

第一，在撰写过程中，我们调查了伏岭亭、四姑庵、永福寺、石纹桥、竹山干、安田山馆，调查了伏岭村的七十二条巷三十六眼井，调查了三门九分祠，以及伏岭信客、茶亭、徽馆、名人故居、墙头壁画等。

第二，在撰写过程中，我们对狮的概念、狮的形象、舞狮发展阶段等进行了理论提升；对伏岭早期先民、文亨公迁伏岭的时间、邵林人物及世贞娘娘祖籍，进行了调查考证；对九碗六、伏岭饼、猪散伙、徽馆中的和菜、徽厨人物评价等，统一了观点。

第三，我们采访了邵培琦、邵名琅、邵之欣、邵昌后、吴宜青、邵名农、汪彩元等，聆听他们的口述与亲历，汲取他们的素材，对近现代人物的一些史实进行了辨析。

第四，在撰写过程中，有一系列惊人的史料发现：（1）道光元年（1821），邵氏中门成立永例会，并为舞狗筹资专门设立了《中门永例会租谱》。（2）官方对竹山干田畈水利管控的证据，发现了明嘉靖《竹山干六广灌溉放水公议合同》，雍正四年（1726）《邵、汪两造竹山干引水纠纷案查勘看语抄录》，咸丰十年（1860）《竹山干六广富竭水浇灌合同》三份文书。（3）搜集到《邵氏家传》、《绩溪邵班卿文诗存稿》二卷、《邵作舟答胡传论台湾海防书》，邵在方《邵氏族望考》，邵棠《闻见晚录》，邵在方三份"乡试"答卷。（4）明代黄册，寄蜉堂、桂馥堂分家阄书，邵在炳益元药店书信及邵氏家族的一些田地买卖文书等。（5）邵沚人《半痴子小影》、寄蜉堂信札及《罗川胡氏宗谱序》。（6）1949年纹川邵氏旅汉同仁新年联欢摄影留念、1925年大富贵全体职工留影纪念等照片。（7）邵沚人夫妇七十双寿友人送来的贺联寿幛，清廷礼部颁给邵棠的"文苑"匾，汪右任题写的"励志堂"匾，岩寺人太史汪微题写的"成德堂"匾。

厚古薄今，文脉清晰。拎而不散，剪而不乱。整理这样一个千灶万丁村落800多年历史，我们有些力不从心，遗漏和错误一定不少，好在有许多乡亲、学者、朋友陆续参与进来，给予我们这个团队无私的帮助，把一村一族的民众生活和村落变迁历史记录下来，从前辈先贤中汲取力量与智慧营养。我们在思考的同时，得到更多的是感叹、感动和骄傲。令人感动的是还有许多"外援"相助：著名书法家宰贤文先生题写了书名，徽州古建筑专家姚顺涞专门绘制了《伏岭村街巷示意图》，朱志忠老师素描了"狗"图案，陈琪老师提供了邵氏总祠《告示》碑拓片。在此致以特别谢忱。

特别致谢伏岭镇党委、政府，特别感谢《华阳邵氏宗谱》编纂委员会。

2022年12月10日于华阳古城